AUXILIA

Unterrichtshilfen für den Lateinlehrer

Udo Reinhardt

Ovids Metamorphosen in der modernen Kunst

Eine visuelle Ergänzung für die Schullektüre

Mit 92 Abbildungen

C. C. Buchner

Tf. 1abc Antoine Bourdelle, *Daphné devient laurier*. Bronze 1910 (S. 31 f.)

Tf. 2a Renée Sintenis, *Große Daphne.* Bronze 1930 (S. 32)

Tf. 2b Jean Arp, *Daphné II.* Bronze 1958/60 (S. 32 f.)

Tf. 3
André Masson,
Apollon et Daphné.
Gemälde 1933
(S. 33 f.)

Tf. 4a
Mac Zimmermann, *Daphne und Apollo*.
Gemälde 1964
(S. 38 f.)

Tf. 4b Marlene Neubauer-Woerner, *Daphne*.
Bronzerelief 1991 (S. 41 f.)

Tf. 5a Ossip Zadkine, *Europe*. Terrakotta c.1920 (S. 45 f.)

Tf. 5b Félix Vallotton, *L'enlèvement d'Europe*. Gemälde 1908 (S. 46 f.)

Tf. 6a Pablo Picasso, *L' enlèvement d' Europe*. Gemälde 1946 (S. 51)

Tf. 6b Johannes Grützke, *Europa...auf der Mauer balancierend*. Gemälde 1976 (S. 54)

Tf. 7a Johannes Grützke, *Europa auf dem Stier*. Gemälde 1984 (S. 54)

Tf. 7b Cover DER SPIEGEL Nr.22, 29.5.2000 (S. 58 f.)

Tf. 8a Constantin Brancusi,
Fontaine de Narcisse. Gips 1909 (S. 62)

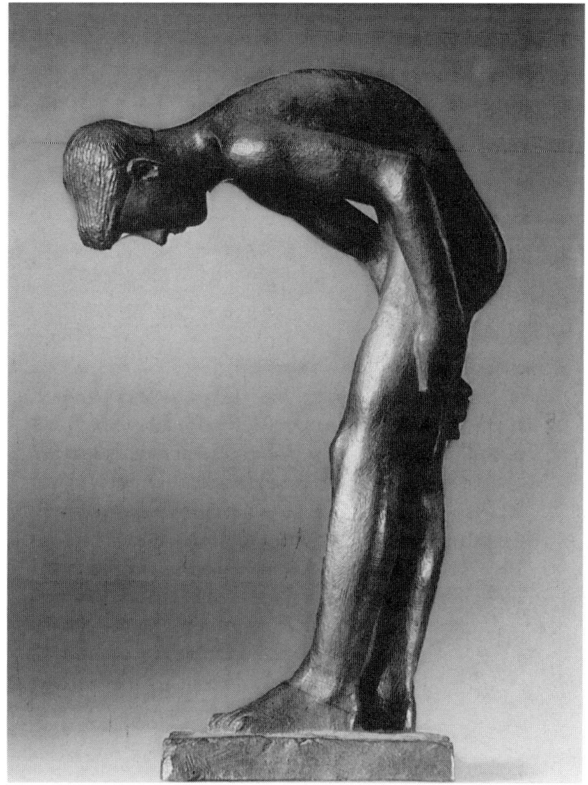

Tf. 8b Gerhard Marcks, *Narzissus*. Bronze 1942 (S. 63)

Tf. 9 André Masson, *Narcisse*. Gemälde 1937 (S. 64)

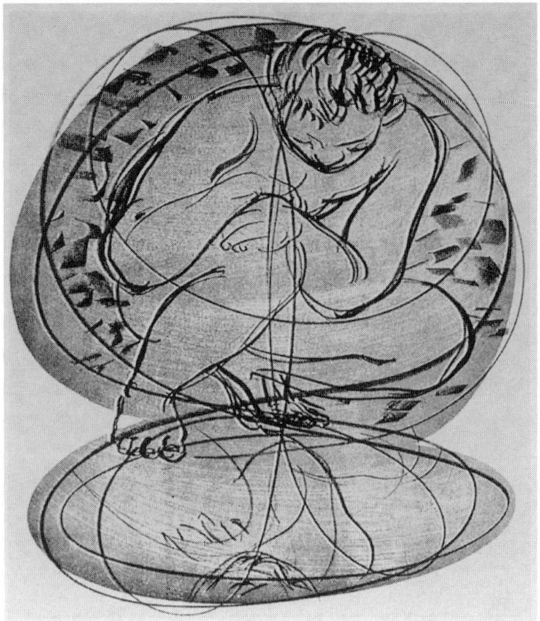

Tf. 10a Hans Erni, *Narcisse*. Lithographie 1953 (S. 68)

Tf. 10b Guy Billout, *Le jardin du solitaire*.
Zeitschriftenillustration 1984 (S. 69)

Tf. 11a Helga Ruppert-Tribian, *Echo*. Collage 1988 (S. 71)

Tf. 11b Cover DER SPIEGEL Nr.22, 30.5.1994 (S. 71)

Tf. 12b Herbert Kampf, *Ikarus*. Gemälde c.1940 (S. 75)

Tf. 12b Henri Matisse, *Icare*. Farblithographie 1943 (S. 75 f)

Tf. 13a Max Beckmann, *Abstürzender*. Gemälde 1950 (S. 76 ff.)

Tf. 13b Wolfgang Mattheuer, *Stürzender*. Gemälde 1970 (S. 78)

Tf. 14a Marc Chagall, *La chute d'Icare*. Gemälde 1975 (S. 79)

Tf. 14b Wolfgang Mattheuer, *Der Sturz des Ikarus I*. Gemälde 1976 (S. 86)

Tf. 15 Bernhard Heisig, *Ikarus – Schwierigkeiten beim Suchen nach Wahrheit*. Gemälde 1973 (S. 81 ff.)

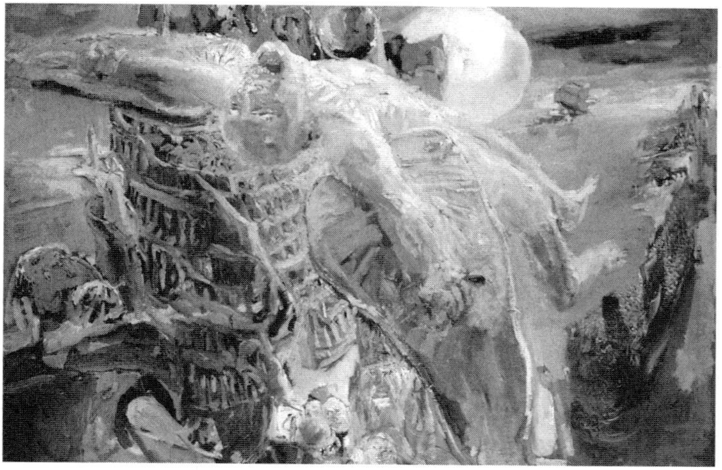

Tf. 16a Bernhard Heisig, *Der sterbende Ikarus*. Gemälde 1979 (S. 84 f.)

Tf. 16b Wolfgang Mattheuer, *Seltsamer Zwischenfall*. Gemälde 1984 (S. 91 f.)

Tf. 17a Wolfgang Mattheuer, *Der Nachbar, der will fliegen*. Linolstich 1983 (S. 92 f.)

Tf. 17b Wolfgang Mattheuer, *Der Nachbar, der will fliegen*. Gemälde 1984 (S. 92 f.)

Tf. 18a Giulio Paolini, *Caduta di Icaro*. Rauminstallation 1981/82 (S. 97)

Tf. 18b Helga Ruppert-Tribian, *Ikaros*. Collage 1988 (S. 98)

Tf. 19 Marlene Neubauer-Woerner, *Orpheus-Zyklus*. Bronzereliefs 1978 (S. 106 ff.)

Tf. 20a Alfred Hrdlicka, *Orpheus betritt den Hades*. Kalkstein 1975 (S. 110)

Tf. 20b Wilhelm Friedrich Kalb, *Verlieren*. Gemälde 1942 (S. 111 f.)

Tf. 21a Pierre et Gilles, *Orphée*. Fotogemälde 1990 (S. 112)

Tf. 21b Charles Ricketts, *Orpheus and Eurydice*. Bronze c.1905 (S. 114)

Tf. 22ab Auguste Rodin, *Orphée et Eurydice*. Marmor c.1893 (S. 114)

Tf. 23a Gert H. Wollheim, *Orpheus*. Gemälde 1946 (S. 116)

Tf. 23b Silke Nehlig, *Orpheus und Eurydike*. Collage 1995 (S. 119 f.)

Tf. 24a Oskar Kokoschka, *Orpheus und Eurydike.* Gemälde 1917 (S. 120 f.)

Tf. 24b Gustave Moreau, *Orphée au tombeau d' Eurydice.* Gemälde 1891 (S. 122 f.)

Tf. 25a Pablo Picasso, *Le sculpteur et sa statue*. Aquarell 1933 (S. 130 f.)

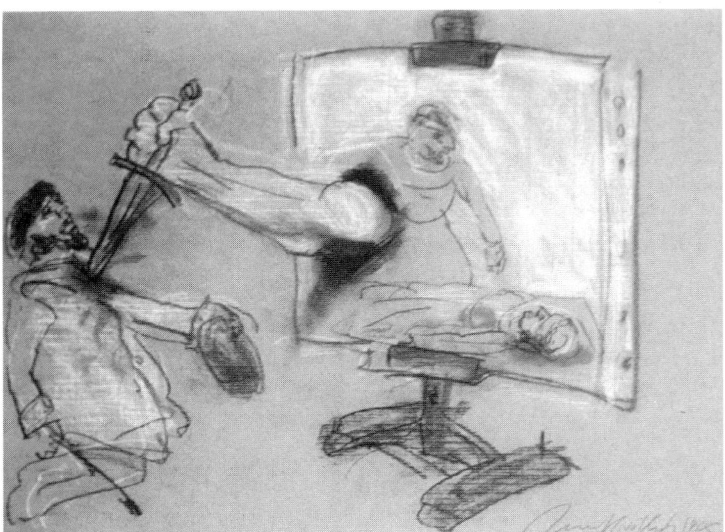

Tf. 25b Alfred Hrdlicka, *Pygmalion*. Zeichnung c.1995 (S. 136 f.)

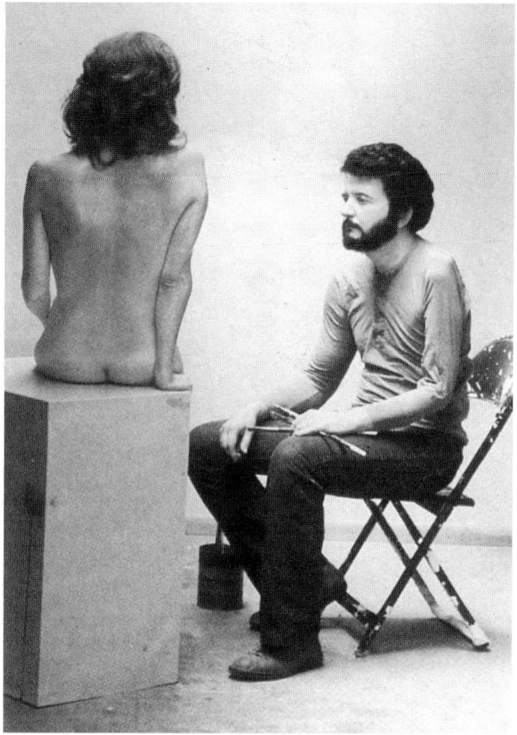

Tf. 26a John De Andrea, *Selfportrait with Sculpture*. Installation 1980 (S. 131)

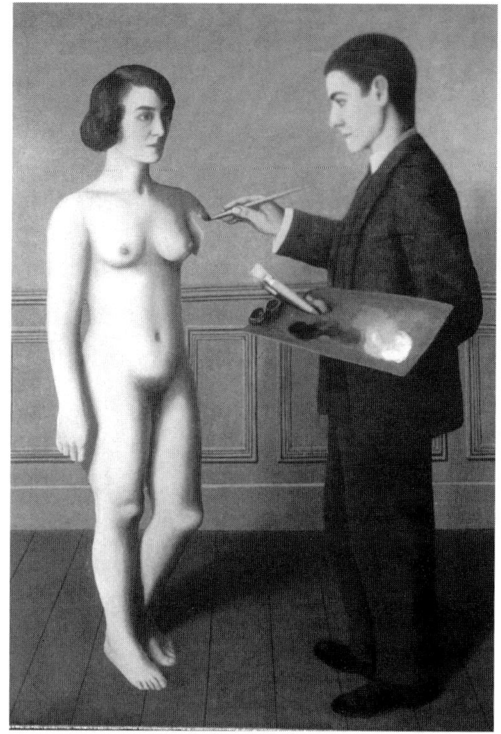

Tf. 26b René Magritte, *La tentative de l'impossible*. Gemälde 1928 (S. 132 f.)

Tf. 27a Salvador Dalí, *Galatée aux sphères*.
Gemälde 1952 (S. 138)

Tf. 27b Salvador Dalí, *Dalí! Dalí! Dalí!*
Gemälde 1954 (S. 138 f.)

Tf. 28ab Paul Manship, *Diana and Actaeon*. Bronze 1925 (S. 141 f.)

Tf. 29 André Masson, *La mort d'Actéon*. Gemälde 1943 (S. 142 f.)

Tf. 30a Milet Andrejewic, *An Afternoon of Actaeon*. Gemälde 1983 (S. 145 f.)

Tf. 30b Edgar Ende, *Niobe*. Gemälde 1949 (S. 148 f.)

Tf. 31a Auguste Rodin, *Niobé*. Marmor c.1900 (S. 147)

Tf. 31b André Masson, *Niobé*. Gemälde 1947 (S. 148)

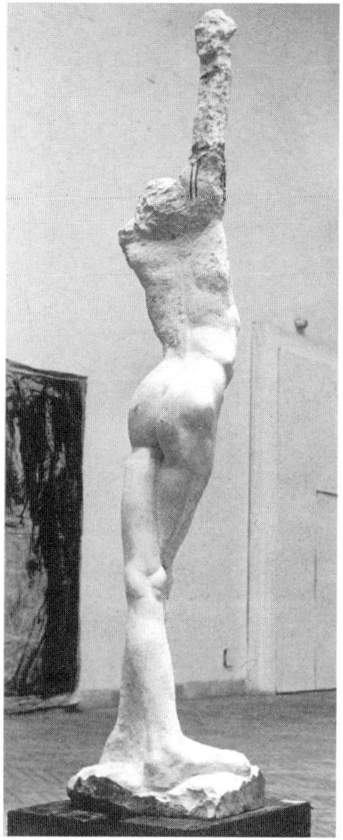

Tf. 32a Alfred Hrdlicka, *Marsyas I*. Kalkstein 1955/1957–62 (S. 150 f.)

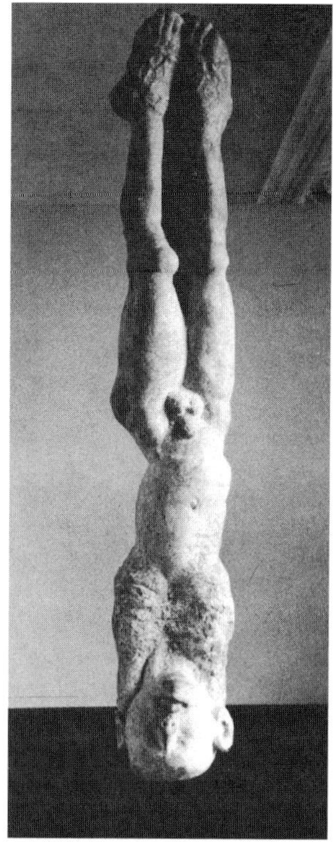

Tf. 32a Alfred Hrdlicka, *Marsyas II*. Marmor 1965 (S. 151)

Tf. 32a Alfred Hrdlicka, *Marsyas III*. Marmor 1964/1972 (S. 151)

FTf. 3a Wolfgang Mattheuer, *Was nun?* Gemälde 1980 (S. 89ff.)

FTf. 3b Ker-Xavier Roussel, *Orphée et Eurydice*. Gemälde c.1924 (S. 115 f.)

FTf. 2a André Lhote, *L´ enlèvement d` Europe*. Gemälde c.1930 (S. 48)

FTf. 2b Bernhard Heisig, *Ikarus*. Monumentalgemälde 1975 (S. 83 f.)

AUXILIA
Unterrichtshilfen für den Lateinlehrer
Herausgegeben von Prof. Dr. Friedrich Maier
Humboldt-Universität zu Berlin

Für meine Söhne Lars und Nils

1. Auflage 2001

Dieses Werk folgt der reformierten Rechtschreibung und Zeichensetzung. Ausnahmen bilden Texte, bei denen künstlerische, philologische oder lizenzrechtliche Gründe einer Änderung entgegenstehen.

www.ccbuchner.de

Gesamtherstellung: Graph. Großbetrieb Friedrich Pustet, Regensburg

ISBN 3 7661 **5448** 6

Inhalt

Das aus Umfangsgründen entfallene Kap. 9 wird unter dem Titel 'Hermaphrodit und Ganymed in der modernen Kunst' in der Reihe 'Dialog Schule/Wissenschaft' Bd. 36 / München: BSV) erscheinen.

Vorbemerkungen[1]

Durch das schwindende historische Bewusstsein in Politik und Gesellschaft hat die Antikentradition im Verlauf der letzten Jahrzehnte ihre einstmals unbestrittene Bedeutung als Bildungsfaktor weitgehend verloren. Die Klassische Philologie steht als Universitätsfach mit dem Rücken zur Wand; dem Altsprachlichen Unterricht an den Schulen reicht das Wasser bis zum Hals. Wenn man sich in dieser Krisensituation fragt, welche Wertschätzung die bisher ganz selbstverständlich in Schule und Universität herangezogenen antiken Texte (und deren Inhalte) über die engere Fachbeurteilung hinaus im kulturellen Gesamtkontext unserer Zeit aufweist, so ergibt sich für den in der Antikentradition so wesentlichen Bereich des Mythos, speziell der mythologischen Dichtung, folgende Bestandsaufnahme: Kulturwissenschaftler wie Mircea Eliade und Claude Lévy-Strauss, Philosophen wie Theodor W. Adorno und Max Horkheimer, Psychologen wie C. G. Jung und Erich Fromm, Literaten und Bildende Künstler des 20. Jh.s interessieren sich kaum noch für die großen Mythenhelden wie Herakles und Achill, eher schon für schwache Helden wie Theseus und Jason, vor allem aber – Abbild unserer Zeit – für mythische Gestalten wie Prometheus und Sisyphus, Orpheus und Ikarus, Narziss und Pygmalion, Ödipus, Odysseus und Philoktet, doch nicht weniger für Daphne und Europa, Medea und Penthesileia, Antigone und Kassandra, Kalypso und Penelope.

Als Textquellen für diese Lieblingsthemen der Moderne stehen – neben einigen großen antiken Tragödien – vor allem zwei literarische Hauptwerke im Mittelpunkt allgemeinen Interesses: die vergleichsweise 'moderne' *Odyssee*[2] und das 'Handbuch der europäischen Mythologie', Ovids sagenreiche *Metamorphosen*, die dank dichterischer Originalität und künstlerischer Genialität im Gegensatz zu Vergils *Aeneis* den Ruf des europäischen Klassizismus 'zurück zu den griechischen Originalen!' unbeschadet überstanden und in der Moderne eine erstaunlich ungebrochene Rezeptionskontinuität aufweisen, im Literarischen z. B. jüngst so unterschiedliche Erzählversionen wie Christoph Ransmayr, *Die letzte Welt* (Roman 1988), Cees Nooteboom, *Die folgende Geschichte* (Novelle 1991), Lawrence Norfolk, *Lemprière's Wörterbuch* (Roman 1991) und den im 'Literarischen Quartett' unisono gerühmten Roman *Athena* von John Banville (1995).

Für *Metamorphosen* (wie für *Odyssee*) spricht allein schon (anders als für *Ilias* und *Aeneis*, unabhängig von deren unbestrittener dichterischer Qualität) die beeindruckende Vielfalt von Einzelthemen, die im Blick auf die neue, mehr denn je von Vielfalt des Angebots geprägte Schülergeneration einem aktuellen Trend entgegenkommt, um den allerdings schon Goethe wusste: „Wer vieles bringt, wird manchem etwas bringen" (*Faust*, 'Vorspiel auf dem Theater'; 1808). Nun hat sich, seit ich in der Mittelstufe

des Humanistischen Gymnasiums an der Stadtmauer Bad Kreuznach die übliche, thematisch nicht sonderlich attraktive Schulauswahl als erste Dichtungslektüre ohne nachhaltige Wirkung überstand, einiges geändert. Dennoch zweifle ich, ob man der evidenten Wertschätzung der Moderne für die *Metamorphosen* (als Indiz ihres hohen poetischen wie rezeptionsgeschichtlichen Wertes) heute wirklich gerecht wird, sei es in der Lehrplangestaltung (alles spricht für die *Metamorphosen* als Oberstufenlektüre in Klasse 12/13), sei es in der Themenauswahl (die Schulausgaben sollten noch stärker die Schwerpunkte der neueren Rezeption berücksichtigen, deren wesentliche Bildbelege dieses Buch behandelt; dazu auch Kap. 8).
Wenn man sich weiter fragt, welche konkreten Möglichkeiten bei der Vermittlung von solchen wirklich 'aktuellen' Metamorphosenthemen eine höhere Attraktivität des Unterrichts garantieren (zumal im Blick auf den 'neuen Schüler', dessen Entscheidung für Latein keineswegs mehr selbstverständlich ist), so ergeben sich im Sinne der Abwechslung, wie sie der heutigen, weitgehend unbewusst von Unterhaltungsmedien geprägten Schülerwartung entspricht, wertvolle Zusatzmöglichkeiten durch *Visualisierung* der erarbeiteten Textinhalte mittels ergänzenden Bildmaterials, um das Textverständnis entweder konkretisierend abzurunden (soweit die Bildinhalte den literarischen Vorgaben entsprechen) oder kritisch zu erweitern (sofern es sich um Bildinhalte handelt, die über die literarischen Vorgaben hinausgehen, sie um wesentliche Teilaspekte ergänzen oder ihnen gar widersprechen, was dank der Autonomie des Künstlers in der Bildenden Kunst der Moderne relativ häufig vorkommt). Ob nun harmonisierend oder kontrastiv: in jedem Fall wird das Bildmaterial zur *Aktualisierung* der behandelten Textinhalte beitragen (speziell dann, wenn es Werke bekannter moderner Künstler sind, die nach wie vor ein bemerkenswertes Interesse an den alten Themen zeigen). Die Ausweitung des Blickfelds über Schultexte und Antike hinaus bringt zugleich eine entschiedene *Erweiterung des interpretatorischen Gesamthorizonts* in Richtung unserer heutigen Lebenswirklichkeit; zusätzlich bietet sich im Schulbereich eine *fachübergreifende Kooperation* mit Kollegen der Kunsterziehung an.
Die rasante Entwicklung von Fotografie und Fotokopie, Drucktechnik und Verlagswesen, Film und Fernsehen (incl. Video) sowie der neuesten digitalen Medien hat in wenigen Jahrzehnten nicht nur die allgemeine Verfügbarkeit visueller Möglichkeiten, sondern auch den Erwartungshorizont der Konsumenten radikal verändert. Natürlich gab es den Wunsch, sich literarische Inhalte anschaulich zu machen, bereits in der Antike (z. B. Simultanbilder auf hellenistischen Reliefbechern oder römischen Silbergefäßen bzw. Sarkophagen, spärliche Reste illustrierter Papyri, wenige erhaltene illuminierte Handschriften; leider nichts zu Ovid), aber auch im Mittelalter (z. B. die reich bebilderten Handschriften des mythologisch-moraltheologischen *Ovide moralisé* im 14./15. Jh.), ganz zu schweigen von der neue-

ren europäischen Kunsttradition. Dabei wirkten weniger die großen Bildzyklen bedeutender Einzelkünstler weiter, z. B. Correggios Mythenbilder für die Gonzagas in Mantova (1531/32), Tizians Metamorphosen-Serie für Philipp II. von Spanien (1554–60) oder Rubens' Entwürfe für das Jagdschloss der spanischen Könige in Torre della Parada (1636–38), als die zahlreichen Illustrationszyklen, z. B. die 52 Holzschnitte mit Simultanbildern in der Ausgabe des *Ovidio Metamorphoseos volgare* von Giovanni dei Bonsignori Venedig 1497,[3] die 150 Kupferstiche mit Einzelbildern nach Entwürfen von Antonio Tempesta in der *Metamorphosen*-Ausgabe Amsterdam 1606[4] oder die 15 Titel-Kupferstiche mit Simultanbildern an den Buchanfängen der englischen Metamorphosen-Übersetzung Amsterdam 1717.[5]
Schüler erwarten im TV- und PC-Zeitalter ganz selbstverständlich Realisierung und Illustrierung der gelesenen Inhalte in einem visuellen Medium (sei es Buchabbildung, ggfs. mit Epidiaskop, sei es im Rahmen eines Diavortrags o. Ä.); sie erwarten außerdem – nach der in bayerisch-preußischer Pflichterfüllung geleisteten Textarbeit durchaus verständlich – eine gewisse Belohnung ihrer Bemühungen durch Bilder zum Text. Allerdings sind ihre Lehrer/innen fachlich an Universität und Studienseminar kaum dazu ausgebildet (wenn überhaupt, dann höchstens in Fächerkombination mit Bildender Kunst) bzw. bei der normalen Dauerbelastung der Unterrichtspraxis kaum in der Lage, sich nachträglich selbst entsprechende Kenntnisse und Fertigkeiten anzueignen (ganz abgesehen davon, dass manche Philologen auch grundsätzlich mit Bildern ihre Probleme haben sollen). So sinnvoll es daher ist, zur Vertiefung (und auch Bestätigung, ja Rechtfertigung der geleisteten Textarbeit) gerade die neueste Bildtradition eines behandelten mythischen Themas heranzuziehen (die durch verschiedenste Publikationen, speziell in Kunstbüchern, immer mehr verfügbar wird), so selten wird diese nach meinen Erfahrungen aus Schule und Lehrerfortbildung von den Schüler/innen erwartete, von den Lehrer/innen lebhaft begrüßte Möglichkeit in der Praxis des altsprachlichen Unterrichts konsequent genutzt, geschweige denn theoretisch und systematisch (Medien, Hilfsmittel, Strategien, didaktische Ziele) aufgearbeitet oder für einzelne Themen exemplarisch dargestellt.
Das vorgelegte Buch möchte in dieser Situation helfen. Wenn ich mich dabei auf eine Auswahl wesentlicher neuerer Bildbelege zu den rezeptionsgeschichtlich relevanten Hauptthemen aus Ovids *Metamorphosen* beschränke, dann in dem Bewusstsein, dass jede getroffene Auswahl ihre subjektive Willkür hat, in der Überzeugung, dass gerade in diesem Bereich besonders viele qualitätvolle Darstellungen vorliegen, und in der Absicht, Ihnen und Ihren Schüler/innen ein wenig von der Faszination dieses Materials weiterzugeben, natürlich auch in dem gemeinsamen Wissen (was Sie zur Rechtfertigung Ihrer primär literarisch ausgerichteten Tätigkeit nie aus

den Augen verlieren sollten), dass illustrierende Bilder nur selten die Differenziertheit und Komplexität literarischer Gestaltung erreichen. Denkbare Formen der visuellen Präsentation sind Lehrervortrag, Schülerreferat (nach Überlassung entsprechender Hilfsmittel) oder – als beste Möglichkeit – gemeinsame Erarbeitung der Bildinhalte im Unterricht. Für die Kategorien der Bildbetrachtung bei mythischen Themen, didaktische Zielvorstellungen und praktische Hinweise (zu Beschaffung, Aufbewahrung und Präsentation des Bildmaterials) verweise ich ebenso auf die Anhänge wie für das knappe Literaturverzeichnis (Literatur zu den einzelnen Mythenthemen erscheint jeweils am Anfang des Kapitels bzw. Unterkapitels in den Anmerkungen). Nach Absprache mit Herausgeber und Verlag enthält das Buch insgesamt 92 Abbildungen, vorwiegend zu Bildobjekten, die in der Fachliteratur bisher nicht oder kaum berücksichtigt sind. Aus bereits vorhandenen Publikationen werden die Fundstellen der behandelten Einzelobjekte in den Anmerkungen möglichst vollständig nachgewiesen,[6] was die Beschaffung von Bildvorlagen erleichtern dürfte. Im Übrigen sollten Sie, was dieses Problem betrifft, ganz ungeniert die angebotene Hotline zum Autor nutzen.[7]

Anmerkungen

[1] Dieses Buch basiert auf einer privaten Forschungsdiathek zur Gesamttradition griechischer Mythen in der europäischen Kunst (z. Zt. c. 55.000 Dias, davon etwa 4.000 zur Kunst der Moderne), auf einem Vortrag beim DAV-Kongress in Heidelberg am 17.4.1998 (erweitert: Reinhardt 2000a) und weiteren Referaten im Rahmen der Lehrerfortbildung. Für die Aufnahme in die Reihe AUXILIA danke ich Friedrich Maier.

[2] Zur neueren Rezeption: Reinhardt 2000a, 26 f. (allgemein); 28–48 (Bildende Kunst).

[3] Evamarie Blattner, Holzschnittfolgen zu den Metamorphosen des Ovid: Venedig 1497 und Mainz 1545. München 1998 (Beiträge zur Kunstwissenschaft Bd. 72), Abb. V 1-V 52.

[4] Lieben und Leiden der Götter. Antikenrezeption in der Barockgraphik. AK Graphisches Kabinett des Stiftes Göttweig/Niederösterreich 1992, 88–106; Gerlinde Huber-Rebenich, Metamorphosen der 'Metamorphosen'. Ovids Verwandlungensagen in der textbegleitenden Druckgraphik. AK Jena, Stadtmuseum Göhre 1999, 32.

[5] Michael von Albrecht, Buchillustrationen als Zugang zu Ovids *Metamorphosen*. In: Das Buch der Verwandlungen. Ovid-Interpretationen. Düsseldorf/Zürich 2000, 209–274 (mit Abb. 1–15 im Anhang).

[6] Abkürzungen (vgl. auch die Literatur am Schluss): AK Ausstellungskatalog, Aqu(arell), Br(onze), Cart(oon), Coll(age), Dia(thek Verfasser), Fr(esko), G(ips), Gem(älde), Gou(ache), Gr(uppe), Ho(lz), HSch Holzschnitt, Ill(ustration), Inst(allation), Kar(ikatur), KSt Kupferstich, Lith(ografie), M(armor), MK Museumskatalog, Past(ell), Pb Privatbesitz, Rad(ierung), Rel(ief), Temp(era), Z(eichnung), *Farbabbildung, °ohne Abbildung.

[7] Weitere Informationen, ergänzende Auskünfte zu nicht besprochenen Bildobjekten und ganz konkrete Hilfe bei der Beschaffung der besprochenen Bildobjekte als Vorlagen für den Unterricht: Dr. Udo Reinhardt, Weyersstraße 4, D–55543 Bad Kreuznach; Tel. 0671/28241.

1. Die *Metamorphosen* in der modernen Kunst und Picassos Radierungszyklus (1931)

Die *Metamorphosen* des P. Ovidius Naso (43 v. Chr.–17/18 n. Chr.)[8] sind ein Hauptwerk der Dichtung in augusteischer Zeit (entstanden 1–8 n. Chr.), von der literarischen Gattung her ein mythologisches Lehrgedicht in auffallend perfektionierten Hexametern. Umfangsmäßig 15 Bücher (ursprünglich Papyrusrollen) in ausgeprägt pentadischer Gliederung (1–5, 6–10, 11–15) umfassend, bieten sie inhaltlich mehr als 250 Verwandlungssagen, meist aus dem griechischen Mythos, mit hochdifferenzierter Disposition und ganz unterschiedlicher Ponderierung der einzelnen Geschichten, durchweg in sagenchronologischer Reihenfolge, manchmal ergänzt durch größere berichtende Einschübe bzw. Exkurse. Die Nachwirkung dieses 'Handbuchs der europäischen Mythologie' ist wegen der Dominanz griechischer Literatur und Kunst in der römischen Kaiserzeit und Spätantike ebenso mäßig wie im Frühmittelalter, in Hoch- und Spätmittelalter von zunehmender Bedeutung (das 14. Jh. gilt als *aetas Ovidiana*). In der weiteren europäischen Literatur und bildenden Kunst von Renaissance und Manierismus bis zu Barock und Rokoko kommt dem Werk (neben Vergils *Aeneis*) eine fundamentale Bedeutung im Rahmen der Antikenrezeption zu. Während es im europäischen Klassizismus (ab 1760) gegenüber den griechischen 'Originalquellen' (*Ilias*/*Odyssee*, attische Tragödie) kurzfristig etwas in den Hintergrund tritt, weist es im weiteren Verlauf des 19. und auch noch im 20. Jh. eine nachhaltige Rezeptionskontinuität auf. Das folgende Schema gibt einen Überblick zur Gesamtrezeption der Einzelthemen in der europäischen Kunst seit der Renaissance bis zum Ende des 19. Jh.s (**<u>sehr bekannt</u>**, **recht bekannt**, *<u>bekannt</u>*, *mäßig bekannt*, kaum bekannt):

BUCH 1: ANFÄNGE, VORZEIT, SINTFLUT, SAGEN DER FRÜHZEIT

Vorwort (1–4). Kosmogonie (5–88). *Weltalter* (89–150). Gigantomachie/Götterversammlung (151–252; darin Bericht Jupiters: *Lykaon* 163–208). *Sintflut* (253–312), *Deukalion und Pyrrha* (313–415). Urzeugung (416–433). *<u>Apollo-Python</u>* (434–451), **<u>Apollo-Daphne</u>** (452–567). **Jupiter-Io-Argus** (568–750; darin *<u>Pan-Syrinx</u>* 689–712). Aufbruch des Phaethon (750–779).

BUCH 2: WELTENBRAND, WEITERE SAGEN DER FRÜHZEIT

Sturz des Phaethon vom Sonnenwagen (1–400). **Jupiter-Callisto-Diana** (401–532). *Apollo-Coronis* (533–632; weitere Metamorphosen 549–595). Ocyroe (633–675). *Battus* (676–707). *<u>Merkur-Herse-Aglauros</u>* (708–832). **<u>Jupiter-Europa</u>** (833–875).

BUCH 3: THEBANISCHE SAGEN, SAGEN UM BACCHUS

Cadmus und Gründung Thebens (1–137). **Diana-Aktäon** (138–252). *Jupiter-Semele* (253–315). Teiresias (316–338). **Narziss-Echo** (339–510). *Bacchus-Pentheus* (511–733; darin *Bacchus-Tyrrhenische Schiffer* 582–691).

BUCH 4: WEITERE THEBANISCHE SAGEN, SAGEN UM PERSEUS

Minyastöchter (1–415; darin als Erzählungsreihe: **Pyramus Thisbe** 36–166, **Mars-Venus-Vulcanus** 167–189,[9] Leukothoe 190–213, *Clytie* 214–270, *Salmacis-Hermaphroditus* 271–388). Ino-Melicertes (416–542), Inos Gefährtinnen (543–562). Cadmus-Harmonia (563–603). *Perseus-Atlas* (604–662), **Perseus-Andromeda** (663–803; darin *Medusa-Korallen* 772–803).

BUCH 5: WEITERE SAGEN UM PERSEUS, VERMISCHTE THEMEN

Perseus-Phineus (1–235), Spätere Perseustaten (236–249). Pegasus (250–268). Pyreneus (268–293). *Wettkampf Musen-Pieriden* (294–678; darin als Erzählungsreihe: Göttermetamorphosen 318–331, **Raub der Proserpina** 332– 571, *Arethusa* 572–661, Triptolemus 642–661).

BUCH 6: WEITERE VERMISCHTE THEMEN

Arachne (1–145; Katalog von Göttermetamorphosen,[10] z. B. **Leda-Schwan**, **Danae**, **Antiope**, Asteria, Persephone; *Erigone*). **Niobe** (146–312). *Lykische Bauern* (313–381). **Schindung des Marsyas** (382–400). Pelops (401–411). *Peleus-Prokne-Philomela* (412–674). *Boreas-Oreithyia* (675–721).

BUCH 7: ARGONAUTENSAGE, THESEUSSAGEN (ATHEN)

Jason-Medea (1–158), Aison/Ammen des Bacchus (159–296), *Pelias* (297–351), Medeas Flug über Griechenland (351–393), ***Medea in Korinth***[11] und Athen (394–452). Minos und Cephalus auf Aegina (453–660; darin Pest auf Aegina 517–660), Cephalus auf Aegina (661–865; darin *Cephalus und Procris* 687–756. Teumessischer Fuchs 757–793, *Procris' Tod* 794–862).

BUCH 8: WEITERE THESEUSSAGEN, VERMISCHTE THEMEN

Abschluss Cephalus auf Aegina (1–5). *Scylla-Nisus* (6–154). *Pasiphae/ Labyrinth* /***Ariadne auf Naxos***/ **Hochzeit von Ariadne und Bacchus** (155–182),[12] **Dädalus-Ikarus** (183–235). Perdix (236–259) *Kalydonische Eberjagd* (260–444), *Meleagers Tod* (445–525), Meleagers Schwestern (526–546). Theseus bei Achelous I (547–884; darin als Erzählreihe: Echinaden/Perimele 573–610, *Philemon-Baucis* 611–724, *Erysichthon* 725–884).

BUCH 9: HERAKLESSAGEN, VERMISCHTE THEMEN

Theseus bei Acheloos II (1–97; darin Bericht: *Hercules-Acheloos* 4–88). **Hercules-Nessus** (98–133), *Tod des Hercules* (134–272). Galanthis (273–323). *Dryope* (324–393). Verjüngungen (394–449). *Byblis-Caunus* (450–665). *Iphis* (666–797).

BUCH 10: ORPHEUSSAGE, VERMISCHTE THEMEN

Orpheus-Eurydike (1–85), *Trauer des Orpheus* (86–147, Baumkatalog, dabei *Cyparissus*), Gesänge des Orpheus (148–739; lange Erzählreihe: *Ganymed* 155–161, *Hyacinthus* 162–219, Cerasten/Propoetiden 220–242, **Pygmalion** 243–297, *Myrrha* 298–479, *Geburt des Adonis* 480–502, **Venus-Adonis** 503–739, darin als Bericht *Hippomenes-Atalante* 560–707).

BUCH 11: VERMISCHTE THEMEN, TROJASAGEN I

Orpheus' Tod (1–84). *Midas* (85–145), *Apollo-Pan* (146–193). Laomedon (194–220). *Peleus-Thetis* (221–265). Daedalion-Chione (266–345). Wolf/Rinder des Peleus (346–409). *Ceyx-Alcyone* (410–748). Aesacus (749–795).

BUCH 12: TROJASAGEN II, KAMPF LAPITHEN-KENTAUREN

Griechen/**Iphigenie in Aulis** (1–38), Fama (39–63), *Achill-Cygnus* (64–167), Exkurs: Erzählungen vor Troia (168–579, darin Bericht des Nestor: Caeneus I 189–209, **Kampf Lapithen-Centauren** 210–458, Caeneus II 459–535; Periclymenus 536–576). *Tod Achills* (580–628).

BUCH 13: TROJASAGEN III, FAHRTEN DES AENEAS I

Waffenstreit Aias-Odysseus (1–383), *Selbstmord des Aias* (384–398). Schicksal der Hecuba (399–575, u. a. *Opferung der Polyxena*). Memnon (576–622). Aeneas Fahrt von Troia nach Sizilien (623–729, u. a. Töchter des Anius 643–674, Mischkrug mit Darstellung der Coronen 675–704). *Skylla-Glaucus* (730–968, darin Bericht: *Galathea-Acis-Polyphem* 740–897).

BUCH 14: FAHRTEN DES AENEAS II, RÖMISCHE URGESCHICHTE

Glaucus-Circe (1–74). Aeneas in Italien (75–100). *Aeneas bei der Sibylle* (101–440; darin Achaemenides 154–222, Abenteuer des Odysseus 223–307, *Picus* 308–415, Canens 416–440). Aeneas in Latium (441–526, darin Bericht: Gefährten des Diomedes 461–511). Aeneas' Schiffe (581–608), Ardea (566–580), *Aeneas' Apotheose* (581–608). Latinerkönige (609–621), *Vertumnus-Pomona* (622–771, darin Bericht: *Iphis*-Anaxarete 698–764). *Romulus' Apotheose* (772–851).

BUCH 15: FRÜHE RÖMISCHE SAGEN, CAESAR UND AUGUSTUS

Myscelus (1–59), Numa und Pythagoras (60–478). *Numa und Egeria/ Hippolytus* (479–546).[13] Weitere frühe römische Sagen (547–621). Aesculap in Rom (622–744). Caesar und Augustus (745–870). Schlusswort (871–879).

Im Vergleich zum Reichtum der früheren Kunsttradition zeigen die neueren Bilder zu den *Metamorphosen* eine starke thematische Reduzierung, was mit der Ausweitung der Themenspektrums allgemein (Exotismen, Kulturpluralismus) zusammenhängt, die sich speziell im europäischen Symbolismus (2. Hälfte 19. Jh.) ergab, der gleichzeitig die antiken Mythen auf Kosten ihres narrativen Kontextes tendenziell auf ihren Kern ('Symbol') reduzierte. Im Gegensatz zur der über Jahrhunderte gehenden Kontinuität textbegleitender *Metamorphosen*-Illustrationen in der europäischen Kunst (von der Erstausgabe Venedig 1497 bis zum Ende des *ancien régime*) werden im 19. und verstärkt im 20. Jh. Buchillustrationen zum Werk immer seltener,[14] weniger wegen seines heterogenen Grundcharakters als deshalb, weil die *Metamorphosen* (wie die Mythentradition insgesamt) ihre einstmals zentrale (und z. T. auch normative) Bedeutung im Gesamtkontext der europäischen Kultur immer weiter eingebüßt haben. Selbst der Radierungszyklus, den Pablo Picasso (vgl. auch 3/12) im schlichten, reduzierten Stil seiner 'klassischen' Phase gestaltete (Paris: Skira 1931),[15] bietet mit nur noch etwa 15 Einzelthemen eine eher zufällige, kaum mehr repräsentative Auswahl. Um so bemerkenswerter ist das immer noch relativ breite Themenspektrum bei Einzelbildentwürfen in der modernen Kunst, wo insgesamt rund 50 Themen erscheinen (dazu das Schema am Ende des Kapitels), z. T. noch in erheblichem Umfang (Daphne, Europa, Ikarus, Orpheus), vorwiegend aus den beiden ersten Werkdritteln (die schon seit jeher in der Rezeptionsgeschichte am meisten interessierten).

a) Erstes Werkdrittel (Buch 1–5)

(Buch 1) Als Binnen-Illustration wählt Picasso das Thema von Deukalion (vorn links) und Pyrrha (hinten, im Gesichtsprofil) nach der Sintflut, mit der intimen Szene, als die beiden einen ersten Nachkommen des aus Steinen entstandenen neuen Menschengeschlechts begrüßen (am oberen Bildrand ein zweiter).[16] – Der Komplex 'Lykaon', 'Sintflut' sowie 'Deukalion/Pyrrha' wird sonst neuerdings kaum noch dargestellt,[17] ebenso wenig die reizvollen Episoden mit Jupiter/Io bzw. Merkur/Argus[18] und Merkurs Bericht über Pan/Syrinx.[19] Wie die frühere Tradition, behandelt auch die neueste Kunst Apolls Sieg über den Pythondrachen selten,[20] die Geschichte von Apoll und Daphne als Höhepunkt des Buches um so häufiger (dazu Kap. 2).[21]

(Buch 2) Als Binnen-Illustration nimmt Picasso das Eröffnungsthema, den Sturz des Phaethon, der mit dem väterlichen Sonnenwagen am Himmel von der Bahn abkam und das Universum in Flammen setzte; in einer chaotischen Agglomeration von Körpern (mit stilistischer Nähe zur Kunsttradition von Manierismus und Frühbarock) stürzen drei Pferde des Viergespanns zusammen mit ihrem haltlosen Lenker in die Tiefe des Raums (**Abb. 2**).[22] – In der neueren Kunst kommt dieses Standardthema nur noch selten vor,[23] ebenso wie die pikante Verführung der Nymphe Callisto durch Jupiter[24] sowie deren Aufdeckung durch Diana und Begleitung, die Verwandlung der Coronis[25] und die Liebesgeschichte zwischen Merkur und

Abb. 2 Pablo Picasso, *La chute de Phaéton*. Radierung 1931

Herse,[26] ganz im Gegensatz zu dem auch neuerdings noch dominierenden Thema am Buchschluss, dem 'Raub der Europa' (dazu Kap. 3).
(Buch 3) Picassos Kopf-Illustration (**Abb. 3**)[27] spielt, relativ frei von der Bildtradition, mit dem Narzissthema: unten rechts sitzt für sich allein, in hoffnungslosen Liebe zurückgeblieben, die nackte Nymphe Echo auf einem Fels, auf dem sie das angewinkelte linke Bein aufgesetzt hat, während die Hand ihres auf dem Knie aufgestützten linken Arms am Kinn liegt – Ausdruck von Nachdenklichkeit und Verzweiflung. Von ihr getrennt, blickt im Bildrahmen oben rechts das klare, in präzisen Linien gegebene Gesichtsprofil von Narziss durch eine trennende Vertikale hindurch auf

Abb. 3 Pablo Picasso, *Narcisse et Echo*. Radierung 1931

eine seltsame Spiegelkonfiguration, die links sein leicht verändertes Gegenprofil zeigt (mit einer zweiten, wie auf der Wasseroberfläche verschwimmenden Silhouette rechts davon), weiterhin ganz nahe dabei im Untergrund, an den beiden Spiegelbildern vorbei zum Betrachter blickend, ein rundes Gesicht mit großem sehnsuchtsvollem Auge und sinnlichem Mund – wohl eine zweite Darstellung der in undurchbrechbarer Fatalität von Narziss getrennten Echo. – Weniger die schicksalhafte Konstellation zwischen beiden als das traurige Los des selbstverliebten Jünglings ist Hauptthema des 3. Buches in der Kunst der Moderne (dazu Kap. 4).
Für die Binnen-Illustration wählt Picasso aus dem Kontext der Thebensagen eine Szene voll Intimität, das *tête-à-tête* zwischen Semele, der Tochter des Stadtgründers Cadmus, und ihres (unerkannten) Geliebten Jupiter, also das ungetrübte Liebesglück, das der von Junos Eifersucht ausgelösten Katastrophe vorausgeht. Das unausgesprochene Einvernehmen des Paars spiegelt sich in der Geschlossenheit der Komposition: ohne sich anzusehen, sind sich die beiden leicht nach unten gesenkten, im Profil gegebenen Gesichter ganz nahe; der reife bärtige Gott fasst die junge Frau mit der Linken zärtlich unter der Achsel; sie schmiegt sich mit angezogenen Beinen an seinen breiten Körper wie in eine bergende Höhlung.[28] – Doch bleibt dieses Thema neuerdings ebenso selten[29] wie die Cadmus-Geschichte am Buchanfang,[30] die Verwandlung der tyrrhenischen Seeleute in Delphine[31] und das Schicksal des thebanischen Prinzen Pentheus am Buchende, der als Strafe für seine Ablehnung des Bacchuskults von Mutter und Schwestern in Stücke gerissen wird.[32] Dafür wird neben dem Narzissthema ein weiterer Stoff aus der Buchmitte auch neuerdings noch lebhaft beachtet: die grausame Bestrafung des 'Voyeur wieder Willen' Aktäon (dazu Kap. 8a).
(Buch 4) Nicht nur Picassos übliche textbegleitende Radierung, sondern auch ihr Pendant am Buchanfang bezieht sich auf einen Mythos, der den narrativen Rahmen der Exposition ausmacht: die Töchter des Thebaners Minyas, die ebenfalls ihre Teilnahme am Bacchuskult verweigern und zur Strafe in Fledermäuse verwandelt werden. Die Kopf-Illustration präsentiert die drei als wohlgerundete Akte, auf geblümter Decke sitzend, in entspannter Haltung beim Erzählen; die Binnen-Illustration zeigt zwei von ihnen im Vordergrund auf die Wollarbeit konzentriert, die linke sitzend mit Spindel in der Hand, die rechte sich zur Rohwolle hinabbeugend, während die dritte, aufrecht stehend und mit nachdenklich zum Kinn erhobener Linker, etwas irritiert dem wilden Treiben von zwei Bacchantinnen zuschaut, die mit wirren Haaren, geöffnetem Mund und lebhaft gestikulierenden Armen jenseits der bogenförmigen Fensteröffnung agieren.[33] – Aus den Erzählungen der Minyastöchter erweckt das tragik-komische Abenteuer von Pyramus/Thisbe, ein Standardthema der früheren Kunsttradition,[34] neuerdings nur noch begrenztes Interesse:[35] der auf den ersten Blick senti-

mental-larmoyante Grundcharakter dieser *love-story* und ihre auf den zweiten Blick einmalige literarische Mischung aus Absurdität, Missverständnis und Grauen sind ohnehin bildlich kaum fassbar. Und der mythische Skandal schlechthin in Kreisen der Olympier, die pikante Dreiecks-Geschichte zwischen der Liebesgöttin Venus, ihrem Geliebten Mars und ihrem Ehemann Vulcanus, ein Standardthema der früheren Kunsttradition,[36] findet ihre vorerst letzte adäquate Darstellung in dem Gemälde *Das homerische Gelächter I* (1909) von Lovis Corinth,[37] einer wilhelmischen Salon-Idylle, die sich allerdings eher an Homers *Odyssee* (8, 266 ff.) als an Ovid (Ars 2, 561 ff.; Met. 4, 167 ff.) orientiert.
Neben wenigen Einzelbelegen[38] bleibt aus diesem Buch nur ein aktuelles Thema, das Zwitterwesen Hermaphrodit, das im Bewusstsein der Moderne eine ganz neue Bedeutung gewinnt (allerdings weitgehend unabhängig von Ovids Mythenerzählung und dem Kontext mit der Nymphe Salmacis): als gesellschaftliche Symbolfigur und Grundmuster des Phänomens 'Androgynie'.[39] Dieses Thema wird in der neuesten Kunst durchweg ebenso auf die Einzelgestalt reduziert,[40] wie im weiteren Buchverlauf der alte Bildtyp 'Perseus mit Medusenhaupt' (Gegenstand bedeutender Werke u. a. von Cellini, Canova und Rodin) neuerdings ganz auf das Medusenhaupt beschränkt bleibt. Die zahlreichen Belege behandeln das schaurige Objekt meist als Symbol von Furcht und Schrecken, seltener in der erstaunlichen Verbindung von Schrecken und Schönheit.[41] Zu dem alten Standardthema 'Perseus befreit Andromeda'[42] am Buchende, das neuerdings gleichfalls seltener dargestellt wird,[43] schuf der deutsche Expressionist Mac Beckmann eine besondere Variante mit dem monumentalen Triptychon *Perseus* (1940/41),[44] in dessen Mittelbild das traditionelle Schema von Held, Prinzessin und Ungeheuer so abgewandelt wird, dass aus dem Befreier ein Bedroher, aus Prinzessin und Ungeheuer ein gemeinsames Opfer, aus Befreiung Raub und Vergewaltigung werden (ähnlich wie in Beckmanns Aquarell *Raub der Europa* von 1933: Beleg 3/9).
(Buch 5) Picasso bezieht sich auf die Eröffnung, die lange grausame Saalschlacht beim Hochzeitsmahl im Palast des Kepheus zwischen Perseus und den Gefolgsleuten des Phineus. Die in gewohnt präziser Linienführung erfasste Kampfszene[45] zeigt ohne präzise Beziehung zum Text zwei Kampfpaare, bei denen der Sieger links mit einem Dolch in der erhobenen Rechten auf seinen zusammenbrechenden Gegner eindringt, rechts mit einer langen Lanze den schon am Boden Liegenden tötet. – Für diese typisch 'manieristische' Szene interessiert sich die moderne Kunst sonst ebenso wenig[46] wie für den anschließenden Streit zwischen Musen und Pieriden[47] oder den in der früheren Kunsttradition so beliebten Raub der Proserpina durch den Herrscher der Unterwelt, Pluto.[48]

b) Zweites Werkdrittel (Buch 6–10)

(Buch 6) Zu den diversen Themen dieses Buches, die Hybris (i.S. von Selbstüberschätzung, Arroganz, Willkür, Exzess) als gemeinsames Leitmotiv haben, gehört auch die ingeniöse Eröffnung, in der Ovid zugleich seine dichterische Position zwischen 'Klassizismus' und 'Manierismus' definiert: die Webkunst-Konkurrenz zwischen der Göttin Minerva und der genialen Lydierin Arachne – ein Stoff, der entgegen seinem hohen literarischen Wert kaum in der Kunst der Moderne erscheint;[49] von den zahlreichen Göttergeliebten in Arachnes skandalösem Gewebe, die in langem Katalog nur kurz aufgezählt werden, behandelt die moderne Kunst neben Europa (dazu Kap. 3) und Leda[50] nur noch Antiope.[51] – Picasso bevorzugt erneut eine brutale Szene:[52] die Vergewaltigung der Tochter des attischen Königs Pandion und Schwester Proknes, Philomela (unten, in vergeblicher Gegenwehr), durch ihren Schwager, den thrakischen König Tereus (oben, mit massiger Dominanz). Dabei dürfte die Themenwahl nicht ganz zufällig sein, zwei Jahre vor den Radierungen der *Suite Vollard*, die mehr als ein Beispiel jener spezifisch männlichen Ambivalenz bietet, als deren mythischer Prototyp bei Picasso der Minotaurus erscheint, eine Mischung aus Mann und Monster, menschlicher Kultiviertheit und animalischer Triebhaftigkeit. Verständlich bei der grausigen Orgie von Gewalt zwischen Tereus, Prokne und Philomela, dass dieses Thema, übrigens das umfangreichste des Buches, sonst neuerdings kaum mehr erscheint,[53] wie auch eine weitere Frauenraub-Szene am Buchende, die in früherer Kunsttradition beliebte Entführung der athenischen Königstochter Oreithyia durch den thrakischen Windgott Boreas.[54] Dafür sind zwei Themen aus der Buchmitte noch recht aktuell: Niobe (Kap. 8b) und Marsyas (Kap. 8c).

(Buch 7) Für seine Illustration wählt Picasso (nach traditionellem Bildschema) eine Situation voll Schmerz und Zärtlichkeit (**Abb. 4**)[55] aus der tragischen Liebesgeschichte zwischen dem Athener Cephalus und seiner Frau Procris, die, voll Eifersucht (daher auch als warnendes *exemplum* in *Ars amatoria* 6, 687 ff.), den Gatten bei der Jagd im Wald belauschte und von ihm versehentlich mit seinem unfehlbaren Speer getötet wurde, da er sie im Dickicht (angedeutet durch den Strauch rechts im Hintergrund) für ein Wild hielt. Nun liegt sie völlig nackt auf der Erde, schon fast leblos (bis auf das weit geöffnete Auge); ihr Kopf ruht auf dem linken Arm, während der rechte, unnatürlich vom Körper abgewinkelt, im Unterarm seitlich auf dem Boden liegt. Cephalus beugt sich über sie, in der Rechten noch den Bogen, mit einer Geste der Linken, die Überraschung, Bedauern und Schmerz zugleich ausdrückt. – In der modernen Kunst gibt es nur noch wenige Belege zu diesem Mythos,[56] ebenso wie zu den verschiedenen Aspekten des Medea-Mythos in Kolchis bzw. Iolkos[57] aus der ersten Buchhälfte

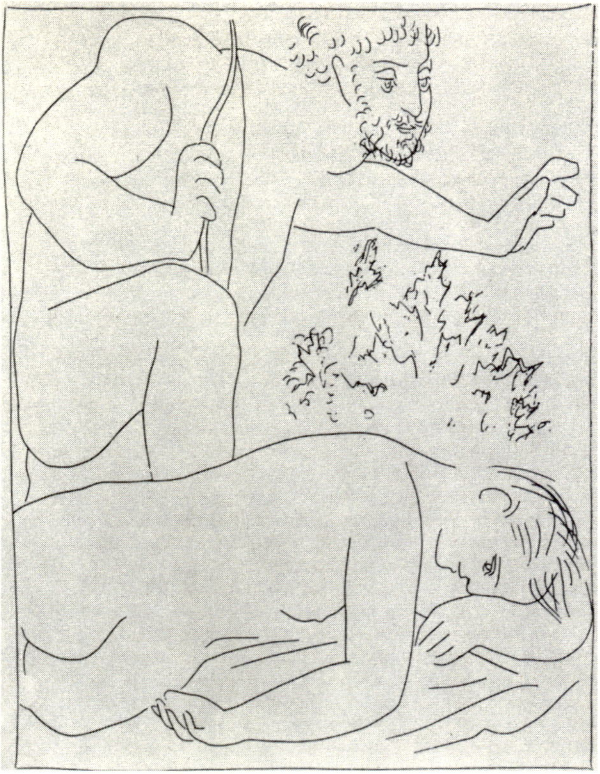

Abb. 4 Pablo Picasso, *La mort de Procris*. Radierung 1931

(die meisten Medea-Darstellungen beziehen sich auf die Ereignisse in Korinth, durchweg nach der Tragödie des Euripides).[58]

(Buch 8) Picasso bezieht sich auf das narrative Hauptthema des Buches, die Jagd auf den von der Göttin Artemis/Diana als Strafe geschickten Kalydonischen Eber, und seine Erlegung durch Meleager, den Sohn des Königs Oineus. Dargestellt ist der Augenblick, in dem der nackte bärtige Held mit hochkonzentriertem Blick seine Lanze entschlossen zum tödlichen Stoß gegen das schon von Jagdhunden eingekreiste Untier richtet,[59] ohne jede Anspielung auf die weiteren Komplikationen, z. B. Meleagers Liebe zu der amazonenhaften Jägerin Atalante und deren tödliche Konsequenzen für ihn selbst. – Auch dieses zentrale Thema wird neuerdings nur noch selten behandelt,[60] das Eröffnungsthema des Buches, die unglückliche

Liebe Skyllas, der Tochter des megarischen Königs Nisus, überhaupt nicht mehr. – Zahlreiche Bildbelege in der neueren Kunst beziehen sich auf den Mythenkomplex der Ereignisse auf Kreta bzw. Naxos (Sodomie der Pasiphae, Geburt des Minotaurus, Bau des Labyrinths, Sieg des Theseus über den Minotaurus mit Hilfe Ariadnes; Abfahrt der beiden von Kreta, Weiterfahrt des treulosen Theseus von Naxos; Hochzeit zwischen Ariadne und Bacchus), die, in den *Metamorphosen* (8, 155–182) nur kursorisch behandelt, hier nicht berücksichtigt werden. Zu einem Standardthema der früheren Tradition,[61] der phrygischen Lokalsage um den greisen Philemon und seine gleichalte Frau Baucis, die den Göttern Jupiter und Merkur Gastfreundschaft bieten, finden sich neuerdings nur wenige Belege,[62] wohl auch deshalb, weil die erbauliche, in ihrem Grundcharakter geradezu 'christliche' Legende dem aufgeklärten Geschmack der Moderne kaum noch entspricht. Das nach wie vor dominierende Thema des ganzen Buches ist die Geschichte von Dädalus und Ikarus (dazu Kap. 5).

(Buch 9) Picassos Radierung[63] realisiert eine auch früher oft dargestellte Situation: bei seinem Versuch, Hercules seine Gattin zu entführen, schenkt der Kentaur Nessus, schwer getroffen, Deianeira sein Gewand, das durch die mit dem Gift der Lernäischen Hydra tödlichen Pfeile getränkt ist, als angeblichen Liebeszauber. Links sieht man den riesigen Körper des nackten bärtigen Helden, der, die Keule in der Rechten, mit seinem angewinkelten, nach vorn gehenden linken Bein den Kentauren niederhält. Dieser, vor ihm zusammengebrochen, legt im Todeskampf seinen Kopf in den Nacken und blickt zu Deianeira empor, die, ganz rechts am Bildrand zu dem Sterbenden herabblickend, in ihren Händen bereits das fatale 'Nessusgewand' hält. – Dieser traditionelle Stoff ist in ausgehender Historienmalerei und auch neuerdings noch relativ präsent,[64] ebenso wie die vorangehende Phase, der versuchte Frauenraub des Nessus.[65] Die weiteren Themen des Buches hingegen, z. B. die anschließende 'Himmelfahrt' des Hercules,[66] interessieren nicht mehr in der Kunst der Moderne.

(Buch 10) Picasso stellt in großen Flächen und klaren expressiven Linien die dramatische Exposition des Orpheusmythos dar (**Abb. 5**):[67] die nackte Eurydike (unten), zusammengebrochen nach den Biss der winzigen kleinen Schlange (halbrechts am unteren Bildrand), liegt mit angezogenem linkem Bein und auf der Erde ruhendem linkem Unterarm in der Horizontalen am Boden. Als ob sie eben das Bewusstsein verliere, sinkt ihr Kopf seitlich nach unten, ihren Weg in die Unterwelt vorwegnehmend. Der Sänger (rechts), sichtbar nur in Armen, Schultern und Kopf (mit männlich kantigem Profil), beugt sich besorgt zu der jungen Frau herab, ihrem Gesicht am nächsten; seine Rechte geht behutsam zu ihrem Kopf; mit der Linken versucht er, sie fürsorglich unter der linken Achsel zu stützen. Darüber erkennt man drei beunruhigte Gefährtinnen, deren mittlere, mit angewinkelten Beinen niedergekauert, versucht, nachdem sie Eurydikes rechtes Bein extrem

Abb. 5 Pablo Picasso, *La mort d` Eurydice*. Radierung 1931

verdreht zu sich nach oben gezogen hat, das Schlangengift aus der Wunde am Fuß auszusaugen – ohne Erfolg.
Das 10. Buch weist in der Kunst der Moderne die stärkste Nachwirkung auf, nicht nur mit der faszinierenden Geschichte von Orpheus und Eurydike (dazu Kap. 6), sondern auch mit verschiedenen Einzelthemen aus den nicht weniger beeindruckenden 'Liedern des Orpheus'. Unter den Beispielen von *amour bleu*[68] findet das traditionelle Standardthema 'Raub des Ganymed'[69] im Bewusstsein der Moderne weiterhin lebhafte Beachtung (nur noch teilweise im Anschluss an Ovids Mythenerzählung) und neue gesellschaftliche Aktualität (vor allem nach 1960) als Paradeigma männlicher Homosexualität[70], unter den heterosexuellen Beispielen zwar nicht das hochinteressante Tabuthema Myrrha,[71] wohl aber das attraktive Paradebeispiel 'Pygmalion und Galathea' (dazu Kap. 7), weiterhin begrenzt auch das traditionelle Standardthema 'Venus und Adonis'[72] und vereinzelt die Geschichte am Buchschluss, der Wettlauf zwischen Hippomenes und Atalante.[73]

c) Letztes Werkdrittel (Buch 11–15)

(Buch 11) Picasso Radierung gilt auch hier dem Eröffnungsthema, Orpheus' Tod durch die thrakischen Mänaden (**Abb. 6**)[74]. Der nackte bärtige Sänger liegt schwer getroffen, mit kraftlos herabhängenden Armen und Beinen, quer über einem Stierkopf – ein textfremdes Detail, übernommen aus der früheren Zeichnung *La mort d' Orphée* (1930).[75] Dort wird der nackte Sänger, dessen Linke noch die Leier festhält, von den Hörnern eines Stiers hoch in die Luft geschleudert, inmitten eines bacchantischen Taumels weiterer Stiere und entfesselter Mänaden. Die Beine und der

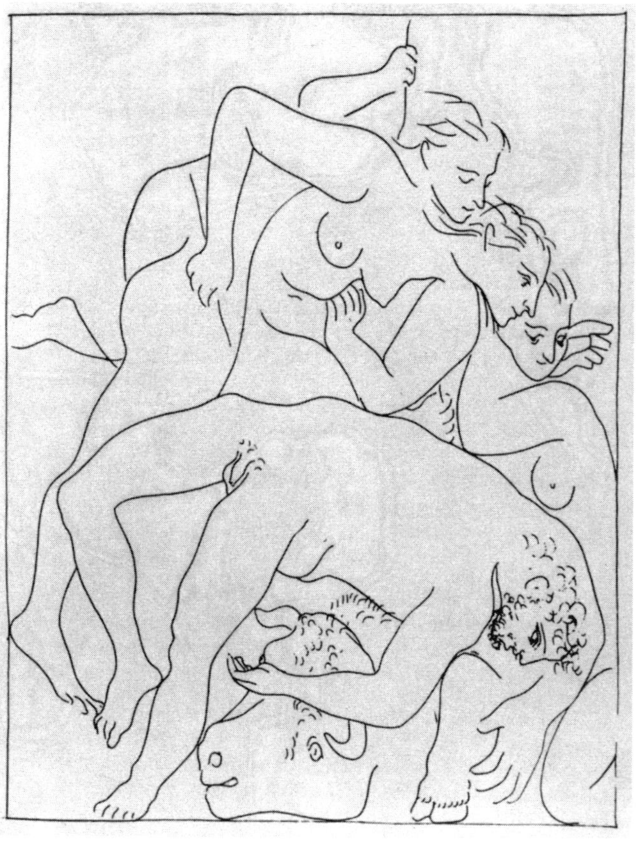

Abb. 6 Pablo Picasso, *La mort d` Orphée*. Radierung 1931

rechte Arm, kraftlos nach unten hängend, entsprechen dort schon der späteren Radierung, in der über der bogenförmigen Silhouette von Orpheus' Leib mit wilden Bewegungen von Armen und Beinen drei nackte Mänaden toben, die linke und mittlere mit Stöcken in der erhobenen Rechten. – Als Fortsetzung der symbolistischen Kunst des *Fin-de-siècle* (Gustave Moreau, Odilon Redon) erscheint der Tod des Sängers auch in der Kunst der Moderne noch mehrfach,[76] desgleichen sein schwimmendes Orakelhaupt (nach Met. 11, 50 ff.).[77]

Beide Themenvarianten behandeln auch die letzten Holzschnitte des Orpheus-Zyklus (1947) von Gerhard Marcks (vgl. 6/1abc). Der Entwurf *Tod durch die Mänaden* (**Abb. 7**)[78] bietet eine gespenstische Walpurgisnacht-Szene: der Sänger (unten rechts) liegt, schon zusammengebrochen, mit dem Gesicht auf dem Boden; drei hexenhafte Mänaden tanzen über ihm im Mondschein. Die rechte, ganz nackt, springt mit hoch erhobenen Armen in weitem Ausfallschritt über den Zusammengekauerten hinweg und tritt mit dem rechten Fuß auf seine am Boden liegende Leier; die beiden ande-

Abb. 7 Gerhard Marcks, *Tod durch die Mänaden*. Holzschnitt 1947

ren folgen von links, mit nacktem Oberkörper und gleichfalls wilden Armbewegungen, einen Vogel und Laubzweige unter ihren Füßen niedertretend. Der (in zwei Varianten vorliegende) Holzschnitt *Totenhaupt*[79] präsentiert im Anschluss an Odilons Redons Zeichnung *Tête d' Orphée flottant sur les eaux* (1881)[80] das von den Mänaden abgeschlagene Haupt des Sängers, auf dem Wasser des Hebrus schwimmend. – Sonst finden sich zum 11. Buch neuerdings nur noch wenige Belege mit der Flucht der Meeresgöttin Thetis vor ihrem künftigen Gatten Peleus.[81]

(Buch 12) Picassos Illustration gilt einer Rahmenszene: der greise Griechenheld Nestor (halblinks) erzählt aus vergangenen Zeiten, umgeben von zwei älteren und einem jüngeren Teilnehmer am trojanischen Krieg, die ihm mehr oder minder gespannt zuhören; das in der Mitte der Gruppe senkrecht aufgesetzte Schwert symbolisiert die Kampfpause.[82] – Das Zentrum von Nestors Erzählung, der legendäre Kampf der Lapithen und Kentauren, eine im Vergleich zur Saalschlacht zwischen Perseus und Phineus (Buch 5) noch grausamere Auseinandersetzung bei der Hochzeit des Lapithenkönigs Peirithoos mit seiner Braut Hippodameia, wirkt in der neueren Kunst kaum noch nach,[83] obwohl der krude brutale Grundcharakter gewissen exzentrischen Tendenzen in Moderne und Postmoderne (z. B. dem Film 'Das Schweigen der Lämmer') durchaus entspricht.

(Buch 13) Picassos Radierung[84] bezieht sich wieder auf einen Stoff voll Gewalttätigkeit, einen der traurigen Höhepunkte nach der Eroberung Trojas: das schreckliche Ende der schönen Priamostochter Polyxeina, die am Grabmal des größten Griechenhelden Achill als Totenopfer abgeschlachtet wird. In metopenartigem Drei-Figuren-Schema wartet links Achills Sohn Neoptolemos, mit entschlossenem Gesicht, den Dolch in der rechten Hand, auf seinen Einsatz, während rechts ein weiterer Grieche, der Opferpriester Kalchas oder Odysseus, den ganz in sich verdrehten Körper der bis auf ein schmales Tuch völlig nackten, verzweifelt zusammengesunkenen jungen Frau festhält, mit ambivalentem Gesichtsausdruck auf sie herabsehend – eine Konstellation, die an eine Parallelsituation vor dem trojanischen Krieg erinnert: die Opferung von Agamemnons Tochter Iphigenie in Aulis (cf Met. 12,24 ff.), ein Thema, das in der Moderne noch ganz vereinzelt erscheint (eher angeregt von Euripides' Tragödie).[85]

(Buch 14) Das in der früheren Kunsttradition beliebte idyllische Thema der Liebe von Vertumnus, dem römischen Jahreszeiten-Gott, und Pomona, der römischen Göttin des Obstbaus, wird in Picassos reizvoller Illustration so realisiert, dass ohne Ausgestaltung einer bestimmten Situation das Paar in einer ganz raffinierten Komposition voranschreitet:[86] die nackte üppige junge Frau im Zentrum, mit angewinkelt erhobenem rechtem und gerade gesenktem linkem Arm, in beiden Händen einen Strauß mit verschiedenen Früchten, hat den Kopf mit dem vollen sinnlichen Gesicht und den langen Haaren in den Nacken zurückgenommen – Symbol lasziver Hingabe. Der

Mann hingegen erscheint links im Vorwärtsschreiten, den Kopf zurückgewandt, den rechten Arm erhoben (ganz Zuwendung und Entgegenkommen), rechts im gemächlichen Nachfolgen mit dem Rest des Körpers; sein nach vorn gehender linker Arm streichelt ihre nackte Haut an der Taille. Offensichtlich deutet dieses irreale Element auf die Verwandlungsfähigkeit des Gottes; die Komposition nimmt einen ikonographischen Typ vorweg, der von Picasso einige Male in der *Suite Vollard* und in späteren Entwürfen der dreißiger Jahre verwendet wird. – Das Thema 'Pomona' ist in der Kunst der Moderne, speziell in Plastik und Skulptur, noch auffallend häufig, allerdings kaum mehr im Kontext der Liebesgeschichte,[87] sondern in rein allegorischem Sinn.[88]

(Buch 15) Picassos schlichte, in ihrem Aufbau relativ strenge Illustration[89]-betrifft die Unterhaltung zwischen dem römischen König Numa und dem griechischen Philosophen Pythagoras – das substantielle Zentrum des Buches. Wie die frühere Kunsttradition sich schon zunehmend weniger für die letzten Bücher von Ovids Hauptwerk interessierte, so erscheint kaum noch eines der dort behandelten Themen in moderner Kunst.[90]

d) Zusammenfassung

Folgende Metamorphosenthemen sind noch in Einzelbildern oder Illustrationszyklen der modernen Kunst behandelt (**sehr häufig**, **recht häufig**, *häufig*, *weniger häufig*, kaum einmal):

(Buch 1) Lykaon, Sintflut, *Deukalion-Pyrrha*, Apoll-Python, **Daphne**, Io, *Merkur-Argus*, Pan-Syrinx; (Buch 2) *Phaethon*, Callisto, Coronis, Herse, **Europa**; (Buch 3) Cadmus, *Semele*, *Aktäon*, Teiresias, **Narziss**, Tyrrhenische Seeleute, *Pentheus*; (Buch 4) Minyaden, *Pyramus-Thisbe*, *Mars-Venus*, Clytie, *Hermaphrodit*, *Medusa*, *Perseus-Andromeda*; (Buch 5) Kampf Perseus-Phineus, Pieriden, Raub der Proserpina; (Buch 6) Arachne, **Leda**, Antiope, *Niobe*, *Marsyas*, Tereus-Philomela, Boreas-Oreithyia; (Buch 7) Jason-Medea, Philemon-Baucis, Cephalus-Procris; (Buch 8) *Theseus-Ariadne*, **Ikarus**, Perdix, Kalydonischer Eber; (Buch 9) *Hercules-Nessus-Deianeira*; (Buch 10) **Orpheus-Eurydike**, Cyparissus, *Ganymed*, Hyacinthus, **Pygmalion-Galathea**, Geburt des Adonis, *Venus und Adonis*, Hippomenes-Atalante; (Buch 11) *Tod des Orpheus*, Thetis; (Buch 12) Iphigenie, Erzählung des Nestor, Kampf Lapithen-Kentauren; (Buch 13) Opferung der Polyxeina; (Buch 14) Vertumnus-Pomona; (Buch 15) Numa-Pythagoras.

Unter diesen Einzelthemen weisen einige wenige bis in jüngste Zeit eine so intensive Rezeption auf, dass sie wohl zu den ausgesprochen 'modernen' Mythen zu zählen sind, so unterschiedlich auch die jeweilige Geschichte bzw. das Spektrum der bildlichen Darstellungen sein mag. Diese sechs 'großen' Themen werden mit einer breiteren Auswahl von Bildbelegen in den folgenden Kapiteln vorgestellt; das letzte Kapitel bietet ergänzendes Bildmaterial zu drei weiteren interessanten Einzelthemen.

Anmerkungen

[8] Primärliteratur: P. Ovidii Nasonis Metamorphoses. Edidit W. S. Anderson. Leipzig ^{7}1996; P. Ovidius Naso, Metamorphosen. Kommentar von Franz Bömer. Bd. 1–7. Heidelberg 1969–1986; Ovid, Metamorphosen. Lateinisch-Deutsch. Übersetzt und hrsg. von Michael von Albrecht. Stuttgart 1997 (Reihe Reclam). – Sekundärliteratur: G. Karl Galinsky, Ovid's Metamorphoses. An Introduction to the Basic Aspects. Oxford 1975; Egon Römisch, Die Metamorphosen Ovids im Unterricht. Heidelberg 1976 (Heidelberger Texte. Didaktische Reihe 9); Niklas Holzberg, Ovid. Dichter und Werk. München 1997, 123–158; Albrecht, wie Anm. 5, speziell 277–308 (Zusammenfassung).

[9] Knappe Zusammenfassung gegenüber *Odyssee* 8, 266 ff. und Ovid *Ars Amatoria* 2,561 ff.

[10] Summarisch, doch Hauptquelle neben den Mythographen (Apollodor, Diodor, Hygin).

[11] Summarisch gegenüber Euripides, *Medea* und Ovid, *Heroides* 12 (bzw. Seneca, *Medea*).

[12] Summarisch gegenüber Ovid, *Ars amatoria* 1, 289 ff. (Pasiphae); Catull 64, Ovid, *Heroides* 10, Ars amatoria 1, 527 ff. (Ariadne); Ovid, *Fasti* 3, 459 ff. (Ariadne und Bacchus).

[13] Knapper Abriss gegenüber den literarischen Hauptquellen Euripides, *Hippolytos* (I)/II.

[14] Die Entwürfe von Mac Zimmermann und Alfred Finsterer werden einzeln behandelt. Die Zyklen von Manfred Henninger (1960) und Hermann Finsterlin (1970), erwähnt bei Albrecht, (wie Anm. 5, 410), waren mir bisher nicht näher bekannt.

[15] In der Regel eine freie Kopf- und eine textbezogene Binnen-Illustration pro Buch: Publius Ovidius Naso, Metamorphosen. Mit den Radierungen von Pablo Picasso. Nach der Übersetzung von Reinhart Suchier. Leipzig/Wiesbaden 1986; Ovids Metamorphosen. In der Übertragung von Johann Heinrich Voß. Mit den Radierungen von Pablo Picasso und einem Nachwort von Bernhard Kytzler. Frankfurt/M. 1990 (insel taschenbuch 1237), spez. 372 f.

[16] Picasso 1986/1990, wie Anm. 15, 17/21.

[17] (a) Mac Zimmermann, *Jupiter verwandelt Lykaon*. FZ 1961. (b) Max Beckmann, *Sintflut*. Gem 1908; HAP Grieshaber, *Sintflut I-III*. HSch (3) 1972. (c) Sima, *Hommes de Deucalion*. BlZ 1941 / *Hommes de Deucalion*. Gem 1943; Mac Zimmermann, *Deukalion*. FZ 1949 / *Deukalion*. Temp 1949 / *Deukalion*. FZ 1961.

[18] Alberto Savinio, *Argo*. FZ 1944; E.W. Nay, *Verwandlung der Io*. Gem 1949; Mac Zimmermann, *Jupiter und Io*. Z 1953/ FZ 1961/ *Ios Metamorphose* Z 1953/ FZ 1966/ *Argus*. FZ 1961/ *Iuno und Argus* FZ 1961;.Salvador Dalí, *Argus und der Pfau*. FTuZ c.1960/ *Argus*. Gem c.1981; Nikos Engonopulos, *Argos und Hermes*. Gem 1962; Amadeo Gabino, *Argos*. Edelstahl 1987/1988; Markus Lüpertz, *Werbung des Argus*. Gem 1988; Oldrich Kulhanek, *Jupiter und Io*. Lith 1989; Marie-Jo Lafontaine, *Argusauge*. Inst 1991.

[19] Edmund Dulac, *Pan/Syrinx*. BuchIll 1935; Marc Chagall, *La fable de Syringe*. Lith 1961; Richard Hohly, *Syrinx*. Gem 1968; Schülerbilder: K+U 209/1997, 49.

[20] Mac Zimmermann, Apoll tötet Python. FZ 1961.

[21] Denkbar, dass sich Picassos Kopf-Illustration zu Buch 2 (wie Anm. 15, 31/35) noch auf den Daphnemythos aus Buch 1 bezieht: in dem Bildrahmen oben betrachtet rechts ein Jünglingsprofil (trauernder Apoll?) durch mehrere trennende Vertikalen hindurch ein in sich ruhendes, von ihm

abgewandtes, dem Betrachter zugewandtes Frauengesicht (dessen Kreisform durch eine weitere Vertikale halbiert wird); darüber wird belaubtes Haar sichtbar (die in der Metamorphose von Apoll getrennte Daphne?); darunter blickt ein breites Männergesicht zum Betrachter, ganz von der oberen Szene getrennt (Peneios?). Doch könnte es sich auch schon um eine Variation zur Kopf-Illustration von Buch 3 (Narziss und Echo) handeln.

22 Picasso 1986/1990, wie Anm. 15, 39/45.

23 Odilon Redon, *Le Char d' Apollon*. Gem 1909 / *La Chute de Phaéton*. Gem 1910 / *Phaéton*, Past c. 1910; Rudolf Jettmar, *Träume am Abend*. Gem 1921; Achille Funi, *Caduta di Fetonte*. Fr 1934/37; Félix Labisse, *Soeurs de Phaéton*. Gem 1942; Vicente Betrán Grimal, *La ijas del Sol* (Heliaden). SteinRel c. 1950?; Giorgio de Chirico, *Caduta di Fetonte* (Kopie nach Rubens). Gem 1954; Mac Zimmermann, *Phaethons Sturz*. FZ 1962 / *Trauer um Phaethon*. FZ 1962; Hans Erni, *Sturz des Phaethon*. FLith 1968; Carlo Maria Mariani, *Die Heliaden*. Gem 1982; Francesca Palizzoli, *Fall of Phaethon*. BIll 1986.

24 Lovis Corinth, *Kallisto und 'Artemis*. FLith 1920; Mac Zimmermann, *Jupiter und Kallisto*. FTuZ 1962; Alfred Hrdlicka, *Der Fehltritt der Kallisto*. RötKrZ 1990.

25 Mac Zimmermann, *Apoll und Koronis*. FZ 1962/ *Koronis wird Krähe*. FZ 1962.

26 Mac Zimmermann, *Merkur und Herse*. FZ 1962.

27 Picasso 1986/1990, wie Anm. 15, 59/Cover* bzw.65; Ursula Orlowsky/Rebecca Orlowsky, Narziß und Narzißmus im Spiegel von Literatur, Bildender Kunst und Psychoanalyse. Vom Mythos zur leeren Selbstinszenierung. München 1992, 330. – Zur entsprechenden Kopf-Illustration von Buch 2 vgl. Anm. 21.

28 Picasso, wie Anm. 15, 69/81. Auf die spätere Katastrophe bezieht sich wohl Picassos Tuschzeichnung *Zeus* (um 1936; Berlin, Coll Berggruen: Lo Duca, Eros im Bild. Die Erotik in der europäischen Kunst. München u. a. 1968, 41), in der die nackte Heroine mit lebhaft erhobenen Armen nach hinten zurückschreckt, während der Gott gelassen zuschaut.

29 Horst Janssen, *Jupiter und Semele*. BlZ 1974; Per Kirkeby, *Semele-Serie*. GemZyklus Kassel, Documenta VII 1982; Hans Erni, BIll (Euripides, Die Bacchantinnen, Bl. 1) 1991. Zu Teiresias: Mark Rothko, *Tiresias*. Gem 1944; Hans Erni, *Tiresias*. Lith 1982.

30 Friedrich Karl Gotsch, *Der Kampf mit dem Drachen*. Gem 1955/1963; Mac Zimmermann, *Kadmus' Drachensaat*. FZ 1962.

31 Dazu Carlo Maria Mariani, *Universalia ante rem*. Gem 1981/82: ART 1/83, 41*.

32 Félix Valloton, *Penthée et les Ménades*. Gem c. 1904; Jannis Tsaruchis, *Dionysos apo tes Bakches*. Gem 1973; Hans Erni, wie Anm. 29, Ill 2–20*.

33 Picasso 1986/1990, wie Anm. 15, 83.97 / 91.97.

34 Dazu A. Scholte, Pyramus en Thisbe in poezie en beeldende kunst van later eeuwen. Hermeneus 14, 1941/42, 203–208; Franz Schmitt-von Mühlenfels, Pyramus und Thisbe. Rezeptionstypen eines Ovidischen Stoffes in Literatur, Kunst und Musik. Heidelberg: Winter 1972 (Studien zum Fortwirken der Antike 6)

35 John William Waterhouse, *Thisbe*. Gem 1909 (Mauerszene); Hans Erni, *Pyramus und Thisbe*. Gou 1946; Mac Zimmermann, *Pyramus und Thisbe I/II*. FZ 1945/ Z 1975/ Gem 1976; Gert H. Wollheim, *Pyramus und Thisbe*. Gem 1950 (Liebespaar); Hans Erni, *Pyramus und Thisbe*. FLith 1975 (Mauerszene); Luciano Fabro, *Piramo e Tisbe*. Inst 1986 (*arte povera*, abstrakt); Schülerzeichnung (Mauerszene): Rudolf Spann (Hrsg.), Schülerzeichnungen zu Ovids Metamorphosen. Herrsching c. 1990, 9.

36 Gottfried Sello, Venus und Mars – Ehebruch unter Göttern. ART 11/90, 108–114; Jan L. de Jong, Ovidian Fantasies. Pictorial Variations on the story of Mars, Venus und Vulcan. In: Walter/Horn 1996, 161–172; Claudia Cieri Via, Venere, Vulcano e Marte: un' allegoria mitologica nella cultura veneta del Cinquecento. In: Horn, Hans-Jürgen/ Hermann Walter (Hrsg.): Die Allegorese des antiken Mythos. Wiesbaden 1997 (Wolfenbütteler Untersuchungen 75), 351–394.

37 Gem (98 × 121) 1909. München, BSGS: Lovis Corinth. AK Haus der Kunst München 1996, 177*; Reinhardt 2000b, 212 Abb. 9. Der Entwurf von 1919 bietet dasselbe Bildschema in expressionistischem Stil.

38 Aquarelle zum Thema 'Clytie' (1979) von Karl Oppermann.

[39] Androgyn. Sehnsucht nach Vollkommenheit. AK Neuer Berliner Kunstverein (u.a.) 1986/87; Andrea Raehs, Zur Ikonographie des Hermaphroditen. Begriff und Problem von Hermaphroditismus und Androgynie in der Kunst. Frankfurt/M. 1992.

[40] Léonard Sarluis, *Les Hermaphrodites*. FaZ 1916; Carlo Carrà, *Idolo Ermafrodito*. Gem 1917; Man Ray, *Hermaphrodite*. Sprühfarbe 1919 / Br 1975; Ossip Zadkine, Br c.1920 / AkazHolz 1925 / KrZ c. 1967; Giorgio de Chirico, Gem 1921; Paul Klee, *Mann-weib*. Aqu 1939; Alberto Savinio, *Riposo di Ermafrodito*. Temp 1945, Aurelio di Felice, Gips 1946; Rudolf Hausner, *Forum der einwärts gewendeten Optik*. Gem 1948; André Masson, *Pan et Hermaphrodite*. Past 1949; Salvador Dalí, Zeichn 1953; Ernst Fuchs, *Engel und Kreatur*. Aqu 1960; Edgar Ende, *Der große Hermaphrodit*. Gem 1960; Eduardo Paolozzi, *Hermaphroditic Idol*. Br/Alum 1962 / TuZ 1963; Gustav Seitz, Br 1969; Pierre Klossowski, FaZ 1972 / FaZ 1981; Paul Wunderlich, *Hermaphroditenhemd*. Gem 1973; Wolfgang Hutter, *Hermaphrodit im Haarkleid*. Gem 1977; Martial Raysse, Gem 1977; Francesco Clemente, *Das Alter des Hermaphrodit*. Gem c.1978 / *Hermaphrodite*. Gem 1985; Carlo Maria Mariani, *La scuola di Roma*. Gem 1980–81 / *Impala quadro*. Gem 1990; Hermann Degkwitz, Rad 1981; Sergio Sermidi, Gem 1983–84.

[41] z. B. René Lalique (Schmuck 1900), Fernand Khnopff (Br c.1900), Gustav Klimt (Z 1902), Alexis von Jawlenski (Gem c. 1917), Otto Dix (Aqu c.1923), Antoine Bourdelle (BrRel 1925), Wolfgang Paalen (Gem 1937), Lucio Fontana (Terr 1941), Salvador Dalí (Gem 1941/Aqu 1962); Alberto Giacometti (GRel c.1950), Max Ernst (Gem 1953); Paul Wunderlich (Gou 1974), Bruno Bruni (Lith 1975), Giulio Paolini (Inst 1981), Michelangelo Pistoletti (Inst 1982), K. H. Hödicke (Gem 1983); A./P. Poirier (Inst 1983/1984), Ernst Fuchs (Aqu 1984, Z 1991), Stefan Szczesny (Gem 1984), Alessandro Romano (Br 1987), Audrey Flack (Br1989, Terr 1990, Br 1991), Pierre et Gilles (Foto/Gem 1990); Luigi Ontani (Inst 1994).

[42] Dazu Udo Reinhardt, Andromeda und Angelica. Zum Motiv 'Königstochter-Held-Ungeheuer' in der literarischen und bildlichen Tradition des Abendlandes. In: Walter/Horn 1996, 193–213.

[43] z. B. James Ensor (GemSk 1923/Gem 1925), Tamara de Lempicka (Gem 1929), Salvador Dalí (Zeichn 1930/ 1931), Félix Labisse (Gem 1930/1937/1942), Giorgio de Chirico (Gem 1940–42/ c.1945/1946/1954, z. T. zum Parallelthema 'Ruggiero-Angelica' aus Ariost, *Orlando Furioso*), André Masson (Gem 1943), Ernst Fuchs (Rad 1976/ Gem 1976–78/ Gem 1982), Carlo Maria Mariani (GemSk 1977/ Gem 1977), Aligi Sassu (Gem 1983).

[44] Gem (151×56/151×111/151×55) Essen, Folkwang Museum: Max Beckmann. Sichtbares und Unsichtbares: Malerei und Graphik. Autobiographische Texte. Stuttgart 1965, 74/5*; Max Beckmann. Die Triptychen im Städel. AK Städtische Galerie im Städelschen Kunstinstitut Frankfurt am Main 16.4.–21.6.1981, 42*; Max Beckmann. Retrospektive. Hrsg. von Carla Schulz-Hoffmann, Judith C. Weiss. AK Haus der Kunst München (u. a.) 1984, 42*; Carla Schulz-Hoffmann, Max Beckmann. Der Maler. München 1991, 122/3*; Reinhard Spieler, Max Beckmann 1884–1950. Der Weg zum Mythos. Köln 1994, 118/9*; Reinhard Spieler, Max Beckmann. Bildwelt und Weltbild in den Triptychen. Köln 1998, Tf.4*; AK Ombra degli Dei 1998, 36; Museum Folkwang Essen. Braunschweig 1983, 80/1*. – Zur Deutung: Carla Schulz-Hoffmann, Gitter, Fessel, Maske. Zum Problem der Unfreiheit im Werk von Max Beckmann. In: AK München 1984, 41 f.; Reinhardt, wie Anm. 42, 210.

[45] Picasso 1986/1990, wie Anm. 15, 117/121.

[46] Franz von Stuck, *Medusa*. Gem 1908 (zwei Kämpfer, der rechte mit Medusenhaupt in der ausgestreckten Rechten); Schülerzeichnung: K+U 209/ 1997, 46*.

[47] Karl Oppermann, *Pieriden*. Aqu (2)1978 (Metamorphose zu Elstern).

[48] Zur Tradition: Herbert Anton, Der Raub der Proserpina. Literarische Traditionen eines erotischen Sinnbildes und mythischen Symbols. Heidelberg 1967 (Heidelberger Forschungen 11). – Moderne: Wilhelm Köppen, *Raub der Proserpina*. Gem c. 1910.

[49] Giorgio de Chirico, *Metamorfosi di Aracne*: Aqu 1961; Franziska Bilek, BuchIll Ndr.1962. Zum Literarischen: Albrecht, wie Anm. 5, 79–89.

[50] Da das Thema nur in einem Vers (109) benannt wird, ist seine ungemein reiche Bildtradition in der Kunst der Moderne hier nicht dargestellt. Vgl. Gottfried Sello, Vom Himmel hoch – ein lieber Schwan. ART 5/91, 101–109.

51 Lovis Corinth, *Antiope und der Faun*. FLith 1920 (Serie 'Die Liebschaften des Zeus').

52 Picasso 1986/1990, wie Anm. 15, 151/153.

53 Edward Burne-Jones, Ill (The Kelmscott Chaucer, *Legend of Goode Wimmen*) 1896; Photis Kontalou, *Tereus-Prokne-Philomela*. Fr (Athen, Dimarcheio) 1938.

54 Photis Kontaglou, *Boreas-Oreithyia*. Fr (Athen, Dimarcheio) 1938.

55 Picasso 1986/1990, wie Anm.15, 179/179.

56 Mac Zimmermann, *Tod der Procris*. KugZ 1976.

57 John William Waterhouse, *Medea*. GemSk c.1907 / *Jason and Medea*. Gem (versch) 1907; Herbert James Draper, *The Golden Fleece = The Death of Apsyrtos*. Gem 1914; Félix Labisse, *Le Toison d' Or*. Gem 1941; Erté, *The Golden Fleece*. Siebdruck 1986; E.R.Nele, *Medea* (Goldenes Vließ). Inst c. 1997.

58 Dazu Udo Reinhardt, Die Kindermörderin im Bild. Beispiele aus der Kunsttradition als Ergänzung literarischer Texte zum Medea-Mythos. AU 4+5/97, 89–106.

59 Picasso 1986/1990, wie Anm.15, 199/201.

60 Aubrey Beardsley, *Atalanta in Calydon*. Z 1897 ('femme fatale'); Karl Hofer, *Atalante*. Gem 1944; Kurt Lehmann, *Meleager*. GRel c. 1950.

61 Zur Tradition: Wolfgang Stechow, The Myth of Philemon and Baucis in Art. Journal of the Warburg and Courtault Institutes 4, 1940/41, 103–113; Manfred Beller, Philemon und Baucis in der europäischen Literatur. Stoffgeschichte und Analyse. Heidelberg 1967 (Studien zum Fortwirken der Antike 3); Gottfried Sello, Beim Wein verrieten sich die Götter. ART 1/91, 82–88.

62 Gerhard Marcks, *Baucis*. HSch 1924 (alte Frau mit Stock); David Ligare, *Landscape for Baucis and Philemon*. Gem 1984 (*neoclassicism*); Zoltan Ven, Rad 1992. Schülerzeichnungen: Gudrun Schlemmer (Spann, wie Anm.35, 57.59), anomym (AU 1/98, 48).

63 Picasso 1986/1990, wie Anm.15, 219/225.

64 z.B. Franz von Stuck (3 Gem c.1926/27), Paul Landowski (BlZ 1920/30); Giulio Paolini (Inst 1977), Aligi Sassu (Gem 1982).

65 z.B. Franz von Stuck, *Nymphenraub*. Gem c.1920 (3 Varianten)/ Gem c.1927; Pablo Picasso, *Néssus et Déjanire*. Z 11.–22.9.1920 (5 Varianten); Alfred Finsterer, Rad 1980 (im Stil Picassos); Aligi Sassu, *Il rapimento*. Z 1983/ *Centauro e donna*. Gem 1983; Alessandro Roman *Deianeira*. Br 1986.

66 Ausnahme (neben gelegentlichen Buchillustrationen): die witzigen Cartoon-Entwürfe in Tony Munzlingers Serie 'abenteuer mit herakles' (Schulfernsehen SWF; Texte: Anton Zink), z.B. die Auffahrt des Helden vom Scheiterhaufen (Ausgabe Köln 1981, 78*).

67 Picasso 1986/1990, wie Anm.15, 243/241; P.Ovidius Naso, Metamorphosen. Bearb.von Karl-Heinz Pridik. Stuttgart (Klett) 1980, 60 (Querformat statt Hochformat); Reinhardt, AU 3/97, 86f.°

68 Zu Hyacinthus: Ernst Wilhelm Nay, *Hyazinth*. Gem 1951 (abstrakt). – Zu Cyparissus: Ernst Fuchs, *Im Herzen der Zypresse*. Rad 1971.

69 Penelope Mayo, Amor spiritualis et carnalis. Aspects of the Myth of Ganymede in Art. Ann Arbor 1967; Gerda Kempter, Ganymed. Studien zur Typologie, Ikonographie und Ikonologie. Köln/ Wien 1980.

70 Z.B. Frantisek Kupka, *Doppelter Raub*. Lith c. 1920; Alfred Kubin, *Entführung*. Lith 1921; André Bauchant, Gem 1930 (naive Malerei); Louise Janin, Gem 1937; Gerhard Marcks, HSch 1958; Peter Proksch, Gem 1962 (Phantastischer Realismus); Michael Croissant, Br 1966; Giorgio de Chirico, *Ganimede e cavallo*. BrGr 1970; Carlo Maria Mariani, *Giove e Ganimede*. Zeichn 1978 / *Testa di Ganimede*. Zeichn 1978 / *Ganimede e l` aquila*. GemSk/Gem 1978 / *La Scuola di Roma*. Gem 1980–81 / *Ratto di Ganimede*. Gem 1981; Hannes H. Wagner, Kar nach Gem Rembrandt 1984; Markus Lüpertz, Zeichn/Br 1985; Pierre Klossowski, BlZ/FaZ 1985 / FaZ (4) 1986 / FaZ 1990; Elfriede Weidenhaus, Exlibris 1985; Attila Piller, Exlibris 1987; Luigi Ontani, *GAniMade*. HoMaske 1995 (arte povera); Kevin Farrell, Zeichn 2000.

71 Geburt des Adonis: Giorgio de Chirico, *La nascita di Adone*. Gem 1929; Paola Piglia, Ill FAZ-magazin 1990.

72 Christian Rohlfs, *Venus und Adonis*. Aqu 1913; Achille Funi, *Venere innamorata*. Gem 1928 / *Adone*. Temp 1931; Giorgio de Chirico, *Adone moderno*. Gem 1937; Herbert Kampf, *Venus und Adonis* (Gem v.1939; NS-Version zu Tizians Entwurf c. 1553/54; dazu Reinhardt 2000b, 213);

Alfred Finsterer, *Venus und Adonis*. FRad 1980; Stephen McKenna, *Venus and Adonis*. Gem 1981 (dazu Anm. 352); Pierre et Gilles, *Adonis*. Foto/ Gem 1992; André Durand, *The Death of Adonis*. Gem 1993 (Version zu Sebastiano del Piombos Entwurf 1512/15; dazu Reinhardt 2000b, 213°); Thomas Schöne, Adonis. M/Br c. 1992.

[73] Georg Roemer, *Hippomenes*. Br c. 1910/11 (leicht bekleidete Jünglingsgestalt, ohne Attribute); Paul Manship, *Atalante*. Br 1921 (hinreißende Nacktheit; Lauf mit teils gerade, teils bogenförmig nachwehendem Umhang); Alfred Gilbert, *Atalanta*. BlZ 1931 (Herabbücken zu einem der Hesperidenäpfel) / *Atalanta*. Br 1931.

[74] Picasso 1986/1990, wie Anm. 15, 267/261.

[75] Paris, Musée Picasso: Les Métamorphoses d' Orphée. AK Tourcoing, Musée des Beaux-Arts (u. a.) 1994/95, 104.

[76] Auguste Rodin, *Orphée et les Ménades*. MGr 1905; Félix Vallotton, *Orphée et les Ménades*. Z/Gem 1914; Jacques Villon, *Orphée déchiré*. Gem 1943 (abstrakt); Mac Zimmermann, *Orpheus von den Mänaden erschlagen*. FZ 1961/ FZ 1964/ Gem 1975; Hans Fronius, *Orpheus*. Lith 1969 (diffuser Stil); Marlene Neubauer-Woerner, *Tod des Orpheus*. BrRel (Orpheus-Zyklus VIII) 1978 (dazu Beleg 6/2); Markus Lüpertz, *Das Ende des Orpheus*. Gem 1983 ('Neue Figuration'); Helga Ruppert-Tribian, *Tod des Orpheus*. Coll 1988.

[77] Alexandre Séon, *La lyre d' Orphée*. Gem 1898 (Haupt auf Lyra); John William Waterhouse, *Nymphs find the Head of Orpheus*. Gem Pb 1900 / Gem Kh 1900 (viktorianische Idylle); Odilon Redon, *Orphée*. Past c. 1903 (Haupt neben der Lyra) / *Tête d' Orphée sur la lyre*. Gem c. 1904; Paul Dubois, *Le dernier baiser*. MGr 1909 (Nymphe mit Haupt); Werner Gilles, *Klage um das Haupt des Orpheus*. Gem 1949/1950; Ossip Zadkine, *Tête d' Orphée*. Br 1956; Friedrich Dürrenmatt, *Der singende Kopf des Orpheus auf der Styx*. Gou 1987.

[78] HSch (30×33): Gerhard Marcks. Das druckgraphische Werk. Bearb. von Kurt Lammek. Hrsg. von der Gerhard Marcks-Stiftung Bremen. Stuttgart 1990, 167 no. H 180.11; Gerhard Marcks 1889–1981. Retrospektive. Hrsg. von Martina Rudloff. AK Josef-Haubrich-Kunsthalle Köln (u. a.) 1989, Abb. 242; Ov. Met.(Klett) 1980, wie Anm. 67, 67.

[79] I (13×24): WV 1990, wie Anm.78, 167 H 180.12; II (15×22): WV 167 H 180.13.

[80] KrKoZ (41×34) Otterlo, Rijksmuseum Kröller-Müller: Odilon Redon. AK Kunstmuseum Winterthur 1983, 67; AK Orpheus 1994/95, wie Anm. 75, 78; ART 7/94, 20*.

[81] Ernst Wilhelm Nay, *Thetis flieht*. Gou 1944; Hans Erni, *Peleus und Thetis*. Lith 1979.

[82] Picasso 1986/1990, wie Anm.15, 297/289. Hingegen könnte die Kampfszene der Kopfillustration (289/291) vom Thema Lapithen-Kentauren angeregt sein.

[83] Antoine Bourdelle, *Thésée, femme Lapithe et centaure*. FTiZ/Aqu c.1920; Alfred Hrdlicka, *Kentaurenkampf*. Rad 1948; Werner Tübke, *Zentaur und Lapith*. Gem 1972; Aligi Sassu, *La morte del Centauro*. Gem 1981 / *Ippodamia e il Centauro*. Gem 1982. – Zum verwandten Bildtyp 'Kentaurenkampf': Pablo Picasso, FZ 24.8.1946 / FZ 22.8.1946 / TuZ 23.8.1946 /Lith 6.12.1959 / KoZ 6.12.1959; Peter Dittrich, kol FZ c.1970 (Karikatur).

[84] Picasso 1986/1990, wie Anm. 15, 327/315.

[85] Ossip Zadkine, *Iphigénie*. Br 1940 (oder zu 'Iphigenie in Tauris'?); Paul Delvaux, *Le sacrifice d' Iphigénie*. Aqu 1968/ Gem 1968.

[86] Picasso 1986/1990, wie Anm. 15, 363/339.

[87] Camille Claudel, *Vertumne et Pomone=Sakuntala*. BrGr/MGr 1905.

[88] z. B. Antoine Bourdelle (Br 1907/1911), Aristide Maillol (Br 1910, G/Br 1921, Br 1937), Gerhard Marcks (M 1932), Paul Klee (Gem 1937/1938), Adolf Wamper (Br 1941), Marino Marini (Br 1935, G/Br 1941, Br/BrGr 1943, G/Br 1944, Temp/Stein/Br 1945, G/Br 1946, Br 1947, Br 1949, Gem 1950), Germaine Richier (Br 1945), Ossip Zadkine (Ho 1947), Rudolf Hausner (Gem 1964), Marc Chagall (FLith 1968), Salvador Dali (Gem 1973), Marlene Neubauer-Woerner (Br 1978), Ernst Fuchs (Gem 1983), Hermann Albert (Gem 1986).

[89] Picasso 1986/1990, wie Anm. 15, 377/351.

[90] Zu Romulus' Gattin Hersilia: Marino Marini, Ho 1930–49. – Zu Numas Gattin Egeria: Peter Proksch, Gem 1979. – Zum Thema 'Raub der Sabinerinnen' (Ov. Ars 1,101 ff.; Liv. 1,9): z.B. verschiedene Entwürfe von Picasso.

2. Neue Bildobjekte zu 'Apoll und Daphne' (nach Met. 1)

Die frühere Kunsttradition[91] bevorzugte die erste ganz spektakuläre *story* in Ovids Werk vor allem wegen ihrer narrativen Qualitäten und erotischen Aspekte. Das unübertroffene Vorbild aller späteren Behandlungen des Themas, Gian Lorenzo Berninis überlebensgroße Marmorgruppe (1622–24),[92] zeigt in der Gestaltung des jugendlichen Gottes, der bis auf das Tuch um die linke Schulter und Hüften ganz 'antikisch' nackt ist, bei aller Dynamik der Verfolgung eine schwebende Variante des *Apoll von Belvedere*,[93] gleichsam die Verkörperung der unendlichen Leichtigkeit göttlichen Seins. Den fast geraden rechten Arm ausgleichend seitlich nach hinten gerichtet, umfasst er eben schon mit der nach vorn ausgestreckten linken Hand das Ziel seiner Wünsche an Bauch und Hüfte. Die wunderschöne Nymphe bietet ein eher statisches Gegengewicht; von ihrem Verfolger abgewandt, nimmt sie den Kopf leicht seitlich nach hinten und erhebt angstvoll beide Arme vor sich steil nach oben. Während ihr wohlgeformter Oberkörper ganz nackt bleibt, werden der Unterleib und die langen, gerade durchgedrückten Beine bereits vorn und hinten von Rinde umschlossen; gleichzeitig setzt sich die beginnende Verwandlung in den kleinen Zweigen und Blättern an den Spitzen der hinreißend wehenden Haare, den Fingern und unten an den Fersen fort. Der letzte Verzweiflungsschrei ihres weit geöffneten Mundes, eine an die Tradition des Manierismus anknüpfende Glanzidee, erfasst den 'fruchtbaren Augenblick' des mythischen Geschehens: Einholen, Panik und der Zauber der beginnenden Metamorphose sind hier in einmaliger, im Verhältnis zur Textvorgabe kongenialer Weise gestaltet.
Aus Met. 1, 562 ff. ergeben sich in der früheren Kunsttradition folgende ikonographischen Grundtypen zur mythischen Handlung (A–E) bzw. aus der Anzahl der Personen folgende Darstellungsvarianten (1–3):

(A) Verfolgung mit größerem Abstand (1, 490–529)
(B) Verfolgung mit geringerem Abstand (1, 530–539)
(C) Apollo erreicht Daphne fast, als sie ihren Vater anruft (1, 540–547)
(D) Apollo erreicht Daphne, als ihre Metamorphose einsetzt (1, 548–552)
(E) Apollo vor der verwandelten Daphne (1, 553–567)

(1) Daphne allein
(2) Daphne und Apollo
(3) weitere Personen
  (a) Daphnes Vater, der Flussgott Peneius (cf 1, 481–487.546 f.)
  (b) Amor als Auslöser der Gesamthandlung (cf 1, 463 ff.)
  (c) weitere Begleiter/innen Daphnes, z. B. Diana (ohne Textbasis)

Die große Anzahl neuerer Bildbelege zum Thema hängt eng zusammen mit dem Interesse der Moderne für das Phänomen der Metamorphose allgemein in einer zunehmend von Veränderung bestimmten Welt.[94]

(2/1) Einer der letzten Belege der Bernini-Tradition ist das Gemälde *Apollo and Daphne* (1908)[95] des englischen Historienmalers John William Waterhouse, das ebenfalls die Endphase der Verfolgung darstellt, doch ohne jedes Detail der Verwandlung (bis auf den Lorbeerbaum im Hintergrund, der das Ergebnis der Metamorphose vorwegnimmt). Die schöne dunkelhaarige Nymphe, bis auf den linken Fuß, die nackten Arme und den halbnackten linken Oberkörper ganz in dichte Gewänder gehüllt (typisch viktorianisches Zeitkolorit), wendet sich bei der Flucht zur Seite um; ihr Blick zurück drückt Angst und Verzweiflung aus. Zugleich verrät die zum Kinn erhobene linke Hand eine gewisse Ratlosigkeit, wie sie dem Verfolger noch entgehen könnte; der rechte Oberarm ist horizontal nach vorn gerichtet, der Unterarm stark angewinkelt nach oben, in Richtung ihres Kopfes. Der junge Gott, ähnlich verhüllt (bis auf die nackten Beine, Arme sowie die linke Brust und Schulter), eilt ihr hinterher, den im Profil gegebenen Kopf leicht nach vorn geneigt, mit wehenden helleren Haaren; sein linker Arm geht angewinkelt nach hinten, mit einer großen Leier in der Hand (typisches Attribut; ohne Textvorgabe). Der (überlange) rechte Arm tendiert fast gerade nach vorn, im Oberarm horizontal, im Unterarm leicht erhoben; seine nach unten offene Rechte fasst schon ihre nach oben offene Rechte – die Annäherung erfolgt viel dezenter als bei Bernini, in der für viktorianische Kunst typischen, erotisch gebremsten Ästhetik, fast ohne die antikische Nacktheit des Vorbilds.

(2/2) Die Verfolgung erscheint auch in einem Beleg der (insgesamt eher traditionsorientierten) Kunst des Dritten Reiches, im Marmorrelief *Apoll und Daphne* (1940)[96] des seinerzeit führenden NS-Bildhauers Arno Breker, dessen 'nordisches' Kunstwollen einige spezifische Veränderungen gegenüber der früheren Bildtradition erklärt. Hier dominiert die männlich-muskulöse, eher gewalttätige Entschlossenheit des fast nackten Verfolgers, der, den großen Bogen in der Linken, seine wehende Gewandung breit hinter sich herzieht, die ausgestreckte Rechte wie einen Raubvogelschnabel nach vorn öffnend. Die Nymphe, bis auf einen feinen, zwischen den Beinen wehenden Schleier völlig nackt, wie bei Bernini schon an Ferse, Fingerenden und den fliegenden Haarspitzen verbaumend, läuft im Gleichklang der Bewegung ihrem Verfolger voraus, ähnlich wie die amazonenhafte Jägerin Atalante dem jungen Hippomenes im Wettlauf hinterhereilt (Met. 10, 560 ff.). Und in der Tat: Brekers Daphne, kaum weniger muskulös als ihr männlicher Verfolger, zeigt eine geradezu amazonenhafte Körperlichkeit – Realisierung des uralten Männertraums von

Held und Heldenjungfrau, die sich gewachsen sind (man denke an Achill und Penthesileia im griechischen, Siegfried und Brünhild im nordischen Mythos).

a) Plastik und Skulptur

Das Geschehen um die beiden Hauptpersonen wird in der Kunst der Moderne nur noch selten dargestellt. Neuerdings dominiert – einer Grundtendenz des europäischen Symbolismus folgend, sich auf den Kern des Mythos ('Symbol') zu beschränken – die konsequente Reduzierung auf die Gestalt Daphnes (sei es zu Beginn, sei es im weiteren Verlauf ihrer Metamorphose).

(2/3) Diese Konzeption findet sich bereits, an reizvolle Belege des Jugendstils anschließend, bei einem der 'Väter' der modernen Plastik und Skulptur (neben Rodin und Maillol), Antoine Bourdelle, dessen unterlebensgroße Bronze *Daphné devient laurier* (1910)[97] in der Vorderansicht **(Tf. 1a)** die völlig nackte, im Oberkörper schlanke, in Hüften und Oberschenkeln nach Art Maillols recht füllige Nymphe darstellt, wie sie, in letzter Verzweiflung die Götter anflehend, beide Arme steil nach oben erhebt (mit gekreuzten Händen) und den Kopf ganz in den Nacken nimmt; dieselbe Körpersprache könnte übrigens (von Daphnes Situation einmal abgesehen) bei einer Mänade ausgesprochen ekstatisch wirken. Das rechte Standbein ist im Knie nur leicht eingeknickt, das zum Körper angezogene linke Bein, im Knie stark angewinkelt, schwebt in der Endphase ihrer eiligen Flucht noch in der Luft. In rahmender Anordnung um die Gestalt herum beginnt bereits ihre Metamorphose: oben sprießen kleine Lorbeerbüschel aus beiden Ellbogen, von unten wachsen zwei Schösslinge empor, ein mittelgroßer vorn zwischen den Beinen bis zu den Oberschenkeln, ein großer vertikal hinter Daphne bis in Höhe ihres rechten Oberarms. In der Seitenansicht links hinter Daphne **(Tf. 1b)** entdeckt man ein textfremdes Detail: einen kleinen, zusammengekauert zurückgewandten Faun (mit Bockshörnern und Ziegenbart), der sich mit seinem Kopf an Daphnes Po anschmiegt und mit der Rechten ihren linken Unterschenkel zu halten sucht, mit der Linken den größeren Lorbeerschössling umfasst. Vorbild dieses Zusatzelements ist der Satyrknabe, der sich zu Füßen von Michelangelos *Bacco* (1497)[98] in dessen linke Kniekehle einschmiegt. Bei Bourdelle symbolisiert der Natur- und Vegetationsgott wohl Daphnes Übergang von der menschlichen zur pflanzlichen Gestalt; die abgeschlossene Metamorphose bietet sich dem Betrachter schließlich aus der Seitenansicht rechts hinter Daphne **(Tf. 1c)**. So ergänzen sich in ein und derselben Statue, die im Wechselspiel von dominierender Vertikale und ergänzender Diagonale von allen Seiten schön, aus den unterschiedlichen Betrachterpositionen überraschend vielfältig ist, die Einzelphasen der Verwandlung (Flucht, Innehalten, Ruhe) in einer wohldurchdachten, ganz spezifischen Synthese: Bourdelles *mouvement de l' ordre*.[99]

(2/4) Noch ausgeprägter ist die Reduzierung auf die Einzelfigur in einem Hauptwerk der nach 1933 verfemten deutschen Expressionistin Renée Sintenis, die bereits 1918, gleichzeitig mit der tänzerisch schwebenden Bronzestatue *Daphne* von Fritz Klimsch und der baumartigen Bronze *Weiblicher Torso (Daphne)* von Wilhelm Lehmbruck, ihren Frühentwurf *Kleine Daphne* vorlegte,[100] aus dem die in ihrer Expressivität hinreißende Bronzestatue *Große Daphne* reifte (1930; **Tf. 2a**),[101] eine der schönsten Behandlungen des Themas in der Kunst der Moderne, hochspezifisch und fern jeder klischeehaften Uniformität der späteren NS-Kunst. Gestaltungsprinzipien sind die extreme Überschlankung der schmächtigen Figur, das ganz enge Standschema, die starke Betonung der Vertikalen (speziell in der Vorderansicht) und die harmonische Rhythmisierung der gesamten Körperbewegung (von den kaum vorgestellten Knieen über die etwas zurückgenommene Bauch- bzw. die unmerklich nach vorn tendierende Brustpartie bis zu dem stark nach vorn gesenkten Kopf und den steil erhobenen Armen mit den übergroßen, noch weiter nach oben gehenden Händen). Die Metamorphose beginnt ganz dezent in Form von Lorbeerblättern unter der rechten Achsel und in den extrem nach oben fliegenden Haaren.

(2/5) In der weiteren Entwicklung der modernen Plastik und Skulptur regte das Thema einige bedeutende 'Klassiker der Moderne' zu progressiven Entwürfen an, z.B. Julio Gonzalez zu einem konstruktivistischen Entwurf (Eisen 1935–37); Ossip Zadkine zu mehreren Entwürfen, teils stammförmig vertikal mit korallenartigen Elementen der Metamorphose (Holz 1939) bzw. stumpfartig mit herausgearbeiteter Po- und Beinpartie (Holz 1946), teils korallenartig verzweigt mit 'zerrissener Silhouette' (Bronze 1950/ Terrakotta 1958) bzw. als in sich geschlossene Sitzstatue mit offenen Körperpartien und spätkubistischen Elementen (Bronze 1967); Henri Laurens zu einer kompakt am Boden sitzenden Gestalt mit langen, schreckhaft abgespreizten Fingern (Bronze 1942). Der Elsässer Künstler Jean Arp schuf schließlich zwei weitgehend abstrakte, einfach strukturierte, zugleich in der Tradition der 'organischen Form' (Brancusi, Laurens, Moore) stehenden Bronzetorsi, die jeweils eine weit fortgeschrittene Phase der Metamorphose darstellen. Der Entwurf *Daphné I* (1955)[102] ähnelt insgesamt einem abgeschnittenen Baumstumpf; die spätere *Daphné II* (1958/ 60; **Tf. 2b**)[103] weist – entsprechend Arps künstlerischer Gesamtentwicklung – wieder in höherem Maße figürliche Details auf (Schnitt durch den Kopf, ausgeprägte Brustpartie, abgeschnittener Arm, stammartiger Unterbau),

speziell in der von eleganten kurvenförmigen Elementen geprägten Seitenansicht.
(2/6) Derartige auf einen mehr oder minder ästhetischen Gesamteindruck konzipierte Objekte lassen kaum noch Möglichkeiten der Verbindung zum Text; dominierend ist die Tendenz zur Reduzierung auf eine einprägsame Grundform. Erst in den letzten Jahrzehnten ergab sich im Rahmen der 'Neuen Figuration' eine Gegenentwicklung, die wieder mehr auf Konkretisierung der dargestellten Stoffe zielt. So gestaltet Wolfgang Mattheuer, einer der bedeutenden bildenden Künstler der Ex-DDR, seine Gipsstatue *Daphne* (1977)[104] ohne jede erzählende Dramatik des Verfolgungsgeschehens oder Betonung erotischer Reize als Einzelfigur, primär im Blick auf die Metamorphose der Frau zum Baum. In großer Schlichtheit, die an Entwürfe von Barlach und Gerhard Marcks erinnert, stellt das vor allem auf die Silhouette hin konzipierte Werk den Gegenpol zum klassizistisch-barocken Raffinement der Marmorgruppe Berninis dar; es variiert zugleich deren ausgeprägtes Spannungsverhältnis zwischen Statik und Dynamik mit einfachsten Gestaltungsmitteln in dem vertikal verbaumten, schon kompakt in sich ruhenden Stamm des Körpers einerseits, den diagonal abgewinkelten, sich unruhig verzweigenden, wie zum letzten Schrei erhobenen Armen andererseits. Der reiche Knospenbesatz an den Spitzen mag Symbol der in jeder Veränderung schlummernden neuen Möglichkeiten sein.

b) Malerei und Graphik

(2/7) Nicht so ausgeprägt in der Reduzierung, sondern in höherem Maße narrativ sind bei aller Unterschiedlichkeit des Stils die Entwürfe zum Thema aus der modernen Malerei und Graphik. Am Anfang steht hier ein Bild aus dem Umfeld des Surrealismus, das stilistisch eher zwischen Expressionismus und Abstraktion einzuordnen ist. André Masson, der bedeutende, am engsten mit dem Surrealisten-Kreis um André Breton verbundene französische Maler, dessen künstlerisches Gesamtwerk im Gegensatz zu Frankreich oder Italien in Deutschland nach wie vor kaum bekannt ist, gestaltet im Anschluss an mehrere Entwürfe mit dem allgemeinen Thema *Poursuite* bzw. *Enlèvement* in seinem spezifisch 'kryptischen' Stil, der den verbleibenden Spielraum zwischen seltsam verdeckter Konkretheit und beginnender Abstraktion konsequent ausnutzt, sein Gemälde mit dem mythisch konkretisierenden Titel *Apollon et Daphné* (1933; **Tf. 3**).[105] Erst beim zweiten Hinsehen durchschaut man die raffinierte Verschlüsselung, die dem ersten Blick noch standhält: ganz rechts flieht die Nymphe (in eher dunklen Farben gehalten, weitgehend vom Rücken her gesehen), den Kopf zu ihrem Verfolger zurückwendend. Die panische Eile der Flucht unterstreicht ihr diagonal nach hinten gehendes linkes Bein, während der in Fortsetzung der Diagonale nach vorn erhobene rechte Arm ebenso wie das rechte Standbein schon deutliche Ansätze der Metamorphose zeigen. Unmittelbar hinter ihr folgt, ganz von der Seite gesehen, der junge Gott, in Bauchpartie, Genitalzone und linkem Bein präzise fixierbar, weniger genau im Oberkörper und den bei der Verfolgung nach vorn gestreckten Armen. Jedenfalls ist er kopflos, sei es vor Liebe, sei es dass ihm der eigene Schwung und die extreme Entschlossenheit der Verfolgung den Kopf nach hinten davongetragen haben in den äußersten Bausch seines um die Schultern hinter ihm herwehenden Gewandes. Sein nach hinten gehendes rechtes Bein ist verdeckt durch die Gestalt von Daphnes Vater Peneios, der im linken Vordergrund, unmittelbar am Ufersaum, eiförmig zusammengekauert am Boden sitzt, mit der Rechten vor dem nach unten gesenkten Kopf, so dass er die Dynamik des Geschehens unmittelbar neben sich weder wahrnimmt noch gar zu beeinflussen sucht. Bei aller Verschlüsselung erfasst das reizvolle Bild gleichwohl die wesentlichen Grundelemente der Mythenerzählung; abgesehen von dem statischen Element des Flussgottes ist alles in einem dynamischen Fließen begriffen: der wellenförmige Vordergrund, der diffuse Hintergrund und vor allem die beiden Protagonisten: Metamorphose pur.

(2/8) Das statische Kontrastprogramm bietet eine Künstlerpersönlichkeit im weiteren Umfeld der Pariser Surrealisten, der Flame Paul Delvaux, mit einem seiner frühen mythologischen Entwürfe, dem aus Bereichen des Unterbewussten (i.S. der Freudschen Psychoanalyse) schöpfenden Traum-Gemälde mit dem Titel *La naissance du jour* bzw. *L' Aurore* bzw. *Femmes-arbres* (Juli 1937; **FTf. 1a**).[106] Die Beziehung zum Thema ergibt sich im linken Hintergrund, wo unter hohem olivgrünem Himmel und vor niedriger abschließender Bergkulisse eine weibliche Gestalt im Daphnetypus (mit vorgestrecktem rechtem Arm und zurückgewandtem Kopf, das Gewand schon baumhaft verwurzelt) ohne sichtbaren Verfolger nach rechts läuft. Von dort kommt ihr, durch die kleinen Säulen einer zweireihigen Arkade und eine der großen Vertikalgestalten im Vordergrunds extrem weit getrennt, ein winziger, in sich versunkener 'Konfektionsmann' (mit schwarzem Anzug und Hut: Typ *L' homme de la rue* wie bei Magritte oder in Delvaux's Gemälde *Pygmalion*, vgl. 7/5a) gemächlichen Schrittes entgegen, vielleicht ohne ihr je zu begegnen: Gegenbild eines strahlenden Apoll, Symbol belangloser Alltäglichkeit. Beide Gestalten sind zugleich Symbolfiguren negativer Sexualität (die Frau in Abneigung, der Mann in Gleichgültigkeit).
In weitem Tiefenabstand zu diesem Hintergrund steht der dominierende Vordergrund: eingeschlossen durch die von rankenden Pflanzen überwucherten, das Idealschema der weiblichen Brust auf den Kopf stellenden Kolonnadenbögen, eine dunkle rötliche Ziegelsteinfassade links (über der

ein Kranbalken hervorragt, von dessen Seil statt des üblichen Hakens nur eine kleine Kugel herabhängt) und eine gleichhohe Mauer aus regelmäßigen weißen Quadern rechts (die ansatzweise von Pflanzenranken überwuchert ist und über die auch ein Holzgiebel mit Kranbalken ohne Seil herausragt), stehen in einem schmalen Areal, das im Wesentlichen aus grünbrauner Erde und wenigen Steinen besteht, vier junge Frauen im Morgenlicht, säulenartig mit nacktem Oberkörper und baumhaft verwurzeltem Unterleib, wie Schaufensterpuppen, in lange olivgrüne Gewänder gehüllt. Ihre Metamorphose (Assoziation: Daphne u. Ä.) ist schon bis zu den Hüften fortgeschritten: aus heller glatter Haut wird dunkle rauhe Rinde, aus dem wohlproportionierten, halbwegs erotischen weiblichen Ensemble von Gesicht, Armen, Brüsten und Bauch die geschlechtslos amorphe, eindeutig unerotische Schwere von Stamm und Wurzeln.
Die Blickrichtung der vier Einzelgestalten ist ungewiss und uneinheitlich (von links: A blickt zum Oberkörper von C, B zum Unterleib von C/D, C frontal zum Bildbetrachter, D zum Oberkörper von A), was – durch die Lücke zwischen A/B und C/D noch gesteigert – ein hohes Maß an Vereinzelung, Isoliertheit und Distanz ergibt – im Gesamteindruck genau das Gegenteil zur hochästhetischen Geschlossenheit des traditionellen Drei-Grazien-Schemas. Entsprechend auch das seltsame 'Ballett' in der ganz unterschiedlichen, völlig unsicheren Körpersprache von Armen und Händen (A wendet sich mit dem rechten Arm nach rechts, D mit dem linken Arm nach links, die Hand schamhaft bzw. schützend vor die linke Brust legend; B steht mit gesenktem rechtem Arm, nach oben offener linker Innenhand und leicht gesenktem Kopf ausgesprochen hilflos da, als wolle sie sprechen, doch könne nicht; C legt den rechten Unterarm fast horizontal vor dem Bauch, die Linke vor die schon 'verbaumte' Scham – sinnlos gewordener Schamgestus einer *Venus Capitolina* bzw. *Medici*). Ergänzende Details sind der schräg hinter dem schlanken Urbild kompakte Schatten von C im unteren Teil der hellen Wand rechts, der kleine trügerische Hoffnungsschimmer eines ausgetriebenen Zweiges rechts an der Stammbasis von B, das auf dem Boden zwischen A/B ebenso sinnlos wie verloren daliegende helle Gewand (was gibt es bei weiter fortschreitender Metamorphose noch zu verhüllen?); schließlich unten in der Lücke zwischen B/C, hervorgehoben auf einer gemauerten Basis und durch die große weiße Schleife davor (traditionelle Assoziation: Geschenk), ein rundovaler Spiegel (an sich und auch hier ambivalentes Symbol zwischen Wahrheit und Trug),[107] in dem für den Bildbetrachter[108] eine weibliche Brust sichtbar ist: scheinbar das Spiegelbild der rechten Brust von B bzw. C, die allerdings nach den Gesetzen der Optik im Spiegel garnicht erscheinen kann (surrealistischer Gag: Element des Trugs);[109] tatsächlich als Botschaft des Künstlers an den Bildbetrachter (Element der Wahrheit) Hinweis auf die wahre Natur und Bestimmung der Frau, ihre wesensmäßig enge Verbin-

dung mit Leben und Sexualität (auch im Kontrast zu den 'verbaumten' Unterkörpern links und rechts).
Bei aller grundsätzlichen Offenheit der Ausdeutbarkeit in Bildern der Moderne: die dynamische Aktion der fliehenden Daphne links im Hintergrund (übrigens das einzige Element von wirklicher Lebensintensität im Bild) steht evident in Kontrast nicht nur zu der Lethargie des 'Konfektionsmannes' hinten rechts (übrigens das einzige männliche Element im Bild, wenn man von dem beengenden Architekturrahmen absieht), sondern auch zur statischen Fixierung der vier Baumfrauen im Vordergrund, die, eingeschlossen in einem kahlen, unnatürlich leblosen Ambiente (Assoziation: Mondoberfläche), nach den nur noch rudimentären Ansätzen im Blickkontakt und den defizitären Äußerungen der Körpersprache weitgehend ihre natürliche Disposition zu 'Umgang' und Austausch, Wärme und Beglückung füreinander (von dem männlichen Element ganz zu schweigen) verloren haben. Es bewegt sich nichts mehr im Vordergrund; speziell bei Gestalt C wird der Kontrast zwischen dem eindringlichen, den (weiblichen wie männlichen) Bildbetrachter fast hilfesuchend fixierenden Blick der großen Augen und der zur leeren Pose gewordenen Geste der Linken erschütternd deutlich.
So verwendet Delvaux aus dem Daphnemythos im Hintergrund den Fluchttypus als Kontrastmotiv, im Vordergrund das Element der einsetzenden 'Verbaumung' als wichtiges Detail, um in einem erschreckend kalten, fast leblosen Abbild von Lebenswirklichkeit dem Betrachter einen Spiegel vorzuhalten, der Wesentliches enthüllt über das (Miss-)Verhältnis der Geschlechter, die grundsätzliche, wesensmäßige wie emotionale Stärke der Frau im Blick auf Spontaneität und Aktivität (aktuell negativ ablehnend, potentiell positiv aufgeschlossen) und ihre immer stärkere Relativierung in der Welt der Moderne durch mangelnde Kommunikation und zunehmende Isolation (beides gerade bei der Frau in besonderem Maße wesensfremd). Allerdings könnte sich die 'Verbaumung' der jungen Frauen auch darauf beziehen,[110] dass in einer nach wie vor männerbestimmten Welt die gesellschaftlich vor allem von der Frau erwartete 'Verwurzelung' (speziell als jahrzehntelange familiäre Festlegung) im Laufe der Zeit vielfach automatisch eine Reduzierung von Flexibilität, Spontaneität und Unabhängigkeit (nicht zuletzt im Blick auf ihre Sexualität) bedingt. Jedenfalls malt Delvaux jene Wirklichkeit, wie er sie subjektiv um sich herum sieht und empfindet, mit bemerkenswerter Sensibilität, einem ausgeprägten Blick unter die Oberfläche der Dinge und einer für einen Mann ungewöhnlichen Distanz zum eigenen bzw. hoher Affinität zum anderen Geschlecht. Der in diesem Bild von Einzelementen des Daphnemythos her entwickelte Problemkomplex, in Delvaux-Bildern immer wieder zentral, wurde erst im Bewusstsein der letzten Jahrzehnte allmählich zum Gemeingut.

(2/9) Beengung und Bedrückung nicht angesichts Naturferne und Vereinsamung, sondern angesichts Gewalt und Verfolgung sind Leitmotive für die graphischen Entwürfe des hochsensiblen österreichischen Expressionisten Alfred Kubin, gerade in den Jahren der NS-Herrschaft. Die Zeichnung *Daphne* (1938; **Abb. 8**)[111] reduziert das Bildthema, das in der früheren Kunsttradition meist von der kontrastiven Ausgewogenheit zwischen unwiderstehlicher Zuneigung des Verfolgers und unüberwindlicher Abneigung der Verfolgten lebt, auf das blanke Entsetzen des Opfers. Kein strahlender Apollo mehr; und statt der hinreißenden Nymphe, die ihren Verfolger (wie auch den Betrachter) sonst gerade durch die Eleganz ihrer Flucht fasziniert (*tum quoque visa decens* Met. 1, 527), bleibt hier nur ein

Abb. 8 Alfred Kubin, *Daphne*. Zeichnung 1938

struppiges Baumweib mit weitaufgerissenen Augen, zum Schrei geöffnetem Mund und abwehrender Geste beider Hände, die im Augenblick der Metamorphose unnatürlich groß erscheinen (wie schon in Sintenis' Bronze: 2/4). Die Kurve von den Füßen über Beine und Körper bis zu Kopf und Haarspitzen sowie die unruhige zweigartige Silhouette von Haaren, Fingern und herabwallendem Umhang steigern den beunruhigenden Gesamteindruck.

(2/10) Mit gelassener Heiterkeit spiegelt zwei Jahrzehnte später Gerhard Marcks, bedeutender deutscher Bildhauer und Graphiker, die fatale mythische Konstellation zwischen Liebe und Blockade in seinem eher verspielten Holzschnitt *Daphne* (1959; **Abb. 1**, vor Titelblatt).[112] Unter einem typisch deutschen Nadelholzast geht die Metamorphose in ihre letzte Phase (cf Met. 1, 548 ff./553 ff.). Die Nymphe, in ihrem überschlanken Körper ganz hell (hervorgehoben ist nur der Halbbogen ihrer Brust sowie Brustwarze und Bauchnabel zwischen den jugendstilhaft durchsichtigen zarten Linien der dünnen, ihre weiße Haut allmählich überwuchernden Zweige: *mollia cingunur tenui praecordia libro* 1, 549) hat von ihrer vorangehenden Bitte zu Vater Peneus (1, 546 f.) noch beide Arme steil nach oben gereckt und den Kopf in den Nacken gelegt (das feine, im Profil gegebene Gesicht erinnert an griechische Vasenbilder wie auch Gemälde des europäischen Klassizismus, z. B. Ingres); die vollen Mädchenhaare fließen noch lang in den Rücken hinab. Unmittelbar vor ihr steht der junge Gott, erheblich kleiner, in seiner dunklen Flächigkeit dem Betrachter frontal zugewandt, mit mäßiger Lockenpracht und (entsprechend der Situation) recht betretenem Gesicht; er hat seine 'Angebetete' mit dem rechten Arm von hinten umfasst (die Hand liegt nahe ihrer Brust auf dem Körper), mit dem linken Arm von vorn (die Hand umschließt den flachen, schon kaum noch wahrnehmbaren Po). Der Hell-Dunkel-Gegensatz unterstreicht die zwischen beiden Hauptpersonen ausgeprägte Unvereinbarkeit der Gefühle und Wünsche.

(2/11) Einen ebenso ästhetisch ansprechenden wie künstlerisch reizvollen Entwurf trägt der deutsche Spätsurrealist Mac Zimmermann, dessen Gesamtwerk eine intensive Beschäftigung mit Mythenthemen (speziell der *Metamorphosen*) verrät, in seinem Gemälde *Daphne und Apollo* (1964; **Tf. 4a**)[113] zum Thema bei. In Stil und Formsprache an Max Ernst orientiert, stellt der Künstler als hellen Blickfang in den Mittelgrund seines überwiegend in dunklen Erdfarben gehaltenen Bildes die beiden Hauptpersonen, deren schemenhafte Gestalten, auf den ersten Blick kaum unterscheidbar, miteinander verschmelzen, genau in dem Augenblick, als Apollo (links, etwas dunkleres Inkarnat) die Nymphe erreicht hat und ihr den rechten Arm von hinten um den Hals legt, während Daphne (rechts, deutlich helleres Inkarnat) im letzten verzweifelten Versuch, sich seinem Zugriff zu entziehen, ihren Kopf seitlich dem Verfolger zuwendet und den rechten Arm nach vorn ausstreckt. Zugleich setzt über ihr die Metamorphose ein in den langen hellen Haaren, die um ihren Kopf nach oben wehen, an den Fingern der rechten Hand und am erhobenen linken, schon fast ganz 'verbaumten' Arm. Rechts im Vordergrund, vor einer hohen Felsformation, reckt eine weitere, noch schemenhaftere, vom dunkelbraunen Inkarnat her eher männliche Vertikalgestalt die astartigen Arme nach oben: vielleicht (im Gegensatz zur Textvorgabe) Daphnes Vater Peneus, betroffen von dem vor seinen Augen sich abspielenden Liebes- und Verwandlungsdrama. Insgesamt beeindruckt das Gemälde durch harmonische Integration des mythischen Geschehens in den größeren Naturrahmen der Landschaft.

(2/12) In der 'Wiener Schule des Phantastischen Realismus' wird das Thema, abgesehen von einigen z. T. nicht eben geschmackvollen, schon vom Titel her (z. B. *Daphne in Eva mystica I–IV* 1969–75; *Daphne Brasiliana* 1987) überspannten Entwürfen des exzentrischen Kompilators Ernst Fuchs, auch von einer Randfigur dieses Künstlerkreises, Robert Ederer, in seinem sehr originellen Gemälde *Daphne* (1974) behandelt.[114] Wohl am Ende ihrer Flucht, steht die nackte Nymphe unten genau im Bildzentrum, ganz gegenständlich gemalt (z. B. mit girlhaftem, an konkrete Filmstars erinnerndem Gesicht), in seltsam verzerrter Körperhaltung, unnatürlich ausgestellter rechter Hüfte und auseinandergespreizten Beinen, bis zu den Knieen in einem grüngelblichen Gewässer. Hinter der mädchenhaften Gestalt erscheint ein bedrohlich geschlossener Hintergrund (halb Gebirge, halb Höhle); von verschiedenen Seiten fallen starke Lichtstrahlen in die unheimliche Szene – Einbruch einer ebenso phantastischen wie irrationalen Transzendenz. Dabei hält Daphne in der Haltung des Gekreuzigten beide Oberarme seitlich vom Körper abgewinkelt; an ihren steil erhobenen Unterarmen setzt die pflanzliche Metamorphose ein, ebenso an ihrer dunkelblonden, medusenhaft wirren Haarpracht, die wie in einem starken Sturm nach oben/hinten weht. Als albtraumhafter Verfolger erscheint links ein bärtiger, greisenhafter Apollo in langem Gewand, mit erschreckend finsterem Gesicht und verknöcherter, begehrlich in Richtung der Nymphe ausgestreckter Rechter (AT-Bildtyp 'Susanna und die Alten'). Ihm entspricht auf der anderen Seite, an der oberen Kante der Steilküste, die Büste des alten Flussgottes, der, im Profil gegeben, mit wildem Bart und wirrem Haar das chaotische Geschehen mit ansieht. Über der nackten schutzlosen Titelgestalt wölbt sich im Stil romantischer Malerei (Füssli, Blake, Goya, Turner) ein nimbusartiger, in surrealen Farben gehaltener Bogen, in dem ein schmales Band von Himmelsbläue durchscheint; darüber steht finster ein schwärzlicher Außenrahmen. Ziel der Gesamtwirkung ist die konsequente Darstellung einer als bedrohlich empfundenen Obsession, eines subjektiven Angsttraums, wie er der Gefühlswelt der Protagonistin entspricht; dabei wird ihr Übergang in die andere Gestalt zum unerklärlichen Mysterium.

(2/13) Viel weniger effektvoll behandelt der Nürnberger Graphiker Alfred Finsterer im Rahmen eines Metamorphosen-Illustrationszyklus, der sich stilistisch an dem großen Vorbild Picasso orientiert, das Thema in seiner Radierung *Daphne, Ovid 'Metamorphosen', Buch I/547* (1980; **Abb. 9**).[115] Nach dem Textverweis im Bildtitel ist auch hier als 'fruchtbarer Augenblick' die Situation gewählt, in der Apollo (unten links), in dunkler Schraffur nur mit Lockenpracht, erhobenem Gesicht und begehrlich nach oben ausgestreckten Armen dargestellt, die schöne Nymphe am rechten Arm gefasst hat. Diese fällt aus ihrer eiligen, in den Beinen noch nach vorn gerichteten Flucht im Oberkörper rücklings nach hinten zurück; der Kopf mit der wehenden Haarpracht tendiert in den Nacken, die Augen in dem

Abb. 9 Alfred Finsterer, *Daphne*. Radierung 1980

schönen ebenmäßigen Gesicht sind weit geöffnet, beide Arme wie in Panik nach oben erhoben. Während ihr nackter Oberkörper noch in den einfachen klaren Umrisslinien ihrer menschlichen Gestalt dargestellt ist, geht der Unterleib bereits über in die dekorativ stilisierten pflanzlichen Formen eines großblättrigen, üppig emporsprießenden Lorbeerstrauches. Der gewaltsame Zugriff, die erschreckte Reaktion und der Übergang in die andere Gestalt: alle wesentlichen Phasen des Geschehens sind in souveräner Beherrschung des Bildraumes ebenso schlicht wie einprägsam gestaltet.

(2/14ab) Hans Gottfried von Stockhausen, ein bedeutender zeitgenössischen Glasbildkünstler, widmet dem Thema zwischen 1981 und 1986 insgesamt fünf Variationen. Der früheste Entwurf (1981)[116] beschränkt sich auf die Halbfigur der Nymphe im Augenblick der Metamorphose: Daphne ist in der sinnlichen Helle von Gesicht, Hals und Brüsten noch ganz Frau, während der flache Bauch schon von vegetabilen Elementen (Laub/Rinde) überwuchert wird, desgleichen die beiden verschränkt über den Kopf erhobenen Arme und die beiderseits neben Gesicht und Oberkörper herabfließende üppige Lockenpracht. Die dezente Farbigkeit (durchweg gedeckte Brauntöne), die geschmackvolle Hell-Dunkel-Kontrastierung und die lebhaft bewegten Formen schließen an die Ästhetik des Jugendstils an. – Der zweite Entwurf (1982)[117] stellt Daphne als Ganzfigur in Frontalansicht stammartig ins Zentrum. Unter der schon fortgeschrittenen Verhüllung durch pflanzliche Strukturen ist die zarte Frauengestalt mit dem fein geschnittenen Gesicht, dem zartgliedrigen Körper und den steil nach oben erhobenen Armen eben noch sichtbar. Die blauen Konturen um die oben schon ganz 'verbaumte' Silhouette herum symbolisieren Distanz im Blick auf die jungfräuliche Nymphe, doch wohl auch Sehnsucht im Blick auf den liebenden Gott, der unverhältnismäßig klein, leicht gebückt, rechts unten zu Füßen der schon verwandelten Geliebten steht, mit erhobener Rechter und verkrampfender Linker, in sehnsuchtsvoller Verzweiflung das Gesicht nach oben gerichtet. Stilistisch relativ ähnlich, unterscheidet sich diese Version vom der ersten durch stärkeres Interesse an den mythischen Details; der gewählte 'fruchtbare Augenblick' entspricht, ähnlich wie in dem Holzschnitt von Marcks (2/10), dem Endpunkt des ovidischen Berichts.

(2/15) Am Ende dieser Sequenz steht der Bronze-Relieftondo *Daphne* (1991; **Tf. 4b**)[118] der in München lebenden Bildhauerin Marlene Neubauer-Woerner, ein ermutigendes Beispiel für die nach wie vor bestehenden Möglichkeiten gegenständlicher Darstellung. Im kreisförmigen Rahmen durch vier Verse ergänzt, die der einsetzenden Metamorphose gelten (außen Met. 1, 546–547, innen 1, 548–549), zeigt das Innenbild in konsequenter Reduzierung auf das Wesentliche im Zentrum über dem im Flachrelief gegebenen Halsansatz das schöne, ganz entspannte, leicht zur

Seite geneigte Gesicht der Nymphe, umgeben von der langen, schon in üppige Lorbeerzweige verwandelten Haarpracht, die nach unten in einem weiten Bogen ausläuft. Die Tendenz der Moderne, mit einfachen Gestaltungsmitteln die inhaltliche Substanz des Mythos zu erfassen, kommt in diesem hochästhetischen Entwurf zur Vollendung.[119]

Anmerkungen

91 Wolfgang Stechow, Apollo und Daphne. Darmstadt ²1965; Yves F.-A. Giraud, La Fable de Daphné. Essai sur un type de métamorphose végétale dans la littérature et dans les arts jusqu' à la fin du XVIIe siècle. Genève 1968.

92 MGr (243) Roma, Villa Borghese: Rudolf Wittkover, Bernini. The Sculptor of the Baroque. London 1997, 42–49; Rolf Toman (Hrsg.); Die Kunst des Barock. Köln 1997, 281*.

93 Röm. MKopie nach BrOr Leochares c. 330. Roma, Vaticano: Werner Fuchs, Die Skulptur der Griechen. München 3. Aufl. 1983, 121; Francis Haskell/ Nicholas Penny, Taste and the Antique. The Lure of Classical Sculpture 1500–1900. New Haven/London 1994, 149.

94 Dazu grundlegend Christa Lichtenstern, Akzentverlagerungen der 'Apoll und Daphne'-Darstellung vom Klassizismus bis zum Surrealismus. In: Lichtenstern 1992, 85–107.

95 Gem (145 × 112) Coll Lambton: Anthony Hobson, J. W. Waterhouse. London 1989, 8.93.

96 MRel Pb Künstler: José Manuel Infiesta, Arno Breker. El Miguel Angel del siglo XX. Barcelona 1982, 24 Abb. 2.36*; Mortimer G. Davidson, Kunst in Deutschland 1933–1945. Bd.1: Skulpturen. Tübingen 1988, 156.

97 Br (85) Paris, Musée Bourdelle: Lichtenstern 1992, 95/96.

98 M (203) Firenze, Bargello: Gabriele Bartz/ Eberhard König, Michelangelo Buonarroti 1475–1564. Köln 1998, 26–27*; William Wallace, Michelangelo. Köln 1999, 45*.46.

99 Dazu grundlegend Lichtenstern 1992, 94–96.

100 Br(30) Pb: Hanna Kiel, Renée Sintenis. Berlin 1956, 16.

101 Br (146) Köln, Museum Ludwig/ NY MusModArt u. a.: Kiel, wie Anm. 100, 44.45; Skulptur des Expressionismus. AK Josef-Haubrich-Kunsthalle Köln 1984, 187; Stechow, wie Anm. 91, Abb. 63; Karl Ruhrberg, Kunst im 20. Jahrhundert. Das Museum Ludwig – Köln. Stuttgart 1986, 271; Harald Olbrich (Hrsg.), Geschichte der deutschen Kunst 1918–1945. Leipzig 1990, Tf. 127; Dia*.

102 Br(122) Bahnhof Rolandseck: Arp 1886–1966. AK Württembergischer Kunstverein Stuttgart (u. a.) 1986, 219; Hans Arp und die Antike. AK Bahnhof Rolandseck 1995, 17.

103 Br(155) Clamart, Coll Arp: Serge Fauchereau, Arp. Recklinghausen 1994, Tf. 98*.99*.

104 G (110) Pb: Nähe und Horizont. Wolfgang Mattheuer: Malerei, Grafik, Zeichnung, Plastik. AK Nationalgalerie der Staatl.Museen zu Berlin im Alten Museum 1988, 28; Heinz Schönemann, Wolfgang Mattheuer. Leipzig 1988, Tf. 91; Gymnasium 107, 2000, 49.

105 Gem (89 × 116) Coll Sistu: Jean-Paul Clébert, Mythologie d' André Masson. Genève 1971, no. 74; André Masson. AK Paris, Grand Palais 1977, 137; Lichtenstern 1992, 100.

106 Gem (121 × 151) Venezia, Guggenheim Foundation: Paul Aloise de Bock, Paul Delvaux. Der Mensch, der Maler. Hamburg 1965, Abb.6; Michel Butor/ Jean Clair/ Suzanne Houbart-Wilkin, Delvaux. Lausanne/Paris 1975, 175.293* no. 85; Barbara Emerson, Delvaux. Antwerpen 1985, 80*; Jacques Sojcher, Paul Delvaux ou la passion puérile. Paris 1991, 161* no. 22; Paul Delvaux 1897–1994. AK Musées Royaux des Beaux-Arts Bruxelles 1997, 22; La Femme et le Surrealisme. AK Lausanne, Musée Cantonal des Beaux-Arts 1987/88, 480; Arturo Schwarz (Hrsg.), Die Surrealisten. AK Schirn Kunsthalle Frankfurt 1989/90, 275*; Lichtenstern 1992, 196*. 245°.

107 Zur Symbolik von Spiegel/Schleife: Konrad Scheurmann, Paul Delvaux. Diss. Gießen 1976, 26. 240–247.

[108] Der voyeuristische Aspekt („aus der Schlüsselloch-Perspektive des Voyeurs“: Lichtenstern 1992, 245) scheint mir beim Inhalt des Spiegels wie auch bei der Erscheinung der vier nackten Frauenoberkörper eher sekundär.

[109] Anders Lichtenstern 1992, 245: „Im Spiegel sieht sich nur die Baumfrau vorne links“; Reinhardt 1997, 207. Dabei korrigiere ich mich nicht nur nach den Gesetzen der Optik, sondern auch im Blick auf die Gesamtdeutung.

[110] Anregung von Margriet Homan/Mainz (mündlich).

[111] TuFZ (39×32) Linz, OberöstLM: Wolfgang K. Müller-Thalheim, Erotik und Dämonie im Werk Alfred Kubins. Wiesbaden/München 1970, 80; Gustav René Hocke, Die Welt als Labyrinth. Manierismus in der europäischen Kunst und Literatur. Reinbek 1991, 119.

[112] HSch (32×17) Bremen, Marcks-Stiftung u. a.: WV 1990, wie Anm. 78, 356 H 319; AK 1989, wie Anm. 78, 338.

[113] Gem (80×60) Hart Pb: Mac Zimmermann. Retrospektive zum 80. Geburtstag. AK München, Bayerische Akademie der Schönen Künste 1992/93, 109*.

[114] Mischtechnik/Aqu (51×47) Pb: Robert Ederer. Ein Einzelgänger der Wiener Schule des Phantastischen Realismus. Kult als Welt-Bild. Graz 1975, 151* no. 76.

[115] Rad (43×50): Alfred Finsterer, Druckgraphik. Farbradierungen, Radierungen, Montagedrucke 1979–1988. Mit Werkverzeichnis von 1947–1988. Nürnberg 1988, no. 113.

[116] Glasbild (25×31) Pb: Hans Gottfried von Stockhausen. Das Glasbild. München 1987, Tf. 77*. – Der Entwurf *Daphne II* (1983, 25×30. Pb: Tf. 75*) zeigt die Nymphe als Dreiviertelfigur in Blautönen, der späteste Entwurf (1986; 29×38. Pb: Tf. 57*) als Dreiviertelfigur in Blau- und Gelbtönen mit starker Konturierung vor lichtem einfarbigem Hintergrund.

[117] Glasbild (50×60) Düsseldorf, Kunstmuseum: Stockhausen 1987, wie Anm. 116, Tf. 55*; Dia*. – Der vierte Entwurf (1984; 52×67; Karlsruhe, BadLM: Tf. 61*) gibt die Nymphe als Ganzfigur ohne weitere narrative Elemente, mit lebhafter Farbigkeit (Gelb/Braun/Grünblau) und stärkerer Konturierung vor einem aus Schriftzeichen (Ovidtext in deutscher Übersetzung) kalligraphisch gestalteten Hintergrund.

[118] BrRel (D.75) Gmund/Tegernsee, Pb/ Pb Künstlerin: Dia* (Foto der Künstlerin).

[119] Die Bronze des Daphnebrunnens (1976; eh München, Orleansplatz: Marlene Neubauer-Woerner, Skulpturen. München c. 1990, 76–77) orientiert sich als nackte Ganzstatue in ihrer vertikal überschlanken Gesamterscheinung und der flammend nach oben tendierenden, schon in Laub übergehenden Haarpracht an Sintenis (vgl. 2/4); die ‘Verbaumung’ setzt auch an den beiden parallel zum Körper nach unten hängenden Armen und Händen ein.

3. Neue Bildobjekte zu 'Europa und der Stier' (nach Met. 2)

Europa (mit Stier) gehört neben Parisurteil und Leda (mit Schwan) nach wie vor zu den mythischen *evergreens*;[120] von den großen Metamorphosenthemen ist es in der modernen Kunst am breitesten belegt, nicht zuletzt auch dank Karikatur und Werbung, auf die hier nur am Rande eingegangen wird (Abschnitt c). So beschränke ich mich (durchweg in chronologischer Reihenfolge) auf einige interessante Belege, deren Auswahl und Interpretation aufgrund der Fülle des Materials bewusst knapp gehalten ist. – Aus Met. 2, 846ff. ergeben sich in der früheren Kunsttradition folgende ikonographischen Grundtypen (A–D) bzw. aus der Anzahl der handlungsbeteiligten Personen folgende Darstellungsvarianten (1–3):

(A) Europa und der Stier am Strand (2, 846–868a)
- (a) der Stier erregt Europas Aufmerksamkeit (2, 846–859)
- (b) Europa nähert sich mit Blumen; der Stier leckt ihr die Hände (2, 860–863)
- (c) der Stier spielt um Europa herum (2, 864–865)
- (d) Europa tätschelt den Stier und bekränzt ihn mit Girlanden (2, 866–868a)

(B) Europa besteigt den Stier am Strand (2, 868b–869)
(C) der Stier trägt Europa im flachen Wasser (2, 870–871)
(D) der Stier trägt Europa übers Meer (2, 872–875)

(1) Europa allein (kaum einmal)
(2) Europa und der Stier
(3) weitere Personen
- (a) Europas Begleiterinnen (cf 2, 845)
- (b) Amor(es) als Begleiter der Gesamthandlung (ohne Textbasis)
- (c) Neptun, ggfs. auch Nereiden/Tritonen (ohne Textbasis)

(3/1) Ausgangspunkt ist auch hier ein konventioneller Bildbeleg der ausgehenden Historienmalerei, das Gemälde *Europa mit dem Stier* (c. 1905) des wilhelminischen Malers Ludwig von Hofmann,[121] das den ikonographischen Kenner der Gesamttradition überrascht mit der abenteuerlichen Kletterpartie einer nackten Frau (wer sonst als Europa?), die mit Hilfestellung einer zweiten gerade dabei ist, den breiten Bergrücken eines mit seinem mächtigen Leib fast die Hälfte der Bildfläche für sich einnehmenden Stiers zu erklimmen (ganz entfernt nach 2, 868/9: *ausa est quoque regia virgo / nescia, quem premeret, tergo considere tauri*). Eine dritte, zu Füßen des wisentartigen grauen Riesen im Orantengestus niederkauernd, krault ihm entweder das Maul oder reicht ihm Blumen (wie im Text Europa selbst: *mox adit et flores ad candida porrigit ora* 2, 861). Die idyllische Szene spielt im seichten Wasser vor Meereshorizont im linken Hintergrund. Bei der unwiderstehlichen Erheiterung, die dieses Bild heute bei jedem Vortragspublikum auslöst, erübrigt sich fast die Feststellung, dass man so eigentlich kaum in der Kunst des 20. Jh.s weitermalen konnte.

(3/2) Eine Möglichkeit zum Vermeiden ungewollter Komik ist gewollte Komik. Eine der letzten großen deutschen Historienmaler (neben Franz von Stuck und Max Slevogt), Lovis Corinth, gestaltet im Rahmen eines witzigen Zyklus von acht Zeusgeliebten seine Farblithographie *Europa mit dem Stier* (1920)[122] als *mixtum compositum* aus traditioneller Historienmalerei und jüngstem Expressionismus. In seiner heiter-sinnlichen Karikierung des mythischen Geschehens stehen im Vordergrund auf sandigem Strand an der Meeresküste zwei nackte Frauen vor bzw. hinter dem Prachtexemplar eines weißen Stiers, der, noch etwas irritiert glotzend, die 'Streicheleinheiten' der einen am Maul und zwischen den Beinen bzw. die Umarmung seines Hinterteils durch die andere mit erhobenem Kopf bzw. steilgestelltem Schwanz quittiert (cf Met. 2,866–868: *modo pectora praebet / virginea plaudenda manu, modo cornua sertis / impedienda novis*); eine dritte nackte Frau tritt von hinten dazu. Rechts draußen auf dem Meer beobachtet ein dunkler massiver Poseidon (mit Dreizack) das seltsame Liebesspiel am Strand; oben am Himmel schweben, etwas diffus und desorientiert, drapiert durch die traditionell rote Gewandung, zwei Nachzügler aus den üblichen Amourettentaumeln der Barock- und Rokokomalerei – insgesamt eine humorvolle groteske Parodie zum üblichen Grundschema des Themas in der früheren Bildtradition.

(3/3) Die etwa gleichzeitig entstandene Terrakottagruppe *Europe* (c. 1920; **Tf. 5a**)[123] von Ossip Zadkine, einem der 'Klassiker' der modernen Plastik und Skulptur, erfasst das mythische Geschehen in scheinbar unbeholfenem, etwas sprödem, nicht sonderlich elegantem Stil, auch hier in bewusstem Kontrast zur früheren Kunsttradition. Der übergroße, ganz brav nach vorn geneigte Kopf des Stiers passt nicht recht zum übrigen Leib, der, in den Beinen nicht voll ausgearbeitet, ohne die traditionell ausgewogenen Proportionen, dem in der Kunst der Moderne beliebten Torsoprinzip entspricht. Die Heroine sitzt nicht, wie sonst üblich, mit Blick nach vorn oder zur Seite auf dem Stier, sondern liegt, mit dem Gesicht nach oben/hinten, auf seinem Rücken, ohne sich am Körper festzuklammern. Dabei ruht ihre linke Hand am Ansatz ihres rechten Oberschenkels, der rechte Arm hängt an der linken Flanke des Stieres herab; die beiden schräg angewinkelten Beine umschließen fast balancierend sein Hinterteil. Fazit: sie lässt sich rücklings von ihm davontragen – willig oder willenlos? Hingabe oder Vergewaltigung – in dieser Ambivalenz liegt bereits das ganze Spektrum von Europa-Entwürfen in der Kunst der Moderne. – Da die sonstigen Gestaltungen des Themas in der neueren Plastik und Skulptur (z. B. Gerhard Marcks, Bronzen 1930/1959; Jacques Lipchitz, Bronzen 1938/1941) eher konventionell sind, beschränken sich die folgenden Beipiele auf Malerei und Graphik.

a) Malerei und Graphik bis 1945 (incl. Drittes Reich)

(3/4) Die seltenen Mythenthemen in russischer Malerei beschränken sich fast ganz auf die ausgehende Zarenzeit, in der Walentin Serow dem Thema 'Raub der Europa' drei elegante, fast identische Gemäldevarianten widmete (1910).[124] Vor der Dünung eines extrem hohen Meereshorizonts erstreckt sich eine blassbläuliche, fast sanddünenartig gestaltete Wasserfläche, aus der im Bildzentrum deutlich konturiert die in warmen Farben gemalte Gruppe der beiden Hauptpersonen hervortritt. Oben links begleitet von einem hellen und einem dunklen Delphin, durchfurcht der rotbraune, ganz flächig gegebene Stier diagonal die Flut, im entschiedenen Vorausstreben eine Gischtwelle neben und hinter sich herziehend. Dabei schaut er mit der oberen Hälfte seines massigen Körpers aus dem Wasser heraus und wendet den kompakten Kopf mit den großen, leicht gebogenen, steil nach oben gehenden Hörnern gutmütig nach rechts zur Seite. Sein Blick zurück gilt dem Bildbetrachter wie der schönen Heroine, die in ausgesprochen koketter Position vorn auf seinem breiten Rücken kniet, quer zur Fahrtrichtung, bekleidet mit einem dunkelbraunen Gewand, nur an Armen und Beinen nackt; mit der linken Hand hält sie sich an seinem rechten Hornansatz und stützt den gerade ausgestreckten rechten Arm nach unten auf seine Flanke. Den Blick voll auf den Bildbetrachter gerichtet, weist sie die reizvolle Physiognomie einer Kirgisin auf (ein ungewöhnlicher Exotismus, der an russische Volkskunst erinnert). Die heitere helle Atmosphäre mit der sympathischen Verbindung von Realismus und dekorativem Jugendstil zieht das mythische Geschehen noch in keiner Weise in Zweifel.

(3/5) Das neoklassizistische Gemälde *L' enlèvement d' Europe* (1908; **Tf. 5b**)[125] des Schweizer Künstlers Félix Vallotton muss offenbar ausgesprochen modern wirken, da es in letzter Zeit bei ganz diversen Publikationen als Buch-Cover diente; es bildet zweifellos die Antipode zu früheren Behandlungen des Themas, speziell dem hocherotischen Farb- und Sinnenrausch in Tizians Gemälde aus seinem Metamorphosenzyklus (1559–62)[126] und vergleichbaren Entwürfen der italienischen, französischen oder deutsch-flämischen Barocktradition. In die Augen springt die Kühle, Klarheit und Durchsichtigkeit einer ausgesprochen plakativen Postkartenszene, die (abgesehen von Europas wallender rotblonder Haarpracht) fast ganz ohne warme Farben und mit mäßiger Dramatik die beiden Hauptpersonen in einer recht ungewöhnlichen Konstellation bietet. Der massige dunkelbraune Stier strebt in der dunkelblauen, von Schaum überzogenen Flut nach vorn, mit den Vorderläufen z. T. aus dem Wasser herausragend, den großen dunklen Kopf leicht zur Seite gewandt in Richtung der Heroine, die, ganz als Rückenakt gesehen, mit der Rechten sein linkes Horn umklammert, während sich ihre Linke in dem hellgrauen Flaum zwischen seinen Hörnern festkrallt. In überaus labiler Position an seiner rechten Flanke hängend, sucht sie etwas unbeholfen Halt, mit ausgestrecktem linkem Bein mühsam übersteigend, während das rechte Bein, herabgeglitten von der breiten Wölbung seines Rückens, vom Knie an im Wasser hängt. Bestimmend für die Bildwirkung ist die starke Konturierung der Gruppe vorn gegenüber dem farblich blassen, weniger ausgeprägten Hintergrund aus hohem hellblauem Firmament (mit Kumuluswolken) sowie niedrigem Horizont von Gebirge und Meer, daneben der Kontrast zwischen der besonnten Oberseite von Frau bzw. Tier und der beschatteten Unterseite (sowie ihrem dunklen, bang nach vorn blickenen Gesicht). Im Gegensatz zum Text bietet das Bild nicht mehr die traditionelle Mythenversion, sondern – als Ergebnis einer kühl, sachlich und distanziert sezierenden Analyse – eine Entführung wider Willen, Frust statt Lust – eine Vorstufe zu Beckmanns Aquarell von 1933 (vgl. 3/9).

(3/6) Der französische Spätimpressionist Pierre Bonnard bietet in seinem atmosphärisch dichten Gemälde *L' enlèvement d' Europe* (1919)[127] mit kühner, z. T. ganz unkonventioneller Farbgebung ein großes homogenes Landschaftsbild mit der geschlossenen Einheit von grün-gelblich-rötlichem Land (unten das Ufer, oben das kahle Gegenufer) und tiefblauem Meer in einer von links weit ins Land einschneidenden Bucht. Dabei bleibt das mythische Geschehen der unteren linken Bildecke, als Nebensache ganz undramatisch in die große Landschaft integriert, auf den ersten Blick fast verdeckt. Der weißliche Stier geht mit steil erhobenem Kopf und buckliger Rückenpartie wie ein versteinerter Kalkfelsen in das Weiß des schmalen Sandstrandes ein; Europa, fast eiförmig zusammengekauert in der Beuge des Rückens direkt im Nacken des Stiers sitzend, entspricht in ihrem Inkarnat farblich dem fast stiergestaltigen Felsen rechts im Meer wie auch der Gegenküste oben im Hintergrund. Zwei zu ihr herantretende Gefährtinnen ergänzen das vexierbildartige Bildensemble ebenso wie weitere, ganz alltäglich unten rechts auf dem Sand liegende Gestalten. In einem Gemälde von hoher Ausstrahlung erscheint der alte Mythos ganz am Rande, ohne präzise Verbindung zum Text, im Gewand eines neuen modernen Stils.

(3/7) Ganz anders realisiert Werner Peiner, in der späteren NS-Kunst von einiger Bedeutung (dazu 3/10), in seinem sich an Realismus und Neuer Sachlichkeit orientierenden Hochformat *Moderne Europa* (1926)[128] die Heroine als mondänes Symbol westlicher Dekadenz. Ein nacktes Revuegirl aus den Pariser *Folies-Bergères* oder vom Londoner Picadilly Circus (entsprechend die Metropolen-Kulisse mit strahlender klassizistischer Tempelfassade im Hintergrund links, Leuchtreklamen an hohen Häuserfronten rechts) sitzt frontal zum Betrachter auf dem Stierrücken, mit gleichgültig maskenhaftem Gesicht, die rechte Hand in die Seite gestemmt. Mit der Linken zieht sie über einen dünnen Strick den Stier am Nasenring, so dass er mit blutigen Nüstern, weit aufgerissenen Augen und gequälter Physiognomie den Kopf nach oben nimmt. Das Bild entspricht in seiner Zeitkritik der negativen Grundhaltung deutschnationaler Kreise in der Weimarer Republik, einem Kulturpessimismus (Motto: 'Untergang des Abendlandes'), der als Pendant zur wilhelminisch megalomanen Parole 'Am deutschen Wesen wird die Welt genesen' ein ideologisches Substrat bildete, aus dem auch die NS-Schriften der neuen 'völkischen Bewegung' schöpften (z. B. Alfred Rosenberg, *Der Mythus des 20. Jahrhunderts*, 1930).

(3/8) Der französische Maler André Lhote gestaltet sein erotisch intensives Gemälde *L' enlèvement d' Europe* (c. 1930; **FTf. 2a**)[129] in der reizvollen Verbindung von kubistischen, expressionistischen und neoklassizistischen Elementen. Wesentlich für die Bildwirkung ist der Gegensatz zwischen dem kühlen Grau der gleichförmigen Meereswellen im Hintergrund oben, dem überwiegend dunklen Braun des abgewandt davonstrebenden Stiers (man sieht nur sein massiges Vorderteil und den schattenrissartigen Kopf mit den schnaufenden Nüstern) und dem ganz in Fleischfarben gemalten, hinreißend flächigen, auf der Oberseite in helles Licht getauchten, auf der Unterseite wie im Widerschein der eigenen Glut aufleuchtenden Körper der Entführten (konsequent auf einen skulpturhaft wohlproportionierten Halbakt reduziert, der gleichwohl fast das Bild zu sprengen scheint). Europa liegt rücklings, mit völlig offener Körperhaltung, eher entspannt auf dem von ihr ganz verdeckten Rücken des Stieres; dabei dominiert in einer ausgewogenen Diagonalkomposition die sinnliche Hingabe der Frau.[130] Von ihrem zur Seite gewandten, ganz in sich versunkenen Gesicht mit den geschlossenen Augen bleibt im Rahmen der Arme nur ein wesentlicher Teil sichtbar; die Finger der linken Hand krallen sich in den Arm am rechten Ellbogen, erstarrend wie im Liebesschauer (ein Detail, das sich in entsprechendem mythischem Kontext schon bei Gustav Klimts berühmter *Danae* von 1907/08 findet);[131] unübersehbar auch der erotische Symbolismus des mit der Rechten entschieden umfassten linken Stierhorns.

(3/9) Zu den ersten Werken deutscher Künstler, die sich nach 1933 kritisch mit der NS-Diktatur auseinandersetzten, gehört ein bald nach der Machtergreifung entstandenes Aquarell von Max Beckmann, dem wohl substantiellsten deutschen Expressionisten, mit dem konventionellen Titel *Raub der Europa* (1933),[132] ein Werk von einfacher kraftvoller Konzeption, flächiger Malweise und ausgeprägtem Hell-Dunkel-Kontrast in der Farbgebung. Die Darstellung beschränkt sich auf zwei Halbfiguren, deren dynamische Aktion den Rahmen des Bildes fast zu sprengen scheint. Nahe dem linken Bildrand liegt die Heroine, bis auf den blauen Rock und einen goldgelben Reif am rechten Oberarm ganz nackt, bogenförmig kopfüber, das Gesicht mit den geschlossenen Augen zwischen den Armen zum Betrachter hingewendet, als hilfloses Opfer bäuchlings quer über dem Rücken des mächtigen Stiers. Dieser, im Bild eindeutig dominierend, reckt Nacken und Kopf diagonal nach oben, während sein Schwanz leicht abgewinkelt unten vor der Meeresfläche des Hintergrunds steht; seine breit gebogenen, keilförmigen Hörner (Phallus-Symbol) haben dieselbe Farbe wie der Frauenkörper auf seinem Rücken. Dies alles ergibt eine rohe, vergewaltigende Entführung (cf Met. 2, 872 f.: *mediique per aequora ponti/ fert praedam*) – für den bewusst reflektierenden Künstler eine bezeichnende Umkehrung des traditionellen mythischen Kerns, der Beglückung der Heroine durch den zum Stier verwandelten Göttervater. Hinter dieser neuen Konzeption mag als persönlicher Aspekt Beckmanns eher kritische Einstellung zu Sexualität und dem Geschlechterverhältnis stehen. Nicht weniger nahe liegend (schon wegen der Entstehungszeit, direkt nach Verlust des Frankfurter Lehramts an der Städelschen Kunstschule, aber auch wegen der triumphierenden Haltung des Stieres und seiner dunkelbraunen Farbe) ist der politische Aspekt, die Deutung des Bildes (mit einer gewissen Doppeldeutigkeit des Titels) als prophetischer Hinweis auf die Folgen aus der Machtergreifung für die Zukunft des ganzen Kontinents.

(3/10) Was Beckmann 1933 nur ahnen konnte: das Europathema wurde etwa ab 1937 in der Kunst des Dritten Reiches zum imperialistischen Machtsymbol, z. B. in einer Gipsgruppe (Höhe: etwa 3 Meter; Entwurf: Alois Dorn) am Rande des Festumzugs am 'Tag der Deutschen Kunst' anlässlich der ersten 'Großen Deutschen Kunstausstellung' München 1937[133] oder auch in einer thematisch entsprechenden Festdekoration von Michael Drobil und Josef Franz Riedl zum Europäischen Jugendkongress in Wien (September 1942).[134] Von den zahlreichen eher konventionellen Darstellungen des Themas in der NS-Malerei unterscheidet sich entschieden das großformatige rassenideologische Gemälde *Europa und der Stier* (1937)[135] von Werner Peiner (vgl. 3/7), einem der überzeugtesten Parteigänger unter den NS-Malern, nach 1939 in der Liste der 'Unersetzlichen Künstler'. Der mit Girlande herausgeputzte weiße Stier stolziert hier mit leicht erhobenem Kopf und steil gestelltem Schwanz als Nebensache im Mittelgrund am linken oberen Bildrand vor bläulicher Bergkulisse und goldfarbenem Himmel (byzantinisch-gotisches Element), geleitet von zwei halb nackten, arisch blonden Ehrenjungfrauen. Im Zentrum, inmitten eines stilisierten botanischen Rahmens, der präzise Vogel- und Pflanzendetails aus afrikanischer Savanne bietet (Nebenaspekt: kolonialer Großmacht-Anspruch), lagert die nackte Heroine als nicht eben hochästhetischer Akt gegen einen knorrigen Baumstamm gelehnt, mit nach hinten aufgestützten Ellbogen, das linke Bein zum Körper hin angezogen, das rechte leicht angewinkelt nach vorn ausgestreckt, auf spätgotisch blauer Decke: ein langbeiniges 'Rasseweib aus Lebensborn' (so die Diktion der Zeit) mit langer, arisch blonder Haarpracht und leicht gerötetem, eher gleichgültigem, fast maskenhaften Gesicht – Europa als Jungfrau Germania.

b) Malerei und Graphik nach 1946 (bis zur Postmoderne)

(3/11) Der deutsche Spätsurrealist Edgar Ende, Vater des Autors der 'Unendlichen Geschichte', gestaltet das Gemälde *Europa* (1952)[136] im Anschluss an de Chiricos *pittura metafisica* vor dem Hintergrund eines düsteren Himmels, einer mitten durchs Bild verlaufenden Horizontlinie und einer weiten kahlen Ebene (mit rotem Tor links: Zitat des bekannten Tempeltors auf Naxos). Das Strichmännchen, das unmittelbar davor ganz unmotiviert zum linken Bildrand ausschreitet, mit dem Hut in der erhobenen Rechten den Bildbetracher grüßt und in der gesenkten Linken einen hellen zusammengeklappten Regenschirm hält, ist das einziges Element von Leben im Bild. Im zentralen Vordergrund lagert eine verwitterte, auf den ersten Blick sphinxartig wirkende Gruppierung, in der man bei näherem Hinsehen eine versteinerte gesichtslose Monumentalstatue Europas erkennt, die, im Oberkörper hoch aufgerichtet, mit imponierend ausgefahrenen Armen, doch leblos hinter ihrem Stier lagert. Dessen Tendenz nach links entspricht in der Tendenz nach rechts die rissige Steinformation eines scheinbar davonziehenden Schwans, dessen roter Hals (Kontrapunkt zum roten Tor hinten links) ebenso wenig über seine Leblosigkeit hinwegtäuschen kann, wie die barocke Blumendekoration an Kopf, Wammen und Vorderläufen des Stiers über dessen Erstarrung. Wie der Stier Europa, so assoziiert der Schwan Leda – Beleg für die in der neueren Kunst ausgeprägte Tendenz zur Kombination verschiedener Einzelmythen, hier in ein und derselben Gruppierung. Die Gesamtwirkung des Bildes: Ausbruch einer finsteren Steinzeit, ganz allgemein deutbar als Schreckensvision für das pessimistische Lebensgefühls der unmittelbaren Nachkriegszeit, in persönlicher Sicht des Künstlers Symbol einer individuellen Katastrophensituation (Ehekrise 1952). Dass künstlerische Freiheit hier die Idee der Versteinerung ins Spiel bringt, einer Metamorphose, die nach mythischem Denken meist als göttliche Strafe verstanden wird, ergibt neue, im Vergleich zur traditionellen Mythenversion jedoch völlig textferne Aspekte.

(3/12) Im Allgemeinen finden sich nach 1945 eher positive, lebensbejahende Ausdeutungen. Pablo Picasso, unter den 'Klassikern der Moderne' das Jahrhundertgenie, bietet in seinem postkubistischen Gemälde *L' enlèvement d' Europe* (1946; **Tf. 6a**)[137] eine konventionelle, im Vergleich zu Beckmann ganz unbefangene Variante des alten Mythos. Dabei thront die Heroine im gleichfalls sphinxartigen Umriss ihres Oberkörpers so selbstbewusst auf dem dunklen, in Kopf und Hörnern fast nur als Schattenriss gegebenen, unter ihrer Last recht schwächlich in die Kniee gehenden Stier, dass sie dessen Körper fast zerschneidet in zwei den Beinen entsprechenden hellen Farbflächen, einem unregelmäßigen Umriss aus Geraden und Kurven (mit Andeutung des Po) und einem spitz nach unten zulaufenden Dreieck (gerade ausgestreckter Fuß). Sie dominiert auch durch den entschiedenen Griff ihrer Linken nach den regelmäßig gebogenen Hörnern (Potenzsymbol), deren offener Zwischenraum eine reizvolle Variation bietet zu den vollen Brüsten der Frau darüber (ihre rechte mond- bzw. sichelförmig, die linke birnenförmig). Autobiographischer Hintergrund des Bildes, in dem weniger der Stier die Frau davonträgt als die Frau den Stier beherrscht, ist die Begegnung des 65-jährigen Picasso mit seiner neuen Muse Françoise Gilot; die Gestaltung des Mythos betont in einer souveränen Mischung aus Ernsthaftigkeit und Ironie die Dominanz der neuen, weitaus jüngeren Partnerin.

(3/13) Georges Braque, als Altmeister des Kubismus ebenfalls ein 'Klassiker der modernen Malerei', gestaltet die Federzeichnung *Europe* (c. 1950)[138] als schlichte, durch klare Linienführung bestechende Studie, die stilistisch auch an Picassos Metamorphosen-Illustrationen (1931) erinnert. Die Heroine thront aufrecht und dominierend auf ihrem Stier, der recht elegant tänzelt, während sie im seitlichen Damensitz die Linke auf sein Hinterteil stützt und mit der Rechten seinen Kopf und die schön geschweiften Hörner zu sich heranholt.

(3/14) Gerhard Marcks (vgl. 2/10) bietet in seinem Holzschnitt *Europa auf dem Stier* (1961; **Abb. 10**)[139] eine im Gegensatz zu früheren, eher konventionellen Entwürfen gerade in ihrer Schlichtheit ausgesprochen amüsante Variante des alten Themas – nach erholsamen Sommeraufenthalten auf der Insel Ägina sicher nicht ganz zufällig. Vor mediterranem Hintergrund mit Bergkuppen am Horizont und der hohen Meereslinie strebt der schwarze Stierexpress, vom bogenförmig erhobenen Schwanz bis zum hocherhobenen Kopf (mit den nach vorn geschweiften Hörnern) vollkommen seiner

Abb. 10 Gerhard Marcks, *Europa auf dem Stier*. Holzschnitt 1961

Bedeutung bewusst, siegessicher davon, indem er seine ersten Schritte in das flache, noch in kleinen Wellen auflaufende Wasser setzt (cf Met. 2, 870 f.). Auf seinem langen Rücken thront ein wenig eckig, doch unübersehbar elegant, ebenfalls in seitlichem Damensitz, eine ausgesprochen mondäne Heroine als kokette Hauptdarstellerin, mit angewinkeltem rechtem und fast gerade durchgedrücktem linkem Bein. Die attraktiv nach hinten ausgefahrene Rundung des Pos gibt den besonderen erotischen Pfiff, verstärkt durch die modischen Accessoirs eines engen Kleides und hochhackiger Stöckelschuhe. Dabei hält sie die lässig ausgestreckte Linke vorn am Hals des Stieres, hebt die angewinkelte Rechte nach Art eines professionell posierenden Models wie zufällig zum Kopf und wirft in betonter Gelassenheit ihren traditionellen Abschiedsblick zurück – selbstbewusst, kess und kein bisschen ängstlich.

(3/15) Mel Ramos, führender amerikanischer Werbemaler, realisiert mit seinem Gemälde *Hippopotamus* (1967)[140] im Umfeld von Pop Art und anglo-amerikanischem *neoclassicism* eine ebenso konkrete und stilisierte wie witzige und intelligente, nicht nur durch ihr Großformat wahrhaft umwerfende Parodie des Bildtyps 'Raub der Europa' (so nach Aussage des Künstlers selbst). Die 'Heroine', in mittelalterlicher Sichtweise zweifellos eine perfekte Verkörperung von Voluptas/Luxuria, posiert bäuchlings, mit dem Kopf nach vorn, als splitternacktes langhaariges blondes *pin-up girl*, den koketten bis lasziven Blick verführerisch auf den Bildbetrachter gerichtet, mit aufgestützten Armen, aufgerichtetem Oberkörper, flachem Unterleib und lustvoll gespreizten Beinen (das linke im Unterschenkel steil nach oben angewinkelt, das rechte horizontal bis zu den Zehenspitzen durchgedrückt), behaglich gelagert auf dem unendlich langen, beachtlich breiten Rücken eines Nilpferdkolosses, dessen aufgerissenes Riesenmaul und der triumphierend erhobene Kopf (ein für den Europa-Stier immer wieder belegtes Detail) durchaus Gefallen an der Situation wie seiner 'süßen Last' verrät. Der Kontrast zwischen der schwärzlich-metallisch schimmernden Massigkeit des Tieres und der knackig braunen Nacktheit des Girls (um über weitere Details im Brust- und Po-Bereich hinwegzusehen) tritt vor dem einheitlich unigrünen Hintergrund so vollplastisch und unübersehbar aufdringlich hervor, dass nicht nur der Mythos selbst parodiert scheint, sondern auch der übliche Werbestil (speziell der Automobilbranche, wenn man das Statussymbol bzw. 'Potenzgestänge' des doppelten Auspuffrohrs ausgerechnet im Maul des Tierkolosses wahrnimmt). Der ebenso spontane wie lapidare Bildkommentar meiner Söhne: *wow!*[141]

(3/16) Stephen McKenna, irischer Maler des anglo-amerikanischen *neo-classicism*, verbindet in seinem Gemälde *Europa* (1981)[142] collageartig unterschiedlichste Elemente der früheren Kunsttradition (17./18. Jh.). Die Figuration in Zentrum ist als Ganzes nett anzusehen wie eine Rokoko-Porzellangruppe; die Blumengirlande um den Hals des kräftig nach vorn ausschreitenden Stiers, sein menschlicher Blick und das rote Tuch, das ihm und seiner süßen Fracht hinterherweht, sind Zitatdetails aus der Barocktradition (Rubens, Reni u. a.). Der Fisch unten, traditionelles Symbol der Geilheit (wie der bogenförmige Schwanz und das primäre Geschlechtsmerkmal des Stieres), scheint zusammen mit den grünlichen Meereswellen einem naturkundlichen Tafelwerk des 18. Jh.s entnommen. Hingegen erinnert der auf dunkler Klippe fußende majestätische Seeadler rechts, an sich traditionelles Attribut des Göttervaters, heute eher an den Wappenvogel der USA; und die rosige splitternackte Europa, Typ Rokoko-Kindfrau (Watteau, Boucher u. Ä.) sowohl im puppenhaften Phänotyp wie in der perfekt gestylten Frisur, posiert auf ihrem Stier, die Rechte traditionell auf seinen Kopf gelegt, die Linke in angedeutetem Unschuldsgestus am kaum verhüllenden roten Tuch, mit lässig angezogenem linkem und diagonal nach vorn ausgestrecktem rechtem Bein sowie dem in der Profilhaltung wirklich perfekten Abschiedsblick nach hinten nicht nur wie ein professionelles Model (vgl. 3/14), sondern auch ein wenig wie eine italienische *ragazza* auf ihrer *lambretta*. Fazit: Postmoderne als spielerisches Stil-Potpourri mit bunt zusammengewürfelten Zitatdetails.

(3/17ab) Der Berliner Maler Johannes Grützke, der gern aktuelle Fragen unserer Zeit in einer satirischen Mischung aus Ernst und Heiterkeit aufs Korn nimmt, trägt zwei neorealistische Entwürfe mit konkretem politischem Bildsinn zum Thema bei. Sein Gemälde *Europa auf dem Stier, auf der Mauer balancierend, vorwärts oder rückwärts?* (1976; **Tf. 6b**)[143] bezieht sich mit merklicher Betroffenheit auf die bedrückene weltpolitische Situation der sechziger- und siebziger Jahre in der 'Frontstadt' Berlin, bedingt durch das labile 'Gleichgewicht des Schreckens' zwischen den Großmächten in Ost und West. Der weiße Stier, der da auf der walzenförmigen Bekrönung der 1961 errichteten Berliner Mauer, dem spektakulärsten Teilabschnitt des 'Eisernen Vorhangs', in einer mehr als labilen Gratwanderung den Balanceakt zwischen Krieg und Frieden versucht, blickt deutlich verunsichert zum Bildbetrachter zurück, als sei er sich der Patt-Situation (Motto: 'es geht nichts mehr, weder vor noch zurück') wie auch der Gefahr des drohenden Absturzes voll bewusst. Und die Heroine, konkrete Inkorporation des alten Kontinents, sitzt weniger auf seinem Rücken, als dass sie mit Zappeln und Wackeln das gemeinsame Risiko noch erhöht. Im Hintergrund erkennt man die hellblaue Fassade eines hohen, fast fensterlosen Gebäudes – konkreter Hinweis auf die unmittelbare Umgebung am *Checkpoint Charlie*, einem der Fixpunkte des damaligen 'Kalten Krieges'.[144] – Eine europapolitische Variante bietet Grützkes Pastell *Europa auf dem Stier* (1984; **Tf. 7a**),[145] ein geistreich-bissiger Kommentar zur Problematik einer zunehmenden EG-Erweiterung aus den achtziger Jahren. Unten schwimmt ein riesiger weißer Stier mitten im Meer und blickt den Betrachter mit einer Mischung aus geduldiger Ergebenheit und unwilligem Missmut an. Denn auf seinem breiten, doch für diese Ansammlung allzu schmalen Rücken tummelt sich eine Vielzahl nicht eben attraktiver, z. T. extrem disproportionierter nackter Europen (als Kandidatinnen des angestrebten europäischen Einigungsprozesses), die teils stehend, teils schwankend, teils fast an den Flanken abgleitend, auf ihrem 'Untersatz' das gelobte Land des vereinten Europa erreichen wollen. Die ins Groteske gehende Massierung wird ergänzt durch eine bizarre Variation des traditionellen Abschiedsgestus: ein Teil der Damen hält weiße Taschentücher oder bunte Fähnchen in den Händen, mit denen sie wohl am Anfang ihrer Meerfahrt zur versinkenden Küste zurückwinkten. So wird der Mythos als satirisches Ausdrucksmittel auf eine konkrete politische Konstellation bezogen.

(3/18) Die reizvolle Radierung *Entführung der Europa* (1980; **Abb. 11**)[146] aus dem Metamorphosenzklus von Alfred Finsterer (vgl. 2/13) bietet eine ästhetische Umsetzung des ikonographischen Grundschemas auf den Spuren Picassos, mit konsequenter Kontrastierung der beiden mythischen Hauptpersonen (Motto: 'der Gott und das Mädchen'). Links bäumt sich der riesengroße Stier im Oberkörper als dunkle Silhouette auf, den kompakt

Abb. 11 Alfred Finsterer, *Entführung der Europa*. Radierung 1980

gedrungenen Kopf mit den spitzen, nach oben gerichteten Hörnern leicht nach hinten gewandt. Die Heroine, in hellen, klaren, feinen Umrisslinien gezeichnet, hält sich halb kniend, halb reitend auf der fallenden Diagonale seines Rückens, die Rechte nach vorn aufgelegt, die Linke nach hinten aufgestützt; das dem Bildbetrachter zugewandte, extrem angewinkelte linke Bein schneidet in die dunkle Flächigkeit des Stierkörpers hinein (vgl. 3/12). Die von ihrem linken Oberschenkel über die Vorderseite des Körpers bis zu dem nach oben gerichteten, im Profil gegebenen Gesicht reichende Gegendiagonale weist nach oben/hinten, die lange Lockenpracht des in den Nacken geneigten Kopfes nach unten – Hingabe pur. Ihr gegenüber der Massigkeit des Stiers zarter, fast zerbrechlich wirkender Leib ist von einer in eleganten Kurvenlinien verlaufenden, ganz durchsichtigen Gewandung eingehüllt. Im Gegensatz zum Ovidtext findet die Begegnung zwischen dem ungleichen Paar vor braun schraffiertem Nachthintergrund unter der stierhörnerartigen Sichel des Mondes statt.

(3/19) In den letzten Jahrzehnten entstand in der BRD-Kunstszene eine neue Gruppierung, zu der u. a. Georg Baselitz, Horst Hödicke, Markus Lüpertz, Sigmar Polke und Gerhard Richter gehören, die wegen ihrer eher spröden, bisweilen auch krudem Malweise nach Vorbild der *Fauves* zu Jahrhundertbeginn als die 'Neuen Wilden' bezeichnet werden. Der dieser Gruppe, die wegen der Rückwendung zur konkreten Darstellung auch 'Neue Figuration' heißt, zugehörige Klaus Fussmann gestaltet in krudem Stil, wenig dezenter Farbgebung und pastosem Pinselauftrag das Gemälde *Europa und der Stier* (1987),[147] wobei er die Grundidee des Beckmann-Aquarells (3/9) übernimmt, ohne dessen hohe Intensität und komplexe Hintergründigkeit zu erreichen. Das Geschehen nimmt seinen Lauf vor einer weiten Landschaftskulisse mit dunkel bewaldeten Küste hinten, rechts mit der blauen Fläche des Meeres, das vorn mit kleinen Schaumkronen um die säulenartigen Vorderbeine des riesigen, schwarz-weiß gescheckten Stieres spielt. Dieser erhebt den Kopf mit den breiten, regelmäßig auseinandergebogenen Hörnern nur leicht, den Blick wie triumphierend zum Bildbetrachter gerichtet, und trägt seine Beute davon, das Ufer (und die blonden weißgewandeten Begleiterinnen am linken Bildrand) hinter sich zurücklassend. Die Heroine liegt bäuchlings, den Kopf nach vorn, das lange blonde Haar im Nacken und zwischen den Schulterblättern, horizontal entlang dem Grat des Stiergebirges und hält sich links und rechts an seinem Hals fest. Ihr rosafarbenes, wie rohes Fleisch wirkendes Inkarnat unterstreicht den Gesamteindruck einer vergewaltigenden Entführung; dass sich Fussmann vor allem auf diesen Aspekt beschränkt, legt auch die Tatsache nahe, dass das Bild für die Berliner Ausstellung 'Die Verführung der Europa' (1988) entstand.

c) Karikaturen, Zeitschriftenillustrationen, Werbung

Beliebt ist das Europathema schließlich in allen Formen funktionaler Graphik,[148] insbesondere in Karikatur, Zeitschriftenillustration und Werbung der Gegenwart. Für diesen Komplex verweise ich auf meinen Beitrag von 1998,[149] der hier um wenige aktuelle Belege ergänzt wird. Nach dem mir vorliegenden Material ist Europa in Karikaturen der mit Abstand häufigste mythologische Einzelstoff (etwa 35% der Belege). Allerdings lösen sich die meisten Beispiele von der ursprünglichen Mythenversion: das fast nur noch als Medium verwendete, ausgesprochen kesse *girl*, meist als Nackedei auf dem Rücken eines in mancherlei Erscheinungen auftretenden Stiers (als Personifikation der EG allgemein oder einzelner Europa-Politiker) ist nur noch säkularisierte Symbolfigur für verschiedene Teilaspekte der Europapolitik, speziell der Ressorts Äußeres, Wirtschaft, Technologie und Soziales.[150]

Abb. 12 Luff, Karikatur Februar 2000

(3/20) In einer Karikatur von Luff mit der Unterschrift *Ich hoffe nur, wir müssen nicht rückwärts wieder raus* (Februar 2000; **Abb. 12**)[151] liegt der ebenso witzige wie prophetische Bildkommentar im Munde des mit Höchstgeschwindigkeit in eine dunkle (Sack-)Gasse (Wegweiser 'Isolierung Österreichs') galoppierenden EG-Stiers; Hintergrund waren die EG-Sanktionen nach der Regierungsbeteiligung der 'rechten' FPÖ unter ihrem damaligen Vorsitzenden Dr. Jörg Haider). Von dem EG-Stier angesprochen ist das im Damensitz eher mühsam auf seinem schlingernden Unterbau Halt suchende Europa-*girl* (jugendlich, splitternackt, mit vollen dunklen Haaren und kessem, im Fahrtwind hinterherwehendem Pferdeschwanz).

(3/21) Eine Karikatur von Horst Haitzinger mit der Unterschrift *Joschka, der Stier* (Mai 2000; **Abb. 13**)[152] bezog sich auf programmatische Äußerungen des deutschen Außenministers Joschka Fischer (Bündnis 90/Die Grünen) zur weiteren Entwicklung der EG. Im Bild ist es nicht mehr der gravitätische Zeusstier, der die schöne Europa umkurvt (cf Met. 2, 864–868!), sondern der nackte, nach konsequentem Marathon-Training wieder top-fit agile Jung-Joschka mit hinten angebundenem Stierschwanz, links und rechts neben dem Kopf aufgerichteten Zeigefingern (als Hör-

Abb. 13 Horst Haitzinger, Karikatur 13./14. 5. 2000

nerersatz) und einem die atemberaubende Geschwindigkeit nachhaltig unterstreichenden Schnauben seiner ‘Nüstern’. Die bis auf ihre spärliche Drapierung mit Tuch (Aufschrift EUROPA) und Schleife völlig nackte ‘Heroine’, die mit gerade aufgestütztem linkem Arm und angewinkelt angezogenem rechtem bzw. gerade ausgestrecktem linkem Bein ganz lässig im Grase lagert, scheint nach ihrer bewundernd hinter den Kopf erhobenen Linken, dem verzückten Gesichtsausdruck, den kleinen Herzchen um den Kopf sowie ihrer Sprechblase *WOW!* vom evidenten Imponiergehabe des *pappagallo danzante sul prato* (Nähe zum Typ Faun!) schwer beeindruckt – der Karikaturist wohl weniger.

(3/22) In der Werbung (incl. Zeitschriftenillustration) liegt nach meinem begrenzten Material hinter dem Gesamtkomplex um die Liebesgöttin Venus (mit allen Teilaspekten ca. 15%) das Europa-Thema an 2. Stelle (ca. 12%), mit ähnlichen Einschränkungen im Blick auf die traditionelle Mythenversion. So setzte jüngst ein Titelblatt der Wochenzeitschrift DER SPIEGEL als Aufmacher für das aktuelle Thema der europäischen Technologie-Offensive gegen die USA unter dem Motto *Guten Morgen, Europa!* (Ende Mai 2000; **Tf. 7b**)[153] das französische Star-Mannequin Laetitia Casta in Szene, von ihrem dunkelblauen Kleidchen (mit Träger nur über der rechten Schulter) spärlich verhüllt, in der erhobenen Rechten die Europaflagge (dunkelblau wie die Farbe des Kleids, mit gelben Sternen), in eleganter Diagonalposition eines seitlichen Damensitzes mit angewinkeltem rechten und ausgestrecktem linkem Bein auf dem Rücken eines mächtigen schwarzen Stiers, nahe bei dessen linkem Horn ihre linke Hand ruht. Die im Leitartikel angesprochene Dynamik der wirtschaftlich-technologischen Entwicklung spiegelt sich in der entschiedenen Vorwärtsbewegung des (durch Fotomontage hinzugefügten) Reittiers, das mit vorgestreckten Vorderläufen, leicht gesenktem Kopf und horizontal nach vorn gerichteten Hörnern (Potenzsymbol) unbeirrt seinen Weg geht. Das Grundschema, die Verbindung von Kraft (Stier) und Schönheit (Europa), nimmt ein in der Werbung beliebtes Klischee auf.[154]

Anmerkungen

[120] H. R. Hanke, Die Entführung der Europa. Die Fabel Ovids in der europäischen Kunst. Berlin 1967; Die Verführung der Europa. AK Kunstgewerbemuseum Berlin 1988; Mythos Europa. Europa und der Stier im Zeitalter der industriellen Zivilisation. AK Kunsthalle Bremen 1988; 'Europa, besteige den Stier!' AK Kunstverein Bad Salzdetfurth im Kunstgebäude Schloßhof Bodenburg 1998; Maier 1998, 16–35; Udo Reinhardt, De Europa moderna plus minusve iocose delineata. Vox Latina 34, 1998, 2–30.

[121] Gem (41 × 52) Hannover, Sprengel-Museum: AK Bremen 1988, wie Anm. 120, 233*.

[122] FLith (28 × 32; Zyklus 'Die Liebschaften des Zeus'): AK Berlin 1988, wie Anm. 120, Tf. 22*; Vox Latina 34, 1998, 6.

[123] TerrGr Paris, Musée Zadkine: Postkarte Museum*.

[124] (a) Gem (71 × 98) Moskau, Tretjakow-Galerie: Dmitri Sarabjanow, Valentin Serow. Der erste Meister der Russischen Malerei. Bournemouth 1996, Tf. 101*; Geschichte der russischen Kunst. Von den Anfängen bis zur Gegenwart. Dresden 1975, 324; Walther 1993, 154*. (b) Gem (138 × 178) Moskau, Coll Serow: Michael Gibson, Symbolismus. Konzeption: Gilles Néret. Köln 1995, 186*; Maier 1998, 22*. (c) Gem St. Petersburg, Russisches Museum: Sarabjanow, Serow 65*(D).

[125] Gem (130 × 162) Bern, Kunstmuseum: Anton Friedrich (Hrsg.), Félix Vallotton. Zürich 1979, 102; Sasha M. Newman, Félix Vallotton. Edited by Lesley K. Baier. AK New Haven (u. a.) 1991–93, 37*; Nathalia Brodskaja, Felix Vallotton. St.Petersburg 1996, 76/7*; AK Bremen 1988, wie Anm. 120, 235*.

[126] Gem (178 × 205) 1559–62. Boston Gardner Museum: Harold E. Wethey, The Paintings of Titian. Vol.III. The Mythological and Historical Paintings. London 1975, Tf. 138–141; Angelo Walther, Tizian. Leipzig 1978, Tf. 71; Ugo Fasolo, Tizian. Firenze 1980, 84*; Filippo Pedrocco, Tizian. Antella 1993, 59*.

[127] Gem (118 × 154) Toledo/Ohio, Museum of Art: Bonnard. AK Kunsthaus Zürich (u. a.) 1984/85, 195*; AK Bremen 1988, wie Anm. 120, 245* no. 73.

[128] Gem (150×75) Nachlass Künstler: Anja Hesse, Malerei des Nationalsozialismus: Der Maler Werner Peiner (1897–1984). Hildesheim u. a. 1995 (Studien zur Kunstgeschichte 94), Abb. 10* (Text 63 ff).

[129] Gem (67×80) Paris, Musée d'Art Moderne de la Ville: AK Bremen 1988, wie Anm. 120, 251*.

[130] Anders Siegfried Salzmann (AK Bremen 1988, 250): „Ein Zusammenstoß von Mensch und Tier, der in der Handgreiflichkeit und der Fragmentierung brutale Züge hat."

[131] Gem (77×83) Graz Pb: Angelika Bäumer, Gustav Klimt. Women. London 1986, 15*. 97*; Susanna Partsch, Klimt. Leben und Werk. München 1990, 149*; Gustav Klimt. AK Kunsthaus Zürich 1992, 147*; Gottfried Fliedl, Gustav Klimt. Köln 1994, 209*; Freitag 1994, Tf. 10*; AK Ombra degli Dei 1998, 14; PAN 4/86, 76*; ART 11/92, 20/1*

[132] Aqu (51×70) 1933. Pb: AK München 1984, wie Anm. 44, 357*; Schulz-Hoffmann, wie Anm. 44, 107*; Spieler 1994, wie Anm. 44, 98*; Hanke, Europa 1967, wie Anm. 120, no. 26; AK Bremen 1988, wie Anm. 120, 357*; Freitag 1994, Tf. 7*; Maier 1998, 17*.

[133] AK Bremen 1988, wie Anm. 120, 115 Abb. 12*(seitenverkehrt).

[134] AK Bremen 1988, wie Anm. 120, 133.

[135] Gem (174×151) München, Bayerische Staatsgemäldesammlung: Hesse, wie Anm. 128, Abb. 11; Kunst im 3. Reich. Dokumente der Unterwerfung. AK Frankfurter Kunstverein (u. a.) 1974, Abb. 213; AK Bremen 1988, wie Anm. 120, 117.435*.

[136] Gem (70×90) Pb Künstler: AK Bremen 1988, wie Anm. 120, 267*.

[137] Gem (196×130) Pb (verschollen): Hanke, Europa 1967, wie Anm. 120, no. 27; AK Bremen 1988, wie Anm. 120, 269.

[138] FZ (36×26) Berlin, Hochschule der Künste: AK Berlin 1988, wie Anm. 120, 288; Gymnasium 107, 2000, 52.

[139] HSch (22×33) Bremen, Marcks-Stiftung u. a.: WV 1990, wie Anm. 78, 272 H 349; Gerhard Marcks 1889–1981. Briefe und Werke. München 1988, 173; AK Bremen 1988, wie Anm. 120, 283; Vox Latina 34, 1998, 9.

[140] Gem (180×247) Aachen, Ludwig-Forum: Edward Lucie-Smith, Art today. Oxford 3. Aufl. 1989, Abb. 190*; Ludwig Forum für Internationale Kunst. Gemälde, Skulpturen, Installationen. Aachen 1992, 359*; Vox Latina 34, 1998, 10; Postkarte Museum*.

[141] Völlig verfehlt m. E. der Aspekt (MK Ludwig Forum, wie Anm. 140, 358): „Die hier bis zur Sodomie gesteigerte Triebhaftigkeit der Frau versteht sich als ironische Formulierung der neuen befreiten Rolle der Frau in den 60ern".

[142] Gem (152×203) Coll Resnick: AK Bremen 1988, wie Anm. 120, 321*.

[143] Pastell (100×73) Berlin, Museum Haus Checkpoint Charlie: AK Bremen 1988, wie Anm. 120, 309*; AK 1998, wie Anm. 120, 129*; Maier 1998, 30*; 1848. Aufbruch zur Freiheit. AK Schirn Kunsthalle Frankfurt (u. a.) 1998, 442*.

[144] Der Entwurf bekam den 1. Preis in dem vom Museum Haus Checkpoint Charlie 1978/79 ausgeschriebenen interationalen Kunstwettbewerb 'Wo Weltgeschichte sich manifestiert'.

[145] Pastell (130×100) München, Coll Diener: AK Bremen 1988, wie Anm. 120, 311*.

[146] Rad (43×50): Finsterer, wie Anm. 115, no. 115*.

[147] Gem (90×100) Pb Künstler: AK Berlin 1988, wie Anm. 120, Tf. 23* no. 194.

[148] Dazu zählen auch zahlreiche Exlibris: Gernot Blum, Griechenland in Exlibris. Selbstverlag 1994, 33–43.

[149] Zur Karikatur Reinhardt, wie Anm. 120, 13–22 (B 1–11, Abb. 4–11), zur Werbung 22–29 (C 1–7, Abb. 12–17); Sonderdrucke gegen Selbstkosten (Hot-Line in Anm. 7).

[150] Dazu allgemein Udo Reinhardt, Zu Themen antiker Mythen in der Karikatur der Gegenwart (Beitrag zum Katalogbuch einer Ausstellung zum Thema 'Antikenrezeption' im Reiss-Museum Mannheim 2001).

[151] Kar Mainzer Allgemeine Zeitung (Anfang Februar 2000).

[152] Kar Rhein-Zeitung Koblenz Nr. 111, 13/14.5.2000, 2.

[153] Cover DER SPIEGEL Nr. 22, 29.5.2000*.

[154] Zum Europa-Thema: Reinhardt, wie Anm. 120, 25–28 (C 3–5, Abb. 14–16).

4. Neue Bildobjekte zu 'Narziss und Echo' (nach Met. 3)

Das hochpsychologische Narzissthema ist in der Kunst der Moderne recht beliebt.[155] In der früheren Kunsttradition[156] ergaben sich aus der Textbasis Met. 3, 351 ff. folgende ikonographischen Grundtypen (A-D) bzw. aus der Anzahl der Personen folgende Darstellungsvarianten (1–4):

(A) Vorgeschichte zwischen Narziss und Echo (3, 351–401)
(B) Narziss verzehrt sich an der Quelle nach seinem Spiegelbild (3, 402–485)
(C) Narziss stirbt in Anwesenheit Echos am Rand der Quelle (3, 486–503)
(D) Metamorphose zur Narzisse (3, 504–510)

(1) Narziss allein (häufig)
(2) Echo allein (selten)
(3) Narziss und Echo (häufig)
(4) weitere Personen
  (a) Narziss' Begleiter (cf Met. 3, 379)
  (b) Narziss' bzw. Echos Begleiterinnen (cf Met. 3, 505 ff.)
  (c) Amor(es) als Auslöser der Gesamthandlung (ohne Textbasis)

(4/1) Auch am Anfang dieser Sequenz steht ein Entwurf der ausgehenden Historienmalerei. Das Gemälde *Echo and Narcissus* (1903)[157] des viktorianischen Malers John William Waterhouse (vgl. 2/1) realisiert, stilistisch an Edward Burne-Jones orientiert, verschiedene Elemente aus der Mythenerzählung. Vor einer lichten, baumbestandenen, von einem Bach durchflossenen Landschaft schaut im Bildzentrum die Hauptperson, bis auf ein rotes Tuch um die Lenden nackt, mit dem Kopf nach vorn bäuchlings flach am Boden liegend, in das Wasser der Quelle, aus der ihm (und dem Bildbetrachter) das Spiegelbild entgegenschaut. Vom anderen Rand der Quelle (links) blickt als Randfigur Echo zu ihm hinüber, eine schöne junge Frau mit ebenmäßigem Gesicht, aufgebundenem rötlichem Haar sowie nackter linker Brust und Schulter, während den übrigen Körper ein rötliches Gewand verhüllt. Die Nymphe sitzt dicht neben einem knorrigen Baum, an dessen Efeulianen sich ihre Rechte festhält, aufrecht auf einem Stein, auf den sie auch ihren gerade durchgedrückten linken Arm stützt, nachdenklich, unschlüssig und ratlos. Zu ihren Füßen am Rand des Wassers steht bereits ein Büschel gelber Narzissen – Vorwegnahme der späteren, erst mit Narziss' Tod eintretenden Metamorphose. Die hochästhetische, in den Details relativ textgetreue Darstellung kommt für heutigen Geschmack in ihrem süsslich-idyllischen Grundcharakter einer biedermeierlichen Poesie-Album-Szene bedenklich nahe.

a) Plastik und Skulptur

(4/2ab) In Antithese zu solchen Bildentwürfen entwickelt sich als wichtiges Kunstprinzip der Moderne die Reduktion auf eine einfache Grundform, was bei mythischen Themen meist auch eine mehr oder minder starke Beschränkung des erzählerischen Elements zur Folge hat. Wie schon beim Daphne-Thema (Kap. 2), so konzentrieren sich auch bei Narziss die meisten Darstellungen in Plastik und Skulptur des 20. Jh.s ausschließlich auf den selbstverliebten jungen Mann, entweder als Ganzfigur oder gar als Teilausschnitt. Constantin Brancusi, der künstlerische Archeget dieses Reduktionsprinzips, entwickelte seine neue Gestaltungform zu Beginn des Jahrhunderts gerade an diesem Thema, wenn er in seinem Gipsentwurf *Fontaine de Narcisse* (1909; **Tf. 8a**)[158] eine denkbar einfache Figur, die im bogenförmigen Verlauf ihres sich nach vorn beugenden Oberkörpers im Wesentlichen nur noch nach unten blickt, zusammengekauert auf ein blockartiges Podest setzt, dessen gleichhohe Unterseite im Rahmen des Brunnentwurfs den Blick nach unten in die Tiefe ergänzt. – Noch einen Schritt weiter geht der Marmorentwurf *Narcisse* (1909),[159] der sich ganz auf ein Exzerpt aus der nach unten blickenden Figur der Brunnengruppe beschränkt, ihren langen, nach vorn gebeugten Hals und den nach unten geneigten Kopf mit flachem Haar und großem Gesicht, in dem ein einziges Auge die Intensität des Vorgangs auf sich konzentriert. Grundidee dieses Reduktionsprinzips (übrigens einer Vorstufe zu Strukturalismus und Abstraktion): je einfacher und konzentrierter die Darstellung, desto wesentlicher und näher am Zentrum des dargestellten Themas.

(4/3) Dass diese Tendenz im Zug der Zeit liegt, zeigt in der Beschränkung auf die Einzelfigur auch ein noch in wilhelminischer Zeit entstandener, viel konventionellerer Beitrag zum Thema, die Bronze *Narziss* (1911) des traditionalistischen deutschen Bildhauers Karl Albiker.[160] Der schlanke Jüngling steht hier mit extrem engem, bis zur Bauchpartie ganz schmalem vertikalem Standschema auf einer flachen Basis, den rechten Fuß unmittelbar vor den linken gestellt. Im Oberkörper verschiebt sich das Schwergewicht unmerklich auf seine rechte Körperseite, so dass sich aus den stark angewinkelten Armen eine steigende Diagonale vom rechten Oberarm über die Halspartie bis zur Oberseite der leicht abgeknickten linken Hand ergibt; entsprechend die seitliche Neigung des halb gesenkten Kopfes mit dem über den rechten Arm zum fiktiven Spiegelbild herabblickenden Gesicht. Im äußeren, z. B. an Degas' *Danseuses* erinnernden Gesamteindruck ergibt sich eine bei männlichen Figuren ungewohnte, tänzerisch-verspielte Haltung, die aber sehr wohl zu dem für die mythische Gestalt traditionellen Charakterzug einer mitunter kapriziösen Selbstbezogenheit passt.

(4/4) Während die 1940 entstandene Bronzestatuette *Narciso* des italienischen Künstlers Aurelio De Felice den nackt am Boden kauernden Jüngling flach über das eigene Spiegelbild in der Quelle gebeugt darstellt und das Tonmodell *Narzisse* (c. 1942) des deutschen Traditionalisten Fritz Klimsch die in der Kunst der Moderne geläufige Übertragung einer mythischen Figur auf das andere Geschlecht bietet, beschränkt sich Gerhard Marcks (vgl. 2/10) in seiner gleichzeitigen, stilistisch an der 'Neuen Sachlichkeit' (Barlach, Käthe Kollwitz) orientierten Bronze *Narzissus* (1942; **Tf. 8b**)[161] auf eine ebenso schlichte wie einprägsame Konzeption. Mit gerade durchgedrückten, kräftigen, im Verhältnis zum Oberkörper überlangen Beinen auf einer flachen Basis stehend, den linken Fuß leicht vorangestellt, beugt sich der naive junge Mann mit eher schmächtigem Oberkörper weit nach vorn, beide Hände ausgleichend gegen die Hinterseite der Oberschenkel gelegt, mit ausgesprochen rundem Rücken und tief nach unten gebeugtem Kopf (vgl. 4/2a); der hochkonzentrierte Blick scheint vom fiktiven Spiegelbild geradezu gebannt. Die Gesamterscheinung, speziell die jungenhafte Ernsthaftigkeit, die schlichte Körperlichkeit (mit kaum auffallender Nacktheit) und das volle, in einfachen Linien vom Scheitel zur Stirn fallende Haupthaar, erweckt einen ganz individuellen, fast privaten Eindruck.

b) Malerei und Graphik bis 1950

(4/5a) Der französische Maler André Masson (vgl. 2/7) trug auch zu diesem Thema in seinem unverwechselbaren Stil zwei reizvolle, sich noch an der ikonographischen Tradition orientierende Entwürfe bei. Sein hochformatiges Gemälde *Narcisse* (1934)[162] entspricht rein äußerlich im Nebeneinander der beiden Hauptpersonen dem großen Vorbild aus der französischen Kunsttradition, dem ganz und gar idyllischen Querformat *Narcisse et Echo* von Nicolas Poussin (c. 1630).[163] Allerdings gibt der moderne Entwurf das mythische Geschehen in der einfachen, beeindruckend schlichten Formsprache klarer Flächen (Matisse) und schöner Kurven (Picasso/Kubismus); auch hier dominiert die Tendenz zu Reduktion und Konzentration auf die Hauptfigur. Unten links gleitet der unglückliche Jüngling in seltsam verdrehter Haltung seines völlig nackten Körpers mit nach vorn gestreckten, fast ausgebreiteten Armen kopfüber von einem dunklen Hang zum Rand der Quelle hinab, in labiler Position den steil nach unten gewandten Kopf direkt über dem Wasserspiegel. Links neben ihm erkennt man ein Büschel Narzissen – wie bei Poussin und Waterhouse (vgl. 3/1) Vorwegnahme der mit dem Tode eintretenden Metamorphose. Rechts oben am höheren Gegenhang, in einer eigenen, vom dunklen Geschehen darunter geschiedenen Sphäre, sitzt ganz für sich, mit gekreuzten Beinen, die hoffnungslos verliebte Nymphe; sie hat den angewinkelten linken Arm scheinbar entspannt auf den linken Oberschenkel gelegt, die ausgestreckte rechte Hand auf den linken Unterschenkel. In ihrer eiförmig zusammengekauerter Haltung fast autistisch wirkend, beobachtet sie resigniert das fatale Geschehen vor ihren Augen, ohne Möglichkeit, den Geliebten noch aus dem Teufelskreis seiner Zwanghaftigkeit herauszuholen.

(4/5b) Massons zweiter Entwurf gleichen Titels (1937; **Tf. 9**)[164] steigert einerseits das Hochformat, andererseits die Dynamik der betont instabilen Bildkomposition[165] – wohl Ausdruck der Obsession des Protagonisten, seiner geradezu unwiderstehlichen Todessehnsucht.[166] In einer noch entschiedeneren Abwärtsbewegung, die schon an den Fall von Phaethon bzw. Ikarus erinnert (dazu Kap. 5), stürzt sich der überproportional große nackte Jüngling, mit wie im Todeskampf geschlossenen Augen, geradezu zwanghaft in sein Unglück, eine diffuse Tiefe ohne erkennbaren Grund und Boden. Die nackte Nymphe hingegen, auch hier wieder in einer eigenen Sphäre, als unverhältnismäßig kleine schemenhafte Randfigur vor hellem Hintergrund links oben auf die äußerste Bildecke beschränkt, wendet sich in entschiedenem Ausschreiten vom zentralen Geschehen ab und erhebt ihren in den Nacken gelegten Kopf (im Profil gegeben) und den steil nach oben gehenden linken Oberarm verzweifelt zum Himmel, ohne Möglichkeit, dem Geliebten noch zu helfen. Ihre rechte Hand, vor die Scham gelegt, und die linke, hinter den Kopf gelegt, zeigen (entgegen der Textvorgabe) eine an Daphne erinnernde pflanzliche Metamorphose. Die dunkle Waldatmosphäre des rechten Bilddrittels mit den nackten vertikalen Baumstämmen oben, vor allem aber den liebevoll ausgearbeiteten pflanzlichen Details (Efeu, Farne) auf und unter dem großen diagonalen Stamm unten, erinnert stilistisch unmittelbar an gleichzeitige, dem Nachbarthema Echo geltende Entwürfe des surrealistischen Künstlerkollegen Max Ernst.[167]

(4/6) Eines der faszinierendsten Bilder mit mythischer Thematik in der Kunst des 20. Jh.s verdanken wir dem Spanier Salvador Dalí, dem wohl exzentrischsten unter den 'Klassikern der modernen Malerei'. Er schuf während seiner surrealistischen Phase, zweifellos in ganz persönlicher Auseinandersetzung mit der Psychoanalyse (vor seinen Begegnung mit Siegmund Freud am 19.7.1938 in London), das Gemälde *Métamorphose de Narcisse* (1937; **FTf. 1b**),[168] formal bzw. stilistisch ein neo-manieristisches Glanzstück mit optischen Verwandlungstricks und der (nach seiner eigenen Kommentierung intendierten) Suggestivität dreidimensionaler Effekte, inhaltlich bzw. stofflich eine freie Variation des alten Themas mit weitgehender Reduzierung der üblichen, die frühere Bildtradition prägenden narrativen und ikonographischen Elemente zugunsten der letzten Phase der Mythenerzählung Ovids (3, 504–510), die für Dalí zur Basis einer neuen,

überaus originellen Ausdeutung wird, mit dem Grundcharakter einer ganz persönlichen *confessio*.
Im Zentrum der linken Bildhälfte erkennt man relativ bald in der auf den ersten Blick rudimentären, überwiegend in bräunlich verschwimmenden Farben gehaltenen Konfiguration, die von links unnatürlich stark angestrahlt wird, den runden, nuss-, samen- oder zwiebelartigen Kopf, die schmalen Schultern, Arme und Beine des unter sich blickenden Narziss, darunter auf der klaren, spiegelglatten, durch den Hintergrund überwiegend düsteren Oberfläche des Wassers den unteren Teil seiner Beinpartie im Spiegelbild – scheinbar im üblichen ikonographischen Schema des an der Quelle niederkauernden Jünglings, wie ihn Dalís 'Vor-Bild' aus der früheren Bildtradition, Caravaggios ganz auf den Kern des Geschehens konzentriertes *chiaroscuro*-Gemälde *Narciso* (c. 1595) darstellt;[169] übernommen ist von dort präzise das rechte Knie, leicht in der Rechts-/Links-Neigung variiert der linke Unterarm und (bei Dalí deutlich gesteigert) das Detail des langen braunen Haars. Während bei Caravaggio allerdings unter genauer Bildteilung in Urbild (obere Hälfte) und Abbild (untere Hälfte) ein reizender, voll bekleideter Knabe vor völlig dunklem Hintergrund auf sein (fast vollständiges) Spiegelbild herabschaut (cf Met. 3, 418 ff.), bezieht sich Dalí auf die postletale Existenz von Narziss in der Unterwelt: *tum quoque se, postquam est inferna sede receptus,/ in Stygia spectabat aqua* (3, 504 f.). Dazu passt nicht nur der Vordergrund, in dem die niedergekauerte, ausgesprochen schattenhafte Erscheinungsform außerdem an den vergeblich mit den Händen Wasser schöpfenden Unterweltfrevler Tantalus erinnert:[170] auch der Hintergrund der linken Bildhälfte bietet genau das Gegenteil zum üblichen, z. T. zusätzlich mit Echo und Amorini garnierten *locus amoenus* der früheren Bildtradition (z. B. Poussin, Waterhouse). Dalí gestaltet hier (unter Übernahme von Elementen eines früheren Bildes) ein bis auf zwei schmale Durchblicke blauen Himmels in gedeckten, durchweg rotbraunen Farben gehaltenes Unterwelt-Szenario, eine gespenstisch diffuse Szene mit kahler unbelebter Natur, einer flachen steinigen Talsohle und einem finsteren, bedrückend hohen, steil aufragenden Gebirgsstock, der sich in der dunklen Wasseroberfläche spiegelt – vielleicht zugleich auch Inkorporation der zur Felswand verwandelten Nymphe (cf 3, 501), so dass dem akustischen Widerhall im Text die optische Widerspiegelung im Bild entspräche. Dunkelheit und Kälte der Gesamtatmosphäre erinnern ebenso an Details in Ovids Beschreibung der Quelle (3, 407–412).
Die rechte Bildhälfte knüpft (ganz unter Verzicht auf das mythische Personal von Echo, Najaden und Dryaden des Textes) vordergründig an den Abschluss von Ovids Mythenerzählung an (3, 509–510): *nusquam corpus erat; croceum pro corpore florem/ inveniunt foliis medium cingentibus albis*. Im Zentrum erscheint ein bizarre leblose Gipshand mit einem Ei zwischen Daumen und Fingern, als gebeinfarben wirkendes Abbild der

bräunlich verschwommenen Konfiguration links zugleich deren Metamorphose, im entscheidenden Detail der aus der gesprengten Eischale hervorsprießenden Blume Symbol eines persönlichen Durchbruchs zu neuem Leben (zu weiteren Details die Beschreibung von Dalí selbst, s. u.). Dabei steht diese neue Konfiguration in den spezifisch klaren Konturen surrealistischer Bild- und Symbolsprache, gleichsam als die hinter den Dingen stehende volle Wirklichkeit (i.S. der surrealistischen Theorie). Klarer und offener als links ist auch der Hintergrund mit dunkelbraunen Wolken an einem oben dunkelblauen, darunter links ockerfarben verwaschenen, rechts über der markanten Gebirgssilhouette hellblauen heiteren Himmel.
Von besonderem Interesse für die weitere Bilddeutung sind die beiden Einzelszenen unmittelbar vor dieser Hintergrundkulisse, voneinander getrennt (im schmalen Durchblick zwischen den Fingern der Gipshand) durch das wichtige Detail eines breiten, in langer Kurve zum Horizont hin führenden Weges (Symbol von Fortschritt, Aussicht und Möglichkeit). Die rechte Einzelszene kombiniert rein äußerlich zwei Bildelemente der früheren Kunsttradition (der sich Dalí in seiner Londoner Zeit verstärkt zuwendet), hier speziell der Frührenaissance: die schachbrettartige Unterlage (in ihrem starren Grundschema u. U. Symbol zwanghafter Festlegung und Begrenzung) erinnert an den Bildgrund von Giovanni Bellinis Gemälde *Allegoria sacra* (c. 1490/1500),[171] die schlanke Statue auf hoher Basis an die entsprechende Zentralfigur im Gemälde *Storie di Prometeo I* (c. 1500/10) des Botticelli-Zeitgenossen Piero di Cosimo.[172] Während dort allerdings der von Prometheus wohlproportioniert geschaffene, noch unbelebte erdfarbene *homunculus* in Vorderansicht mit erhobener Rechter auf seinem dunkelbraunen Podest steht, blickt Dalís gipsfarben helle, fast leptosome Statue, bezeichnenderweise von hinten gesehen, den seitlich angewinkelten linken wie den nach hinten angewinkelten rechten Arm jeweils in die Seite gestemmt, mit nach rechts gewandtem Kopf steil nach unten – eine Verkörperung der Titelfigur (cf Met. 3, 419: *haeret ut e Pario formatum marmore signum*). Die extreme Überschlankung begrenzt allerdings die Suche nach Parallelen, z. B. dem mehrfach herangezogenen, wohlproportionierten 'Narziss von Pompeji' (hellenistische Bronze, um 120 v. Chr.).[173]
Als Kontrastprogramm bietet die linke Einzelszene am Anfang des sich daneben im Durchblick nach rechts fortsetzenden Weges, zu Füßen der die linke Bildhälfte im Hintergrund abschließenden Felswand, eine Ansammlung von acht Personen, deren 'heterosexuelle' wie internationale Zusammensetzung Dalís eigener Bildkommentar recht genau benennt: ganz links steht in Rückenansicht, die erhobene Linke an die braune Felswand gelegt, ein Katalane, ganz rechts ein braunhäutiger Inder; zweiter von links mit der großen Gestalt und der nachdenklich ans Kinn gelegten Linken ist wohl 'der blonde Raubtiergermane' (wohl ein Reflex auf die politische Situation bei Entstehung des Bildes, vom Phänotyp her vielleicht auch auf den

sich damals zunehmend abzeichnenden vertikalen Monumentaltyp der NS-Kunst). Die übrigen, in z. T. sehr emotionalen Positionen dargestellten Frauengestalten kommen (nach Dalí) aus England, Russland, Schweden, Amerika und Andalusien (vermutlich die vierte von links mit dem dunklen Inkarnat).

Ergänzend fällt im rechten Mittelgrund, auf rötlicher Unterlage, zum Bildrand hin ein schwärzlicher Schlagschatten, der nach optischen Gesetzmäßigkeiten nicht von der zentralen Gipshand links davon kommen kann, eher schon (als surreale Transposition nach vorn) mit der Narzissstatue im Hintergrund zusammenhängen sollte. Im rechten Vordergrund schließlich findet sich auf olivgrünem Untergrund das (symbolträchtige?) Detail eines hyänenartigen Hundes (ebenfalls Übernahme aus einem früheren Bild), der von einem Tiergerippe das restliche Aas abfrisst. Unmittelbar darunter verläuft nach rechts der Schlagschatten jenes unteren Teils der Gipshand, der dem partiellen Spiegelbild auf der Wasseroberfläche links entspricht.

Dalí gab dem Bild, das er zusammen mit dem schon 1936 konzipierten Begleitgedicht als erstes Ergebnis einer neuen 'paranoisch-kritischen Methode' bezeichnet, unter dem Motto 'Wie man die auf meinem Bild dargestellte Metamorphose des Narziss visuell verfolgen kann' eine eigene 'Gebrauchsanweisung' in einem Begleittext: „Wenn man die hypnotisch reglose Gestalt des Narziss eine Zeitlang aus einer leichten Distanz und mit einer gewissen 'zerstreuten Starrheit' betrachtet, verschwindet sie nach und nach und wird schließlich völlig unsichtbar. Genau in diesem Augenblick findet die Metamorphose des Mythos statt; denn die Erscheinung des Narziß verwandelt sich plötzlich in die Erscheinung einer Hand, die aus ihrem eigenen Spiegelbild auftaucht. Diese Hand trägt auf den Fingerspitzen ein Ei, einen Samen, eine Zwiebel, aus welcher der neue Narziß geboren wird – die Blume. Daneben erkennt man die Gipsskulptur der Hand, der versteinerten Hand des Wassers, die die geschlüpfte, erblühende Blume hält.“[174] Es folgt die Information, dass der ganz banale Ausgangspunkt des Bildes die Frage eines Fischers von Port Lligat war: „Warum betrachtet sich denn der Junge da den lieben langen Tag im Spiegel?“; Antwort ist das katalanische Sprichwort 'Zwiebel im Kopf'(= er ist verrückt), also der psychoanalytische Begriff des Komplexes (Motto: „Wenn man eine Zwiebel im Kopf hat, kann sie jeden Augenblick aufblühen, Narziss!“). Das folgende surrealistische Begleitgedicht endet in einer Schlusspointe, die nach dem Kontrast zwischen 'narzistischer' Hintergrundszene rechts und 'heterosexueller' Hintergrundszene links nicht mehr überrascht: „Wenn dieser Kopf zerspringt,/ wenn dieser Kopf zerplatzt,/ wenn dieser Kopf aufbricht,/ wird er zur Blume werden,/ ein neuer Narziss,/ Gala – / mein Narziss.“[175]

Bemerkenswert modern ist (entsprechend dem Bildtitel) das hohe Interesse am Phänomen der Metamorphose an sich, die (entsprechend dem Ovidtext und Dalís poetischem Begleittext) ganz detailliert in zwei Einzelphasen erscheint. Das Gesamtthema mit seinen komplexen narrativen wie psychologischen Teilaspekten (u. a. Eigenliebe – Liebe eines anderen, Werden – Vergehen, Leben – Tod, Reinkarnation als Resultat der Metamorphose) wird relativ frei von Ovids Mythenerzählung und der ikonographischen Tradition im Wesentlichen auf den Gegensatz zwischen Dalís 'narzistischer' Eigenentwicklung in seiner Frühphase und seiner 'heterosexuellen' Weiterentwicklung in der späteren Lebensphase mit Gala ausgedeutet. Evident ist zugleich ist die persönliche Affinität des Künstlers zum mythischen Thema, allein schon im Blick auf seinen exzentrischen Charakter (Selbstverliebtheit und ein geradezu zwanghafter Hang zur Selbstdarstellung).

c) Malerei und Graphik nach 1950

(4/7) Keiner der späteren Bildentwürfe zum Thema reicht an die differenzierte Komplexität und die durchdachte Konzeption von Dalís Gemälde heran. So setzt sich in der verspielten Lithographie *Narcisse* (1953; **Tf. 10a**)[176] des Schweizer Künstlers Hans Erni das Bildganze zusammen aus einem größeren, fast kreisförmigen Gebilde oben und einem flacheren rundovalen unten, die sich in der Mitte etwas überschneiden, so dass sich der Gesamteindruck einer Taschen-Klappuhr oder auch einer geöffneten Muschel ergibt (was eher zum mythischen Ambiente der Quelle passen mag). Die obere Teil des Rahmens umschließt Narziss als nackten jungen Mann, der, in die Kniee gegangen, auf den Fußspitzen am Boden kauert und beide Hände auf sein rechtes Knie stützt. Der rechte Fuß tritt aus dem Rahmen ein wenig nach unten heraus; im unteren Rundoval wird für den Bildbetrachter ein Teil des Spiegelbilds sichtbar. Abgesehen von der ungewöhnlichen Struktur, entspricht die Darstellung dem traditionellen Bildtyp B.

(4/8) Die argentinische Künstlerin Leonor Fini bietet in ihrem Gemälde *Narcisse incomparable* (1971)[177] eine freie Variation der mythischen Grundkonstellation zwischen Echo und Narziss. Das fast ganz in Blautönen gehaltene Bild ist oben geteilt durch eine breite horizontale Schwelle; die unteren Bilddrittel nimmt eine weite, nur von Seerosenblättern unterbrochene Wasserfläche ein. Auf der Schwelle sitzt links, den Blick zum Betrachter, ein nackter Jüngling (Typ Narziss) mit schönen offenen Zügen und roter Lockenpracht; er hat den rechten Arm neben sich aufgestützt und lässt ganz entspannt beide Beine im Wasser baumeln. In der Lockerheit seiner diagonalen Sitzhaltung mit der offenen Genitalpartie und seiner betont lasziven Körperlichkeit erinnert er bildlich an die halbwüchsige Titelfigur aus Finis Gemälde *Phébus endormie* (1967) wie an entsprechende androgyne Entwürfe von Balthus, an dem sich die Künstlerin in ihrem Spätwerk orientiert; literarisch an den reizende Tadzio aus Thomas Manns Novelle *Tod in Venedig* (1912) in der Verfilmung von Luchino Visconti (1970). Das Spiegelbild des schönen Jünglings erscheint im Bild leicht verkürzt unmittelbar darunter auf der Wasseroberfläche. Rechts neben ihm im oberen Bilddrittel stehen zwei lange staksige Beine auf der Schwelle; das zugehörige, perspektivisch leicht verzerrte Spiegelbild im Wasser, das nach unten fast bis zum Bildrand reicht, zeigt ein aufrecht stehendes, gleichfalls nacktes, doch weniger attraktives dunkelhaariges Mädchen (mit sehnsuchtsvollem Gesichtsausdruck), das in unruhiger Körpersprache den rechten (im Spiegelbild linken) Arm neben dem Körper erhebt und den anderen gerade durchgedrückt seitlich nach unten ausstreckt. Dominierend ist hier die dezent laszive Ästhetik; eine unmittelbarer Textbezug fehlt.

(4/9) Das in den Gestaltungsmitteln (incl. Farbskala) stark reduzierte Gemälde mit dem Doppeltitel *Narziss* bzw. *Kolumbus* (1983)[178] des zur Gruppierung der 'Neuen Wilden' (Stilrichtung: 'Neue Figuration'; vgl. 3/19) zählenden deutschen Malers Horst Hödicke beschränkt sich vor kaum ausgeprägtem Hintergrund (links Sonne, rechts dunklere Atmosphäre) auf eine einzige bildbeherrschende Gestalt, die mit wenigen breiten Pinselstrichen in Lila gemalt ist. Ein Mensch liegt da auf den Knieen und stützt sich, den Kopf weit nach vorn gesenkt, mit beiden Unterarmen auf dem Boden ab – Narziss an der Quelle oder Kolumbus nach der Landung am Sandstrand von San Salvador. Vom mythischen Thema bleibt nur noch das (durch den Paralleltitel ambivalente) Zitat des Bildtyps B.

(4/10) Eine Trivialversion bietet die Zeitschriftenillustration *Le Jardin du solitaire* (1984; **Tf. 10b**) von Guy Billout,[179] eine Mischung aus photographischem Realismus und naiver Malerei. In einem Postkartenrahmen mit der gepflegten Verbindung aus Natur (Bäume im Hintergrund links und rechts) und Kultur (weiße Pergola links / Ziergartenhecke rechts) steht um die Mittagsstunde an einem weißumrandeten *Swimming-Pool*, dessen Wasseroberfläche das intensive Blau des Himmels spiegelt, ein rothaariger Mann mittleren Alters, bekleidet mit gelbem Hemd und schwarzer langer Hose, in ausgesprochen steifer Vertikalhaltung des Körpers mit leicht nach vorn geneigtem Kopf, in der Linken eine rote Gießkanne, deren Zeude sich ebenfalls leicht zum Wasser neigt – eine postmoderne Belanglosigkeit, bis auf einen paradoxen Gag im Stil von Magritte: aus dem Wasser grüßt das eigene Spiegelbild mit einem in der erhobenen Rechten (Linken) gehaltenen Sonnenhut zurück.

(4/11a-g) Die Frankfurter Künstlerin Helga Ruppert-Tribian behandelt Ovids Mythenerzählung mit dem Collagenzyklus *Narcissus und Echo*

(1989)[180] ganz textnah in einem Stil, dessen Gegenständlichkeit der schulischen Visualisierung sehr entgegenkommt, während seine Tendenz zur Mischung unterschiedlicher Materialien, Oberflächen und Farbwerte bisweilen befremdet. – Die erste Collage behandelt in etwas diffuser Gestaltung die Ausgangsszene (Met. 3, 339 ff.) mit dem blinden Seher Teiresias (links, als Büste) und der Mutter mit dem kleinen Narziss auf dem Arm (rechts). – Der zweite Entwurf (zur Exposition 3, 351 ff.) zeigt im Vordergrund den selbstgefälligen jungen Mann (als Statue, Typ Antinous), der die Blicke seiner männlichen und weiblichen Bewunderer (eine Collection weiterer antiker Statuen, vor dorischer Tempelkulisse) nicht sonderlich beachtet. – Die dritte Collage bezieht sich mit einigen Verfremdungseffekten auf die Schlussphase der Geschehens zwischen Narziss und Echo, als sich die Nymphe nach der Zurückweisung in die Einsamkeit zurückzieht (3, 393 ff.). Als jugendstilhaft dekorative Marmor- oder Elfenbeinstatue bleibt Echo hinter der goldfarbenen Silhouette eines sich ihr tröstend zuwendenden Rehs (entsprechend die anderen Tiere des Waldes oben links) nur im Kopf und einem Teil ihres nackten Körpers sichtbar; dabei wendet sie das Gesicht in trauervoller Resignation hinab zu dem durch einen Baumstamm von ihr getrennten, als Bronzekopf gegebenen Jüngling, dessen von ihr abgewandter, gleichfalls gesenkter Blick auf die nächste Phase der Mythenerzählung vorausweist. – Den ersten Blick des jungen Mannes in die Quelle (3, 416 ff.) behandelt die vierte Collage vor dunkelbrauner Waldkulisse (Fels/Baum) im linken Hintergrund und üppiger Vegetation im rechten, die sich in der glatten Wasseroberfläche der Quelle ebenso spiegelt wie der schmale Ufersaum links, das strahlende Himmelsblau und (hinter einigen sattgrünen Grasbüscheln) der schöne Jüngling selbst (in leicht kitschiger Fotomontage): der weiße Blütenkranz im dunklen Haar, das helle Inkarnat von Brust und Schulter sowie das ebenmäßige Gesicht, das ebenso selbstversunken wie hingebungsvoll in die Quelle und auf sein vollkommenes Spiegelbild schaut. – Die fünfte Collage stellt die fatale Endphase dar, in der sich Narziss nur noch nach sich selbst verzehrt (3, 486 ff.): die schemenhaft blassgraue, in sich verfallene Erscheinung, die sich da mit abgehärmter ausgezehrter Leidensmiene (nach Vorbild des gekreuzigten bzw. toten Christus), die schmächtigen Unterarme am Uferrand aufgelegt, zusammen mit der farbenfrohen Vegetation der Uferzone (Blau, Grün, Gelb, Weiß) im Wasser spiegelt, hat nichts mehr von seiner früheren Attraktivität. – Der ähnlich eindrucksvolle letzte Entwurf der Serie zeigt im Breitformat vor dunklem Nachthimmel (mit der von unten angestrahlten Kugel des Mondes) rechts die unglückliche Nymphe, die als hell angeleuchtete, sphinxhaft versteinerte Felsformation, im Profil gegeben mit leicht geöffnetem Mund (Echo!), auf die kleine, von dunklen Felsblöcken umgebene Quelle herabsieht, vor deren wundersam hellblauer Wasserfläche aufrecht eine einzelne Blume mit grünen Blättern und gelbweißer

Blüte steht (cf 3, 509 f.): der in die pflanzliche Gestalt übergegangene Narziss. – Aus Ruppert-Tribians Zyklus *Sonnen können versinken* (1988; **Tf. 11a**)[181] bietet der Einzelentwurf *Echo* ein Pendant im Hochformat, mit dem Mond am Nachthimmel, Echo als fast identischer Felsformation und der Narzisse im linken Vordergrund, hier vor grünlicher Quelle und nachtblauer Gebirgssilhouette.

(4/12) Die relative Präsenz des Themas im allgemeinen Bewusstsein der Gegenwart[182] unterstreicht eine deutsche Zeitschriftenillustration (C. Swee): auf einem Cover der Wochenschrift DER SPIEGEL (1994; **Tf. 11b**)[183] erscheint zu einem kritischen Beitrag über aktuelle gesellschaftliche Veränderungen unter dem Aufmacher 'Die Ego-Gesellschaft' mit dem Motto 'Jeder für sich und gegen alle' das Brustbild eines dunkelhaarigen Mannes mittleren Alters, der weniger durch jugendliche Schönheit als durch sein aufwändig-kultiviertes, leicht exzentrisches *out-fit* auffällt (weißes Hemd, grüner Schlips, rötlicher Anzug, goldene Armbanduhr). Nach dem Märchen-Motto 'Spieglein, Spieglein an der Wand, wer ist die/der Schönste im ganzen Land?' hält er sich mit der Linken einen rundovalen, goldgerahmten Spiegel vor, hingebungsvoll sein blasseres Spiegelbild küssend – Eigenliebe pur. Bezeichnend für neuere gesellschaftliche Entwicklungen die Übertragung von dem in seine Schönheit verliebten Jüngling auf den in seinen Lebensstandard verliebten Mittvierziger, von der zwanghaften Selbstbezogenheit des mythischen Archetyps zum trivialen Ego-Trip eines durchschnittlichen Zeitgenossen.

Anmerkungen

155 Dazu grundlegend Christa Lichtenstern, Narziß im Wechsel der Perspektiven: Vom Klassizismus bis zum Surrealismus. In: Lichtenstern 1992, 24–81.

156 Zur Tradition: Louise Vinge, The Narcissus Theme on Western European Literature up to the Early Nineteenth Century. Lund 1967; Orlowsky 1992, wie Anm. 27.

157 Gem (109 × 89) Liverpool, Walker Art Gallery: Hobson, wie Anm. 95, 90*; Joseph A. Kestner, Mythology and Misogyny. The Social Discourse of Nineteenth Century British Classical-Subject Painting. Madison 1989, 322; David Bellingham, Das Geheimnis der griechischen Mythologie. Hamburg 1989, 103*; Arthur Cotterell, Die Welt der Mythen und Legenden. München 1990, 61*.

158 Gips(150) 1909. Paris MNAM(Atelier Brancusi): Pontus Hulten/ Natalia Dumitresco/ Alexandre Istrati, Brancusi. Stuttgart 1986, 283 no. 58.

159 M versch: Hulten, wie Anm. 158, 283 no. 57.

160 Br (72) Wiesbaden, StädtMus: Orlowsky, wie Anm. 27, 109; Wiesbaden, Städtisches Museum. Gemäldegalerie. Wiesbaden 1959, no. 5.

161 Br (41) Bremen MSt u. a.: Gerhard Marcks. Das plastische Werk, hrsg. von Günter Busch. Mit einem Werkverzeichnis von Martina Rudloff. Frankfurt/M. u. a. 1977, no. 406; Gerhard Marcks und die Antike. AK Bremen, Gerhard Marcks-Stiftung 1993/94, 71.

162 Gem (116 × 94) eh Coll Wildenstein: Clébert, wie Anm. 105, no. 81; Lichtenstern 1992, 52 Abb. 34; Gymnasium 107, 2000, 55.

[163] Gem (74×100) Paris Louvre: Janina Michalkowa, Nicolas Poussin. Leipzig 1980, Tf. 26*; Christopher Wright, Poussin, Paintings. A Catalogue Raisonné. London 1984, 39*; Alain Mérot, Nicolas Poussin. New York 1990, 62*; Nicolas Poussin 1594–1665. AK Grand Palais Paris (u. a.) 1994/95, 66*; Lichtenstern 1992, 44.

[164] Gem (162×97) Paris, Pb: Lichtenstern 1992, 54 Abb. 35.

[165] Lichtenstern 1992, 53: „Gegenüber 1934 hat Masson die Bildspannung zwischen Narziß und Echo nunmehr auf nahezu manieristische Weise zerdehnt und dramatisiert."

[166] Zum psychologischen Ausdeutbarkeit beider Bilder im Zusammenhang mit Freuds Theorie: Lichtenstern 1992, 51–53.

[167] *La nymphe Echo*: (a) Gem (46×55) 1936. New York, MusModArt: Patrick Waldberg, Max Ernst. München 1976, Tf. 51*; Max Ernst. Retrospektive zum 100. Geburtstag. AK Tate Gallery, London (u. a.) 1991, 223*; (b) Gem (47×55) 1936. Pb: Waldberg Tf. 49*, AK 1991, 221*; (c) Gem (46×55) 1937. Pb: AK 1991, 226*; Ludger Derenthal/ Jürgen Pech, Max Ernst. Paris 1992, 176/7*.

[168] Gem (51×76) London, Tate Gallery: Dalí. Gemälde, Zeichnungen, Objekte, Schmuck. AK Staatliche Kunsthalle Baden-Baden 1971, 7*.137; Salvador Dalí. Retrospektive 1920–1980. AK Centre Georges Pompidou, Paris (u.a.) 1979/80, 284*; Robert Descharnes, 'Die Eroberung des Irrationalen'. Dalí. Sein Werk - sein Leben. Köln 1984, 215*; Salvador Dalí 1904–1989. AK Staatsgalerie Stuttgart (u.a.) 1989, 241* no.191; Robert Descharnes/ Gilles Néret, Salvador Dalí 1904–1989. Das malerische Werk. Köln 1993, Abb.645*; Orlowsky, wie Anm.27, 352b*; Lichtenstern 1992, 83* (Interpretation 62–70); Freitag 1994, Tf.6* (Interpretation 41–45, spez. 42 zum linken Hintergrund); AK Ombra degli Dei 1998, 51*; ART 11/81, 32/3*.52*; ART 5/89, 122*; Postkarte Museum*.

[169] Gem (110×92; Zuweisung neuerdings umstritten) Roma, Palazzo Barberini: L' opera completa del Caravaggio. Milano 1967 (Classici dell' Arte 6), Tf. 12* no. 25; Eric Flaum, Götter, Helden und Legenden der Griechen und Römer von A-Z. Kettwig 1997, 111*; Lichtenstern 1992, 62; Orlowsky, wie Anm. 27, 336b*.

[170] Sitzfigur von Gerhard Marcks (1943/44, Br H.49; Bremen, Marcks-Stiftung u. a.): WV 1977, wie Anm. 161, no. 446; AK 1989, wie Anm. 78, 224; AK 1993/94, wie Anm. 161, 83.

[171] Gem (73×119) Firenze, Uffici: L' opera completa di Giovanni Bellini. Milano 1969 (Classici dell' Arte 28), Tf. 44/5* no. 119.

[172] Gem (68×120) München, Alte Pinakothek: L' opera completa di Piero di Cosimo. Milano 1976 (Classici dell' Arte 88), Tf. 54* no. 47; Walther 1993, 52*.

[173] Br (63) Napoli MAN: Haskell/Penny, wie Anm. 93, 271 no. 64; Fuchs, wie Anm. 93, 144; Lichtenstern 1992, 62.

[174] Zitiert nach AK 1979/80, wie Anm. 168, 285; entsprechend AK 1989, wie Anm. 168, 240; Lichtenstern 1992, 67.

[175] Vollständiger Text (in Übersetzung): AK 1979/80, wie Anm. 168, 286–288 (Zitat 288); Lichtenstern 1992, 63–65 (Zitat 65).

[176] Lith (37×33): Hans Erni. Werkverzeichnis der Lithographien. Zürich 1993, 47 no. 92; Orlowsky, wie Anm. 27, 347 no. 58.

[177] Gem (100×170) Basel, Pb: Constantin Jelenski, Leonor Fini. Frankfurt/M., Wien, Zürich 1973, 170*.

[178] Gem (70×99) Pb: Berlin & Mehr. K.H. Hödicke. AK Kunstverein in Hamburg 1984, 110* no. 71.

[179] Ambassador (Zeitschrift der TWA): Orlowsky, wie Anm. 27, zu 353*.

[180] Helga Ruppert-Tribian, Narcissus und Echo. Passau 1989.

[181] Helga Ruppert-Tribian, Sonnen können versinken. Ein Collagenbuch in Wort und Bild von Menschen und Göttern im griechischen Mythos. Passau 1988, 89*.

[182] Kaum Belege in Werbung und Exlibris (Blum, wie Anm. 148, 181–182. 215), keine mehr in der Karikatur (wie übrigens auch bei Daphne, Orpheus-Eurydike und Pygmalion).

[183] Cover DER SPIEGEL Nr. 22, 30.5.1994: Dia*.

5. Neue Bildobjekte zu 'Dädalus und Ikarus' (nach Met. 8)

Auf der Textbasis von Met. 8, 184–235 (und *Ars amatoria* 2, 21–96) ergeben sich in der früheren Kunsttradition folgende ikonographischen Grundtypen zur mythischen Handlung (A–E) bzw. aus der Anzahl der handlungsbeteiligten Personen folgende Darstellungsvarianten (1–4):

(A) Dädalus baut die Flügel (Met. 8, 188–202; cf Ars 2, 45–50)
(B) Dädalus instruiert Ikarus vor dem Abflug (Met. 8, 203–216; cf Ars 2, 51–72)
(C) Flug von Dädalus und Ikarus bis zum Absturz (Met. 8, 217–222; cf Ars 73–82)
(D) Absturz des Ikarus vor Dädalus' Augen (Met. 8, 223–233; cf Ars 2, 83–95)
(E) Begräbnis und Trauer um Ikarus (Met. 8, 234–235; cf Ars 2,96)

(1) Dädalus allein (selten)
(2) Ikarus allein
(3) Dädalus und Ikarus gemeinsam
(4) weitere Personen
   (a) die Beobachter des Fluges (nach Met. 8, 217–220a; cf Ars 2, 77–78)
   (b) die Ortsnymphen Ikarias (ohne Textbasis)
   (c) Perdix (Met. 8, 236 ff.)

Besonders bemerkenswert bei den Darstellungen des Themas im Verlauf der gesamten Tradition[184] ist das breite Spektrum unterschiedlicher Deutungen: im frühgriechischen Mythos ursprünglich eine Strafe an Dädalus für ein früheres Verbrechen, wird das Geschehen in der antiken und späteren Tradition zunehmend philosophisch-allegorisch gedeutet als Paradeigma für das Befolgen des goldenen Mittelwegs,[185] von dem Ikarus in seiner Hybris abwich und seine verdiente Strafe erhielt. Durch Verabsolutierung von Teilaspekten in der späteren Tradition sehen z. B. Manierismus und Frühbarock (mit Fortsetzung in der Postmoderne) den Absturz primär als sensationelles Geschehen, während seit dem Ende des 19. Jh.s Ikarus auch positiv als kühner jugendlicher Held aufgefasst wird. In der Moderne überwiegen dann politische Aspekte (speziell Karikatur, DDR-Kunst) bzw. technologische Kriterien (Grenzen der Technik/Hybris). In der Postmoderne schließlich ist die Tendenz zu weitgehender Reduzierung der inhaltlichen Substanz (z. T. verbunden mit reiner Ästhetisierung des Sujets) zu beobachten. Insgesamt ist das Thema in der modernen Kunst vielleicht der differenzierteste Metamorphosenstoff überhaupt, und dies, obwohl sich bei kontinuierlich nachlassendem Interesse an der Mythenerzählung das ikonographische Spektrum immer weiter reduziert.

a) Reduzierung des ikonographischen Spektrums

Neuerdings gibt es m.W. keine Belege mehr für Typ A (Bau der Flügel) und C (Flug vor dem Absturz). Die letzten Belege für Typ E (Trauer um Ikarus) finden sich in der ausgehenden Historienmalerei, z. B. in dem für heutigen Geschmack allzu idyllischen Gemälde *The Lament for Icarus* (c. 1898)[186] des victorianischen Malers Herbert James Draper, wo der abgestürzte junge Held (mit dunklem männlichem Inkarnat) von einer Dreiergruppe mehr oder weniger nackter Nymphen (mit extrem hellem Inkarnat) betrauert wird – nach dem Vorbild des toten Christus, ebenso wie in der zu Beginn des zweiten Weltkriegs entstandenen Marmorgruppe *Der letzte Flug* (c. 1940)[187] des bei den Machthabern der Zeit geschätzten österreichischen Bildhauers Josef Thorak, der in der Bergung eines toten Fliegerhelden durch eine mitleidvoll auf ihn herabblickende Frau nicht nur das christliche Motiv der *Pietà* aufnimmt, sondern auch nach einem Bildschema realisiert, in dem der mit dem Sonnenwagen seines Vaters Apollon abgestürzte Phaethon durch seine Mutter Klymene und die Heliadenschwestern (Met. 2, 233 ff.) betrauert wird, aber auch der nach dem Schmelzen seiner Flügel abgestürzte Ikarus durch seinen Vater Dädalus (Met. 8, 234 f.) bzw. die Küstennymphen Ikarias (Bildtradition).

(5/1) Das heroisierende Motto *magnis tamen excidit ausis* aus Ovids Phaethon-Geschichte (Met. 2, 328) war der genialischen Grundhaltung des europäischen Manierismus (2. Hälfte 16. Jh.) nicht weniger gemäß als dem sich über vorgegebene Konventionen zunehmend hinwegsetzenden (Un-) Geist der Moderne, sei es in seiner nationalistischen, sei es in seiner 'völkischen' Variante. Die moderne Heroisierung der Ikarusgestalt beginnt in der victorianischen Kunst des ausgehenden 19. Jh.s, im Gemälde *Daedalus and Icarus* (1869)[188] des Historienmalers Frederic Leighton, das den Sohn bei der Instruktion durch seinen greisen Vater eindeutig in den Vordergrund rückt, und in der Bronze *Icarus* des Bildhauers Alfred Gilbert (1882/84),[189] die – eine allgemeine Tendenz bei diesem und anderen Metamorphosenthemen in der Moderne vorwegnehmend – ausschließlich auf den übungshalber mit seinen Flügeln schlagenden Sohn reduziert. Weitere Belege bietet dann die wilhelminische Kunst, vor allem in der Bronze *Ikarus* (1917/18),[190] die Georg Kolbe, auch später in der Kunst des Dritten Reiches mehr als nur Mitläufer, als Entwurf für ein Fliegerdenkmal des ersten Weltkriegs in bemerkenswert moderner Formsprache gestaltete, wobei allerdings in dem zum Himmel erhobenen Blick und der pathetischen Geste des Scheiterns der heroisch-nationale Aspekt unübersehbar bleibt. Vermutlich entsprach dieser Tendenz später auch die von Arno Breker (vgl. 2/2) für die Luftkriegsschule Dresden geschaffene Skulptur *Ikarus* (1937).[191] Während des zweiten Weltkriegs übertragen dann die Monumentalgemälde *Nikitka der russische Ikarus* (1940)[192] und *Abschossenes Fliegeras* (1943)[193] des russisch-vaterländischen Künstlers Alexander Deinika den faschistisch heroisierten Ikarus in stalinistische Kunst – extreme Linke und Rechte berühren sich in der Ikonologie des Themas.

(5/2) Zu den letzten neueren Belegen von Typ B (Instruktion)[194] gehört das zu Beginn des zweiten Weltkriegs entstandene Gemälde *Ikarus* (c. 1940; **Tf. 12a**)[195] von Herbert Kampf, einem überzeugten Parteigänger der NS-Zeit. In einer für die Kunst des Dritten Reiches typischen Tendenz zu positiven, vitalen Mythenausdeutungen sucht das Bild dem alten Mythos durch den kühnen Aufflug des jugendlichen Helden mit seinen riesigen Flügeln einen ungewohnt positiven Aspekt abzugewinnen, wie er nach der ideologischen Vorgabe dem großen Lebensgefühl der neuen 'Erhebung' entsprechen soll (Motto: 'wer die Jugend hat, hat die Zukunft'). Nur der als niederkauernde Randfigur in Blick und Körpersprache eher zurückhaltende Dädalus (rechts; wohl auch Symbolfigur der in den Hintergrund tretenden älteren Generation) entspricht der ikonographischen Tradition des Themas, die überwiegend den Absturz des im Überschwang seines Fliegens leichtsinnigen Sohnes darstellt und den Mythos nach den literarischen Vorgaben durchweg als Musterbeispiel für das maßvolle Befolgen des goldenen Mittelwegs heranzieht. Hingegen symbolisiert Kampfs hochideologischer Entwurf in der großen Aktion des jugendlichen Helden die suggestiv beschworene Aufbruchstimmung der neuen 'völkischen' Bewegung.

b) Bildentwürfe von 'Klassikern der Moderne'

(5/3ab) Insgesamt konzentriert sich die Kunst der Moderne auf Grundtyp D (Sturz des Ikarus), wobei sie überwiegend (und vielfach ausschließlich) den unglücklichen Sohn als 'tragische' Hauptperson in den Vordergrund rückt. Diese schon in der früheren Kunsttradition dominierende Variante wird von einigen 'Klassikern der Moderne' eher konventionell behandelt. Dabei konzentiert sich Henri Matisse, als er, schon teilweise erblindet, den Mythos in seiner Farblithographie *Icare* (1943; **Tf. 12b**)[196] ohne erzählerische Elemente, mit ausgeprägter Reduzierung in wenigen Flächen und Linien, Geraden, Kurven und zackigen Strukturen auf insgesamt 5 Farben realisiert, ausschließlich auf die Titelfigur, die als schemenhafter weißer Umriss, den Kopf nach oben, mit stummelartigen Armen und Beinen im der leicht diagonalen schwarzen Mittelzone schwankt, über sich einen zackigen gelben Stern (wie ihn die beiden mittelblauen Außenzonen des insgesamt triptychonartigen Entwurfs links noch drei- bzw. rechts zweimal enthalten), in der Brust eine zackiges rotes Herz, wohl Symbol des traditonell thymetischen Aspekt jugendlicher Kühnheit und Verwegenheit. – Die bekanntere späte Scherenschnitt-Collage gleichen Titels (1947)[197] reduziert die Gestaltungsmittel weiter (nur noch eine Zone), ebenso das Farbspektrum (nur noch 4 Farben): dominierend das Taumeln der großen schwarzen Gestalt, die, mit ihren Arm- und Beinstummeln ähnlich schemenhaft, vor dem einheitlich dunkelblauen Firmament mit sechs gelben Zackensternen herabstürzt, den Kopf oben zwischen den vergeblich ausgestrecken Armen zur anderen Seite geneigt; das rote Herz ist nur noch ein kleiner runder Kreis.

(5/4) Weitaus komplexer wird der Mythos behandelt in dem Gemälde *Abstürzender* (1950; **Tf. 13a**)[198] des großen deutschen Expressionisten Max Beckmann (vgl. 3/9), einem der letzten Bilder, das der Künstler am Ende der Odyssee seiner letzten Lebensjahre, nach der Übersiedlung in die USA, in der neuen Wahlheimat malte. Nach Beckmanns Tagebucheinträgen zog sich die Arbeit an diesem wichtigen Spätwerk als ein intensives Ringen nicht nur mit dem mythischen Thema über fast zwei Monate hin (November 1949 – Januar 1950).[199] Eindeutiger Blickfang mit der steil abfallenden Diagonale ist auch hier die Titelfigur, die, mit übergroßen Extremitäten etwas unförmig in Rückenansicht wiedergegeben, nackt bis auf einen schmalen grünen Umhang, der um die Hüften nach oben/hinten weht, mit nach vorn ausgestreckten, etwas angewinkelten Armen und hilflos verkrampfenden Händen, leicht auseinandergespreizten Beinen und abgewinkelt ausgestellten Füßen, kopfüber in die Tiefe stürzt, direkt in Richtung eines runden bräunlichen Beets mit drei großen Kelchblüten – ambivalentes Symbol des pflanzlich Vergänglichen wie des erdhaft Beständigen. Der weite hellblaue Hintergrund bietet eine seltsame Mischung aus Himmel (mit einem gelben Vogel neben dem linken Arm des Stürzenden und weißgrauen Wolken um seine Beine herum) und Meer (mit Fischen und einem grünbraunen, nuss-schalenartigen Boot, in dem verschiedene Personen stehen, vorn ein nackter Mann in Rückenansicht, dahinter zwei geflügelte Wesen).
Den Rahmen des Absturzes bildet auf der rechten Seite ein höheres, etwa bis zu 3/5 der Bildhöhe emporragendes Gebäude mit rotbrauner Ziegelsteinfassade und einem großen, von dunkelbraunen Rippen unterbrochenen Fenster, das Durchblick gibt auf ein diffuses farbintensives Interieur (mit warmen Gelb- und Rottönen wie von einem Kaminfeuer unten und einem grünen, vorhangartig herabhängenden Gebilde oben). Diesem Gebäude entspricht auf der linken Seite ein über den oberen Bildrand hinausragen-

des Hochhaus mit gelblicher Fassade, die durchbrochen ist unten von einer Tür mit Treppe (?), oben von mehreren übereinanderliegenden Fenstern, aus denen Flammen herausschlagen, die den wolkenartigen Rauch in der oberen Bildhälfte nähren. Das bogenförmige braunschwarze Gebilde am linken Bildrand ist entweder ein in perspektivisch verkürzender Aufsicht von oben wiedergegebenes Balkongeländer oder (m.E. wahrscheinlicher) ein großes Rad (in der älteren Bildtradition Attribut der Göttin Fortuna und Symbol wechselnden Geschicks, neuerdings auch ambivalentes Symbol technischen Fortschritts). Insgesamt wirkt das Bild als Ganzes eher bedrohlich: der steile Absturz der Titelfigur in schwindelnde Tiefe als Symbol einer menschlichen Urangst, die brennende Hochhauskulisse links mit Feuer und Rauch. In seltsamem Gegensatz dazu steht allerdings die im Ganzen wie in Details an Chagall erinnernde Heiterkeit der unteren Hintergrundzone: die Leichtigkeit des fliegenden gelben Vogels und der schwimmenden Fische, das erdenthobene Schweben des Bootes mit seiner rätselhaften Besatzung.

Wesentliche weitere Anhaltspunkte geben zwei Bildkommentare des Künstlers selbst, referiert durch seine Frau Quappi: „Das Bild 'falling man' ist nicht Ikarus, sondern der Mensch, der auf die Erde verurteilt ist zu fallen und dort zu leben – auf die Erde mit ihren Schrecknissen und Schönheiten – herausgeworfen aus dem Traumschiff, in dem die Engel weiterziehen.“ Und ausführlicher im Grundsätzlichen wie zu den Details: „Der Abstürzende … ist das Symbol für den Menschen, der zur Erde stürzt, um wiedergeboren zu werden, noch einmal ein Leben als Mensch auf diesem Planeten zu führen und den Umgang mit Gut und Böse zu lernen. Das Gute und das Schöne sind in diesem Gemälde durch Blumen auf der Erde und auch im Haus rechts symbolisiert. Das Böse und die Erfahrung des Schrecklichen werden durch die Flammen, die aus dem Haus auf der linken Seite schlagen und sich mit den Wolken mischen, dargestellt. Der Hintergrund des Gemäldes zeigt den kosmischen Himmelsraum. Die geflügelten Gestalten im Boot sind Engelwesen, die den Abstürzenden aus dem Boot seiner Phantasie geworfen haben, das den unendlichen, durch das Blau des Himmels dargestellten Raum durchfährt … Die Blumen am Boden malte Beckmann absichtlich übergroß, weil für den Abstürzenden der Boden zu steigen scheint …“[200]

Danach nimmt Beckmann das Schema des stürzenden Ikarus als Aufhänger für einen komplexen Bildsinn, der wesentlich bestimmt ist durch das ambivalente Spannungsverhältnis zwischen Todesfurcht (speziell in der Identifikationsfigur des 'Abstürzenden') und Hoffnung auf Erlösung (in dem eindeutig benannten Detail der Engelsbarke), zwischen Verunsicherung und Existenzangst einerseits (vielleicht auch angesichts Befremdlichkeit und Bedrohlichkeit des neuen Lebensraumes New York), Todessehnsucht und Lebenssattheit andererseits (bei den schwierigen Voraussetzungen dieser letzten Schaffensphase). „Leben, Tod und Erlösung erscheinen als unlösbare Einheit, der Aufstieg des Ikarus bis zur Sonne und sein Fall, Sturz in den Tod und Auferstehung sind hier identisch geworden ... Nur ganz wenige Bilder Beckmanns weisen eine solche Kraft der Synthese auf."[201] Im Verhältnis zu früheren Entwürfen des Künstlers mit mythischer Thematik erscheint hier alles recht verschlüsselt, in hohem Maße von Beckmanns subjektiver Wahrnehmung und assoziativer Gestaltung geprägt, letztlich dem Bildbetracher nur begrenzt zugänglich und nachvollziehbar.

(5/5) Unmittelbar auf Beckmanns Spätwerk bezieht sich – allerdings ohne die Komplexität des 'Vor-Bildes' – Wolfgang Mattheuer (vgl. 2/6) mit dem frühesten seiner Ikarus-Entwürfe, dem auch vom Titel her entsprechenden Gemälde *Stürzender* (1970; **Tf. 13b**).[202] Auch hier dominiert die übergroße Titelfigur, die allerdings in Vorderansicht, vollständig und korrekt bekleidet, den in den Nacken gelegten Kopf mit dem weitgeöffneten schreienden Mund voraus, die Hände und Beine in freiem Fall fast unnatürlich nach oben gerichtet, vor weitem leerem Hintergrund in eine unabsehbare Tiefe stürzt. Der schmale Ausschnitt des über das Bild hinausreichenden hohen Gebäudes links (mit Wendeltreppe, auf der ganz oben ein einzelner Beobachter steht) verstärkt den beunruhigenden Gesamteindruck der Weite des Raumes; dass der Künstler auch hier in der haltlos stürzenden Gestalt eine Identifikationsfigur findet, ist angesichts der Intensität seiner späteren Auseinandersetzung mit dem Thema zu vermuten. Das Fehlen zusätzlicher Details, speziell auf der rechten Seite und im Hintergrund, entspricht der Tendenz zur Konzentration auf das Wesentliche in Mattheuers Frühwerk. – Als Selbstzitat erscheint die stürzende Figur noch einmal in Mattheuers Gemälde *Kein Ende, irgendwann ...?* (1987),[203] einem der letzten Ikarus-Entwürfe des Künstlers und in seinem chaotischen Grundcharakter, als Massenszene des Aufruhrs unmittelbar neben der 'Mauer', sicher einem der dramatischsten.

(5/6) Mit dem monumentalen Wandgemälde *La chute d' Icare* (1958)[204] im Pariser Palais UNESCO behandelt Pablo Picasso (vgl. 3/12) das Thema mit großen künstlerischen Freiheiten in textferner Eigenständigkeit. Nachdem Ikarus die helle Zone der Sonne (oben) berührt hat, stürzt er, eine grotesk verzerrte Gestalt ohne Brust und Bauch, deren spinnenartige weißliche Arme und Beine, im Sturz weit ausgebreitet, von einem schwarzen Rahmen umgeben sind, kopfüber in die intensive Bläue des Meeres ab, auf der linken Seite beobachtet von einem nur rudimentär dargestellten weiblichen Wesen, auf der rechten Seite von einer großen, deutlich herausgearbeiteten, eher männlichen Vertikalgestalt mit großem rundem Kopf, die, auf einer großen mittelbraunen Küstenformation stehend, mit vor dem Körper verschränkten Händen den Absturz verfolgt (Dädalus oder ein weiterer Zuschauer?). Daneben lagern in hellbrauner Flächigkeit zwei weitere nicht näher fixierbare Gestalten: die obere entspannt auf dem breiten Rücken liegend, den Kopf im Nacken, die Oberschenkel zum Himmel aufgestellt; die andere ganz flach in der Horizontale ruhend, mit aufgerichtetem Oberkörper und im Zuschauen erhobenem Kopf. Die eigenartige Gestaltung des Titelhelden soll nach dem Muster einer aus Papier gefaltenen Schwalbe gestaltet sein; die stilistisch uneinheitliche, z.T. postkubistische Formsprache und die mangelnde personale Konkretisierung (von Ikarus abgesehen) begrenzen die Verwendbarkeit des Entwurfes im Unterricht.

(5/7) Ein weiterer 'Klassiker der modernen Malerei', Marc Chagall, der sich erst in seinem Spätwerk intensiver mit Themen griechischer Mythen beschäftigt, realisiert das Ovidthema in seinem Gemälde *La chute d' Icare* (1975; **Tf. 14a**)[205] mit einer ganz persönlichen Note: als eine Art Drahtseilakt mit tödlichem Ausgang in ländlicher Volksfest-Atmosphäre eines jiddischen Städel in der russischen Provinz (der Künstler stammt bekanntlich aus Witebsk). Zwischen dem gitterartigen Netzwerk der blassgrauen Sonne links und emporlodernden hellen Flammenzungen rechts scheint der Körper der Titelfigur, teils in Horizontale, teils in Vertikale, für einen Augenblick in der Luft zu stehen. Doch die dunklen, steil nach oben nachgebenden Flügel, der nach unten abknickende Oberkörper und der umsonst im Rahmen der Arme geschützte Kopf nehmen den Absturz in das rötlichbraune, weitgehend von Beobachtern freie Mittelsegment vorweg; entsprechend die teils gleichgültigen, teils lebhaften Reaktionen der vor, zwischen und auf ihren kleinen grauen Hütten das Spektakel beobachtenden Zuschauer. Abgesehen von dem stark persönlich bestimmten Provinzambiente und einer angesichts der Dramatik des Geschehens eher unangemessenen, fast kindhaften Heiterkeit, ist die Behandlung des Themas auch hier ganz konventionell; die Reduzierung ausschließlich auf Ikarus liegt im modernen Trend.

c) Risiken der Technik

(5/8) Als Reaktion auf die immer kompliziertere technologische Entwicklung wird das Thema etwa seit 1960[206] zunehmend integriert in Rahmen und Vorstellungen der modernen Welt als warnendes Beispiel für die immer weniger kalkulierbaren Risiken einer letztlich nicht völlig beherrschbaren Technik. Das in der Tradition der Phantastischen Malerei stehende Gemälde *Der Sturz des Ikarus* (1960)[207] des eigenwilligen deutschen Malers Franz Radziwill, Reflex auf die ersten Raumfahrtexperimente Ende der fünfziger Jahre, vereint collageartig verschiedenste Einzelelemente zu

einem auf den ersten Blick recht heterogenen Ensemble. Die Titelfigur, auch hier eher Aufhänger als Hauptsache des Bildes, liegt nach dem Absturz im Vordergrund als jugendlich nackte, eindeutig feminine Gestalt in Rückenlage auf einem flachen Ufersaum, neben sich einen weißen intakten Flügel; der andere, versengt von der Glut der Sonne, verdeckt ihren Kopf (oder ist sie vom Absturz schon kopflos?). Links hinter ihr ragt eine Felsformation auf, an der ein Boot (mit Mast, Segel und bekrönendem Wimpel) aufgelaufen ist. Ihm entspricht im zentralen Hintergrund, weit draußen auf bedrohlich dunklem Meer, zwischen einem finsteren, steil abfallenden Bergmassiv links und einer niedrigen dunkelbraunen Felsküste rechts, die imponierende Silhouette eines Ozean-Liners mit schwarzem Rumpf, weißen Aufbauten und rotem Schornstein – man denkt gleich an die dem Untergang geweihte Titanic. Der seltsam helle Hintergrund assoziert einerseits im Blick auf das Schiff die Vorstellung eines Eisbergs, andererseits zusammen mit der hoch oben stehenden, kleinen Scheibe des Mondes und den ziehenden Wolkenfetzen die Vorstellung eines betongrauen Firmaments, durch das allerdings (seit der Aktion des ersten mythischen Fliegers) gleichsam ein Riss geht. Weiter rechts scheint der Himmel schon wie ein Vorhang weggezogen, so dass sich die pechschwarze Finsternis des unendlichen Weltalls auftut; die Sonne, im Mythos Auslöser für den Sturz des Ikarus, steht bedrohlich wie ein eschatologisches Symbol als große gelbe Scheibe, von einem orangefabenen Innen- und einem eisgrauen Außenhof umgeben, nur zur Hälfte sichtbar am rechten Bildrand.
Das komplexe Gemälde variiert das Grundmotiv von Wagnis, Gefährdung und Scheitern an drei Einzelbeispielen aus Mythos (Ikarus), ferner und näherer Vergangenheit (Segelboot/Titanic); das vierte aus aktueller Gegenwart, der Anlass des Gemäldes, lässt sich unschwer ergänzen. Das wichtige Detail der auf einem Steg am Wasser aufgestellten weiß-roten Messlatte gibt den Schlüssel der Deutung: entscheidend war immer schon das rechte Augenmaß beim Finden des Mittelweges zwischen Kühnheit und Leichtsinn, Wagemut und Gefährdung. Bei der Dominanz der düsteren unheilvollen Gesamtatmosphäre scheint der Künstler allerdings eher Pessimist. Aus Ikarus wird Ikara; mit ihr stirbt – abgesehen von dem winzigen Hoffnungsschimmer des kleinen grünen Zweigs am äußersten Ende des Risses im Firmament – der letzte Rest natürlichen Lebens im Bild, die letzte Möglichkeit von Fortpflanzung (die Frau als Basis menschlicher Existenz), die letzte Perspektive von Weiterleben auf einer unmenschlich gewordenen Erde – Resultat technologischer Hybris.

(5/9) Das farblich wie kompositionell eindrucksvolle Gemälde *Stürzende Figur* (1964)[208] des englischen Pop Art-Künstlers Allen Jones steht einerseits in der langen Tradition vom Sturz des Ikarus; andererseits bezieht es sich auf die archetypische Urangst des Menschen vor einem Fall ins

Bodenlose, wie sie z. B. auch Beckmanns und Mattheuers Gemälde (Belege 5/4–5) beschwören. Realisiert ist diese Grundidee im Großformat sowie postmoderner Flächigkeit und Farbigkeit mit dem konkreten Vorgang, wie hinter einer schwarzen Raumkapsel (unten am Bildrand; einziges klar konturiertes, geometrisch exakt strukturiertes Element im Bild), die aus der gleißend gelben Helligkeit der oberen Himmelszone mit bogenförmig rotem Feuerschweif explodierend abstürzt, zugleich eine in diffusen Formen und Farben zerfallende menschliche Gestalt mit nach vorn ausgestreckten Armen kopfüber in die blaue Meerestiefe eintaucht (cf Met. 8, 229 f.). Dominierend das souveräne Erfassen der Raumtiefe, der Dynamik der Bewegung sowie der Auflösung der Strukturen; Kurzkommentar meiner Söhne: '*Hat was.*'

(5/10a) Besonders ausgeprägt wird dieser Aspekt in der DDR-Kunst, die sich nach dem politischen Wechsel im ZK von Walter Ulbricht zu Erich Honecker und den Beschlüssen des SED-Parteitags 1971 zunehmend wieder traditionellen Themen zuwandte. In der eher konstruktiven Mittelphase bis zum Ende der siebziger Jahre befassten sich gleich zwei Künstler aus der führenden 'Viererbande'[209] intensiv mit der Ikarus-Thematik. Dabei sind die inhaltlich anspruchsvollen Entwürfe von Bernhard Heisig in der collageartigen Zusammensetzung und dem ganz diffusen Stil, der sich am Expressionismus, speziell am Spätwerk Corinths und an Kokoschka orientiert, für die schulische Visualisierung des Themas auf den ersten Blick nur bedingt geeignet, auf den zweiten Blick aber ungemein interessant.
Im Anschluss an erste Entwürfe zum Thema (zwischen 1966 und 1972) entstand das Gemälde *Ikarus – Schwierigkeiten beim Suchen nach Wahrheit* (1973; **Tf. 15**),[210] in dem oben links die riesige gelbe Scheibe der Sonne weitgehend verdeckt wird einerseits unmittelbar durch einen bläulichen, in die Tiefe abstürzenden Doppeldecker aus dem ersten Weltkrieg, andererseits nach rechts durch die feldgrauen Flügel eines zweiten Doppeldeckers (mit deutschem Hoheitszeichen; oben am Bildrand die silberglänzende Nase). Aus dem explodierenden, in Rauch und Feuer aufgehenden Flugzeug wird – nur schwer erkennbar – eine dunkle menschliche Gestalt herausgeschleudert, der Pilot, der wohl im Fallen die mythische Titelfigur mit sich in die Tiefe reißen wird, die unmittelbar darunter auf grauweißen Schwingen noch halbwegs sicher horizontal durch den Luftraum fliegt, mit erhobenem Kopf und einem seltsamen Ansatz von Vogelfüßen. Dass auch hier das relativ klein dargestellte mythische Element nur Aufhänger ist, zeigt der komplexe Kontext: gleich rechts davon schwebt schemenhaft in leichter Schieflage vor einem eschatologisch glutroten Himmel mit schwärzlich horizontalen Wolkenbänken eine blasse Mongolfiere (als Detail des 18. Jh.s), ebenso Symbol von Grenzüberschreitung, Risiko und Gefahr des Scheiterns wie gleich darunter vor grünblauer

Gebirgsküste die sich mit dem bräunlichen Heck aufbäumende, in der weißbläulichen Meeresflut versinkende Handelskogge (als Detail des 15./16. Jh.s). Als Ergänzung folgt in der rechten oberen Bildecke ein weiteres Symbol des Scheiterns: der mit seinen offenen Rippen und Flanken hoch in die Himmelsglut hineinragende Turmbau von Babel (als Detail der Frühgeschichte).
Nur noch entfernt in Verbindung mit der mythischen Titelfigur, dafür um so enger mit dem Untertitel steht der nicht minder detailreiche Vordergrund. Dessen linkes Drittel wird ganz eingenommen von der in Vorderaufsicht von unten gegebenen, mit langem dunklen Mantel gravitätisch auf kantigem Denkmalspodest thronenden Gestalt des russischen Ahnherrn der Raumfahrtforschung, Konstantin Eduardowitsch Ziolkowski (die Identität ist durch Sockelbeischrift in einer Vorfassung gesichert). Den mächtigen Kopf mit den wirren langen grauen Haaren in den Nacken gelegt, das volle Gesicht mit breitem Mund und markanten Nasenflügeln zum Himmel erhoben, weist der Wissenschaftler mit großer Geste seiner steil erhobenen Linken, den Daumen und den übergroßen Zeigefinger auseinandergespreizt, warnend auf die fatale Konfiguration über ihm, während in der Rechten auf seinem Schoß eine große goldfarbene Kugel ruht (wohl positives Symbol für Reichtum an technologischem Wissen und Erkennen).
Ähnlich dominierend im rechten Bilddrittel, in unmittelbarer Nachbarschaft zum Turmbau von Babel, ist die aufrecht stehende, nur im Oberkörper sichtbare Gegenfigur eines hohen kirchlichen Würdenträgers ('Mittelalter'), Kardinal oder Papst (mit rotem Gewand und goldener, mitraartiger Kopfbedeckung), der die Hände vors Gesicht erhebt, entweder abwehrend, weil er das Geschehen in seinem Blickfeld oben links nicht wahrhaben will, oder eher, indem er im Widerstreit zwischen Kirchenlehre und Naturerkenntnis die Augen vor der wissenschaftlichen Wahrheit verschließt (dabei assoziiert der rote, unmittelbar neben ihm stehende Ketzerturm mit entsprechender Aufschrift die Inquisitionsfälle eines Giordano Bruno oder Galileo Galilei). Die übrigen Gestalten im Vordergrund ergänzen den Untertitel des Bildes um weitere Teilaspekte: der relativ blasse Kopf eines nachdenklichen älteren Mannes in der Bildecke unten rechts mit einem Buch in der erhobenen Hand (Symbol von Wissen und Erkenntnis); weiter zur Mitte hin das halb im Schatten liegende Gesicht einer jungen Frau mit langen blonden Haaren, die mit weitgeöffneten Augen wie gebannt auf die hell brennende Kerze in ihrer Hand schaut (Symbol von Klarheit und Wahrheit); schließlich im Bildzentrum eine ganz heterogene Dreiergruppierung.
Ganz vorn erkennt man Brust und Kopf eines Soldaten, wohl Giftgasopfer im ersten Weltkrieg, von dessen Gesicht unter dem grauen Stahlhelm nur Mund, Nase und die mit weißer Klappe und schwarzem Band verdeckten

Augen erkennbar sind (Symbol konkreter Blindheit). Rechts hinter ihm schauen die von weißem Hemd und schwarzem Schlips gezierte feiste Halspartie und der dicke rundliche Glatzkopf eines fetten älteren Mannes heraus (Typ 'Inflationszeit-Kapitalist' aus Bildern von Otto Dix und George Grosz), der mit selbstgefälligem Blick seiner großen, deutlich zur Seite gerichteten Augen, wohl ohne recht zu begreifen, was da vorgeht, die Ereignisse über ihm am Himmel verfolgt (Symbol bornierter Blindheit). Genau im Bildzentrum steht schließlich, nur teilweise sichtbar, ein Maler mit schwarzgesäumter hoher roter Kopfbedeckung und blauem Kittel, trotz der physiognomischen Ähnlichkeit mit Salvador Dalí wohl Identifikationsfigur des Künstlers selbst, und malt, den Blick im direkten Dialog zum Bildbetrachter zurückgewandt, mit dem Pinsel in seiner Rechten ein großes Fragezeichen auf die vor ihm stehende Leinwand – Bestätigung des Untertitels eines Bildes, das insgesamt Spiegel einer zutiefst verunsicherten Welt voller Gefährdung und Scheitern ist (mythisches Symbol: Ikarus).

(5/10b) Für den DDR-Prestigebau schlechthin in den siebziger Jahren, den Palast der Republik in Berlin-Ost, wurde Heisig zusammen mit anderen Künstlern bei der Ausmalung der riesigen Wände herangezogen. Während sein Malerkollege Werner Tübke zu diesem Anlass ein mehrteiliges Monumentalgemälde unter dem systemkonform positiven, an das berühmte Zitat des Sophisten Protagoras anschließenden Titel *Der Mensch – Maß aller Dinge* vorlegte, besaß Heisig die Kühnheit, wesentliche Elemente des Gemäldes von 1973 in seinem neuen Monumentalentwurf *Ikarus* zu präsentieren (1975; **FTf. 2b**).[211] Entsprechend der Konzentration im Titel dominiert nun im Zentrum der aus drei Einzeltafeln zusammengesetzten Gesamtkomposition die helle, bis auf die dunklen Haare ganz in cremefarbenem Weiß gehaltene mythische Titelfigur, die, beide Arme mit den großen durchsichtigen Flügeln horizontal ausgestreckt, mit diagonal nachhängendem Körper noch halbwegs sicher den weiten Luftraum durchmisst. Allerdings geht Ikarus' Blick zur Seite, in Richtung der rechten Bildhälfte, in der die weite blaue Fläche des tief unten liegenden Meeres dominiert, in dessen Mitte ein gravitätischer Zweimaster mit vom Wind geblähten, großen roten Segeln schwimmt – zweifellos Reminiszenz an den Zweimaster in der rechten Bildhälfte des berühmten Gemäldes *Der Sturz des Ikarus* (1567) von Pieter Brueghel d.Ä.[212] Darüber schwebt am oberen Bildrand in leichter Schieflage eine rötliche Mongolfiere (Zitat aus der Vorfassung), weiter rechts mit großen Schwingen (in der Farbe des Doppeldeckers links) in kraftvollem Vorwärtsflug der repräsentative Reichsadler der Kaiserzeit, zu dessen Füßen in der Tiefe, hinten auf der schmalen länglichen Insel, Krieg, Feuersbrunst und Zerstörung herrschen, während im vorderen Teil eine unübersehbare Heerschar mit großen bunten Fahnen über die hohe Kante in den schwarzen Abgrund stürzt, wie Lemminge

über die Klippe oder deutschen Soldaten 1914 in den Tod fürs Vaterland (symbolisiert auch durch die beiden Totenköpfe am unteren Bildrand).[213]
In der rechten unteren Bildecke steht ein schroffer kahler Felskegel, auf dem – nach dem Vorbild der monumentalen Christusstatue auf dem Corcovado oberhalb von Rio de Janeiro – eine helle Vertikalgestalt mit ausgebreiteten Armen die an ihnen befestigten Flügel bewegt – wohl Dädalus, zu dem dann der unsichere Seitenblick des vorausfliegenden Sohnes zurückgeht. Auf dessen drohenden Absturz weisen nur die unsicher angewinkelten Beine und kleine Divergenzen zwischen linker und rechter Flügelstellung, außerdem das warnende Parallelbeispiel am linken oberen Bildrand, das nun viel größer und deutlicher gestaltet ist als in der Vorlage: der graue Wehrmachts-Doppeldecker, dessen rechte Flanke in rot-weißen Flammenzungen explodiert und aus dem unmittelbar hinter Ikarus' rechtem Flügel, doch wohl ohne ihn mitzureißen, der Pilot in schwarzer Fliegermontur in die Tiefe stürzt, mit verzerrtem Gesicht und weit aufgerissenem Mund, in schrecklich verdrehter Körperhaltung dem Bildbetrachter zugewandt, die Beine nach oben und den Kopf nach unten, den rechten Arm haltsuchend nach Ikarus ausstreckend, der, den Kopf in Gegenrichtung abgewandt, von alledem nichts mitbekommt.
Tief unter Ikarus am unteren Bildrand erscheinen Bilddetails der Vorlage: der Kleriker, der sich die Augen zuhält, und sein Ketzerturm; der blinde Weltkriegssoldat, der feiste Inflations-Kapitalist und der Maler des großen Fragezeichens (das Zentralthema der Vorlage, nun unter 'ferner liefen'); links über ihnen, weitgehend verdeckt, der Turmbau zu Babel (hier als grottenartiges Labyrinth). Im linken Bilddrittel kommen neue Details hinzu: eine sich genüsslich räkelnde nackte Frau (Typ Venus/Voluptas); ein jüngerer Mann mit blauroter Uniformmütze und blauem Soldatenmantel, der mit entschiedener Physiognomie und weit vorgestrecker Rechter agitiert (Typ Karl Liebknecht); ganz unten in der linken Ecke ein alter Mann, der versunken vor einem Globus sitzt (Typ Leonardo da Vinci); schließlich ganz am linken Bildrand eine wichtige Entsprechung zur Zentralfigur Ikarus aus der Gegenwart, ein russischer Kosmonaut mit großem Weltraumhelm (das Gesicht im Fensterausschnitt erinnert an Ziolkowski aus der Vorlage, die grüßend erhobene Rechte variiert dessen warnende Geste nach oben). Dieses Detail ist um so bemerkenswerter, als unter den Vorzeichnungen (1975)[214] sogar einmal der rote Stern (als Hoheitszeichen der UdSSR) auftaucht: Heisig artikuliert seine Warnung vor technologischer Hybris und blindem Fortschrittsglauben mit bemerkenswerter geistiger und künstlerischer Autonomie im Allerheiligsten der Republik.

(5/10c) Zwei Jahre später entstanden die beiden fast identischen Varianten *Der kleine Katastrophenfilm* (1977–85 bzw. 1977/78),[215] die zusätzlich den Aspekt der Medien ins Spiel bringen. Auch das Gemälde *Lob der gelegentlichen Unvernunft* (1978/79) orientiert sich in den Bilddetails und der warnenden Gesamttendenz an den besprochenen Entwürfen;[216] desgleichen die zwei fast identischen Varianten mit dem Titel *Der sterbende Ikarus* (1978/79 bzw. 1979; **Tf. 16a**),[217] die sich als Abschluss dieser großen Serie in beeindruckender Drastik und kruder Farbgebung noch stärker auf die Darstellung der abstürzenden Gestalt konzentrieren. Nachdem Ikarus der Sonne (als große, fast ganz sichtbare gelbe Scheibe am oberen Bildrand) zu nahe kam, liegt er, im Anschluss an Ikarus-, Phaethon- und Ixion-Entwürfe des niederländischen Manierismus (Cornelis van Haarlem/ Hendrick Goltzius 1588)[218] fast bildfüllend, mit ganz fahlem Inkarnat, die schon herabsinkenden Flügel noch an den Armen, in höchst labiler Rückenlage in der Luft, den Kopf im Nacken, mit verzerrt geöffnetem Mund (wie Mattheuers *Stürzender*; vgl. 4/6) – in der Leidensintensität des Todeskampfes sowohl mit dem Bildtyp des am Kreuze sterbenden Christus vergleichbar wie auch mit Entwürfen des geschundenen Marsyas von Alfred Hrdlicka (dazu 8/13). Gegenüber dieser Gestalt des Grauens treten – mit Ausnahme des auffallend groß im Hintergrund hervorgehobenen Turmbaus zu Babel (als zweitem Hybris-Symbol) – die übrigen Bilddetails noch weiter zurück: rechts die Insel des Krieges aus dem Entwurf 1975, unten links der repräsentative Ziolkowski (mit Kugel in der Rechten und der warnend nach oben weisenden Linken) aus dem Entwurf 1973, aus dem ebenfalls Kleriker mit Ketzerturm, blonde Frau mit Kerze und die Dreiergruppe Soldat-Kapitalist-Maler am unteren Bildrand übernommen sind. Ikarus' Schicksal ergibt sich hier eindeutig als Strafe für Hybris; allerdings könnte gerade diese erschütternde Darstellung seines Leidens Mattheuer angeregt haben zu seinen systemkritischen Entwürfen (ab 1979, Belege 5/14 ff.). – Heisigs spätere Ikarus-Bilder (ab 1985) beschränken sich im Wesentlichen auf Zitate des in den früheren Gemälden verwendeten Grundschemas, was schon Bildtitel wie *Atelier mit Ikarus* (1985)[219] und *Geburtstagsstilleben mit Ikarus* (1985)[220] nahe legen. Zu letzterem Bild bietet Mattheuers Gemälde *Silvester-Stilleben mit Ikarus* (1987/88)[221] eine interessante Entsprechung, mit dem Unterschied, dass Heisigs Gemälde zum Thema nie primär systemkritisch waren.

(5/11abc) Im Anschluss an Heisigs erste Entwürfe und unter dem Eindruck der ersten spektakulären Raumfahrtunfälle in den siebziger Jahren widmete Wolfgang Mattheuer (vgl. 2/6, 5/5) dem Thema drei Bilder mit zunehmend düsterem Grundcharakter. Als frühestes bietet das Gemälde *Talsperre Pöhl mit Sturz des Ikarus* (1975)[222] noch eine helle offene Landschaft mit etwa durch die Bildmitte verlaufender Horizontlinie. Dominierend ist die lichte Weite des Firmaments und die gelbrote Glut der sinkenden Abendsonne; darunter liegt eine schmale dunkle Zone durchweg bewaldeter flacher Kuppen, das schmale helle, von links nach rechts verlaufende Band der spiegelglatten Wasserfläche und – noch weiter im Vordergrund – eine weite Acker- und Wiesenaue (mit einer niedrigen Reihe von Straßenbäumen im Ufernähe) sowie ein dunkler Buschgürtel am unteren Bildrand. Die Harmonie dieser großen Landschaft wird kaum beeinträchtigt durch das seltsame dunkle Gebilde im Zentrum, rechts von der Sonne, eine Mischung aus abstürzendem Vogel und herabfallender Raumkapsel. – Der Entwurf *Der Sturz des Ikarus I* (1976; **Tf. 14b**)[223] zeigt unten im Vordergrund als Blickfang ein ähnliches Mischgebilde aus haltlos abstürzendem bläulichem Satellit (mit nach oben ragendem, ausgebranntem Raketenantrieb) und rücklings nach unten stürzender Möwe (mit weißem Hals), nun vor der bräunlichschwarzen Tiefe einer weiten dunklen Landschaft mit Straßen- und Wegenetz sowie Autobahnkreuz im Bildzentrum, einer größeren Stadt am rechten Bildrand und einem sich durch die linke Bildhälfte schlängelnden Flussband. Das Unwetter im linken Bildhintergrund verstärkt den bedrohlichen Gesamteindruck des unausweichlichen *crash*. – Das Gemälde *Der Sturz des Ikarus II* (1978)[224] erfasst in einer Nachtszene den steilen senkrechten Absturz der metallisch schimmernden Weltraumkapsel (rechts ein noch intakter Vogelflügel, links ein verkohltes Flügelgerippe) aus der lichten Weite des Himmelsraums (angedeutet durch den hellen Streifen am oberen Bildrand) in die dunkle Tiefe einer Flusslandschaft; parallel zu der schwachen Lichterkette rechts unten verläuft ein eigenartiger Flammenstreif diagonal über den ganzen Nachthimmel. Die Unterseite der Kapsel bildet ein runder tiefblauer Helm, durch dessen schmales Sichtfenster das starre unbewegte Gesicht des mit seiner Kapsel abstürzenden Kosmonauten herausschaut – in nicht nachvollziehbarer Seitenlage.

(5/12) Der amerikanische Post-Surrealist John Albert Armstrong beschwört in seinem Gemälde *Icarus* (1982)[225] die Vision einer globalen Katastrophe als Konsequenz technologischer Fehlentwicklung: die Welt bleibt zurück als weite einförmige Ebene ohne jede Spur menschlichen Lebens unter einem hohen glasgrünen Himmel mit papierfetzenartigen Wolkengebilden. Zu den letzten Resten menschlicher Zivilisation gehört links eine niedriges Mauerfragment aus großen Quadern, über dem ein goldfarbenes Tuch liegt. Aus dieser rudimentären Basis erhebt sich ein bizarres weißes Gerippe, dessen Umriss an die Silhouette des Berliner Luftbrückendenkmals erinnert. Im Vordergrund, auf einem weißen Stab fixiert, steht ein seltsamer Globus, Mischung aus Tischtennisball und rundem Ei, hohl mit noch intakter Innenverstrebung und zunehmend absplitternder Außenhaut – wohl Symbol der zunehmend ramponierten Erde. Der mythische Name als Bildtitel weist auf das Missverhältnis zwischen technischem Fortschritt und realer Destruktion: Ikarus wird zum Symbol einer Katastrophe kosmischen Ausmaßes, wie im Mythos das Parallelthema Phaethon (Met. 2, 227 ff.).

(5/13) Zu den ebenso seltenen wie präzisen neueren Ikarus-Karikaturen[226] gehört Brigitte Schneiders Entwurf *Nasa-Ikarus* (1986),[227] entstanden unmittelbar nach der bisher größten Raumfahrt-Katastrophe, der Explosion der amerikanischen Raumfähre Challenger mit der Besatzung von sechs Männern und einer Frau etwa eine halbe Minute nach dem Start von Cap Canaveral. Das Spannungsverhältnis zwischen technologischem Fortschritt und menschlicher Begrenztheit erscheint schon stilistisch im Kontrast zwischen Bildzentrum (in klaren kräftigen Linien gehaltenes Konstruktionsmodell des Raumfahrzeugs) und Bildrahmen (in feinen, matten Linien gehaltene Handzeichnung im Stile Leonardo da Vincis), aber auch sachlich in der heterogenen Verbindung von Mensch und Raumfahrzeug. Der vom Bildbetrachter abgewandte Ikarus, im üblichen ikonographischen Schema, mit horizontal ausgebreiteten Armen und recht provisorisch zusammengeleimten, mit vier Schlaufen an den Armen befestigten, nach unten herabhängenden Vogelflügeln (deren fallende Diagonalen übrigens den steigenden Diagonalen der Stummelflügel an der Rakete entgegenlaufen), erscheint als menschlicher Torso, auf Kopf, Schultern und Arme reduziert; seinen übrigen Körper bildet das Raumfahrzeug. Die dünne Silhouette der Sonnenscheibe am oberen Bildrand ist traditionelles Symbol der Gefährdung, hier durch die naive Hybris eines technologischen Fortschrittsglaubens.

d) Das eingeschlossene Kollektiv

(5/14) Besondere Bedeutung gewinnt der Ikarus-Stoff während der Spätphase der DDR-Kunst in den achtziger Jahren (bis zur sog. Wende 1989/90), die durch zunehmende wirtschaftliche, soziale und bevölkerungspolitische Probleme geprägt sind, als zentraler Code (Stichwort: 'verdeckte Malweise') für das subjektive Gefühl des kollektiven Eingeschlossenseins. Diese systemkritischen Ikarus-Entwürfe beginnen mit Wolfgang Mattheuers Holzschnitt *Und die Flügel ziehen himmelwärts* (1979; **Abb. 14**).[228] Der Bildtitel zitiert einen seinerzeit bekannten Song der beliebtesten DDR-Rockgruppe, der Puhdys, die, auf zwei der Band-Mitglieder reduziert, mit individueller Physiognomie, der unvermeidlichen Lockenpracht auf dem Kopf und je einem Mikrofon in der Hand rechts im Vordergrund erscheinen. Im Bildzentrum liegt rücklings auf schwarzem Untergrund, für den Betrachter genau vertikal in der Achse, der erbärmlich nackte, trotz kräftigem Oberkörper fast wie ein Gerippe wirkende 'Ikarus', den Kopf zurück zum Bildbetrachter, die Füße fast am Horizont, mit seitlich ausgebreiteten Armen (wie Heisigs *Sterbender Ikarus* in der Haltung des gekreuzigten Christus, hier mit Nagelmal in der linken Hand), während seine beiden Flügel, ein nach oben weisendes Strahlenfeld hinter sich

Abb. 14 Wolfgang Mattheuer, *Und die Flügel ziehen himmelwärts*. Holzschnitt 1979

herziehend, in den weiten, bis auf zwei Kondensstreifen leeren Himmel aufsteigen. Gerade in der Surrealität dieses Vorgangs, der Verselbständigung der Fluginstrumente, liegt die Pointe: die Realität der am Boden zerstörten Existenz und die Phantasievorstellung seiner dennoch nach oben strebenden Flügel erfasst ein Hauptdilemma des damaligen DDR-Lebensgefühls: das kollektive Gefangensein durch Repression, Mauer und Todesstreifen und der fast utopische Wunsch nach Ausbruch.
Über eine mauerartige Absperrung links davon ragt eine Gruppe von drei nur im Oberkörper sichtbaren Personen hinaus, deren Gesamtbild sich orientiert an der seinerzeit überall in entsprechenden Büsten präsenten Trias der drei kommunistischen Urväter Marx, Engels und Lenin: hier links der Staatsratsvorsitzende Erich Honecker, in der Mitte der FDJ-Vorsitzende Egon Krenz, rechts der Stasi-Chef Erich Mielke. Unmittelbar dahinter, in schwarzer Kleidung sich kaum vom dunklen Untergrund abhebend, steht eine trauernde Frau, mit neben dem Körper herabhängenden Armen, den Blick direkt auf 'Ikarus' gerichtet, der, zusammen mit seinen nach oben strebenden Flügeln im Bildzentrum dominierend, die völlig Disparatheit

der Elemente links und rechts um so bewusster macht. Denkbar schon hier, in dem Abgestürzten einen gescheiterten ‘Republikflüchtling’ zu sehen; in jedem Fall symbolisiert er die Leiden des eingeschlossenen Kollektivs.

(5/15ab) Unmittelbar an die zentrale Konstellation dieses Holzschnitts schließen zwei weitere Mattheuer-Entwürfe an. Aus der vorbereitenden Kugelschreiberzeichnung mit dem bezeichnenden Titel *Die Narreninsel* (1979)[229] entwickelt sich der Linolstich *Was nun?* (1980; **Abb. 15**)[230] und ein fast identisches Gemälde gleichen Titels (1980; **FTf. 3a**),[231] die eine kritische Bestandsaufnahme der aktuellen politischen, gesellschaftlichen und ökologischen Situation der DDR enthalten. Aus einer weiten, in monotoner Horizontalschraffur bzw. in Olivgrün gehaltenen Meeresfläche erhebt sich eine relativ flache Insel mit mehreren runden Kuppen, die in ihrer Gesamterscheinung dem Torso eines auf dem Rücken liegenden Frauenakts ähnelt. Rechts oben erkennt man die Rundung des gesichtslosen Kopfes, dann ansatzweise die Schultern (ohne Fortsetzung der Arme); darunter die Hügel der beiden Brüste, deren hintere in der Graphik als Brustwarze einen Scheinwerfer aufweist (im Gemälde beide einen Radarschirm), die vordere teilweise unter einer wilden, sich bis zum Meer hinabziehenden Müllkippe verschwindet. Unter der Taille wölbt sich breit der Bauch (mit Bauchnabel)

Abb. 15 Wolfgang Mattheuer, *Was nun?* Linolstich 1980

und das nach beiden Seiten ausufernde Becken. Dort, wo der flachere Unterleib in die Beine übergehen sollte, bricht die Insel abrupt in einer Steilküste ab; in Ufernähe, direkt vor dem 'Delta der Venus', kauert ein einsamer Mann in seinem Boot und blickt aufs Meer hinaus.
Auf der Insel verteilen sich weitere acht recht individuelle Gestalten in auffälliger Distanz, jede für sich allein, ohne Kontakt oder gar Kommunikation: mehr Nebeneinander als Miteinander. In vorderer Linie stehen zum diesseitigen Ufer hin in diagonaler Reihe drei Figuren dem Betrachter zugewandt: oben rechts ein älterer Mann, im Gemälde mit grauer Jacke, dunkler langer Hose und schwarzer Mütze, wie zum Zeichen der Norm- und Pflichterfüllung beide Hände an der Hosennaht; in der Mitte eine jüngere Gestalt mit rotbraunen Haaren, eher Mann als Frau, bekleidet mit einem langen, fast geschlossenen weißlichen Mantel, die Hände hinter dem Rücken; schließlich unten vorn, dicht an der Küste, eine große blonde Gestalt mit eher männlichen Gesichtszügen, bekleidet mit einem langen, halb offenen gelblichen Mantel, die Rechte nachdenklich ans Kinn gelegt. Es liegt nahe, diese aufrechten Gestalten als drei 'Säulen' der sozialistischen Gesellschaft zu verstehen: Werktätiger, Geistesschaffender/Intellektueller, Kunst- und Kulturschaffender. Ihnen entsprechen in zweiter Linie, weiter nach links, drei am Boden sitzende bzw kniende weibliche Gestalten mit deutlich abnehmender Aktivität: rechts eine Schwarzhaarige (im Gemälde mit rotem Pullover), die ein Kind auf dem Arm hält; dann eine Blondine (im Gemälde mit blauer Jacke und braunem Rock), deren Linke mit einem langen Stock spielt; links, unmittelbar am Abbruch der Steilküste, zusammengekauert in sich versunken, eine dritte Frau, nach Erscheinung und Körpersprache traurig, niedergeschlagen, depressiv. Eine einzelner Mann steht aufrecht an der jenseitigen Uferkante, entschieden vom Betrachter abgewandt, die Hände kompromisslos hinter dem Rücken verschränkt, vielleicht Symbolfigur 'konterrevolutionären' Widerstands. 'Ikarus' schließlich liegt in unmittelbarer Nähe des Bauchnabels rücklings am Boden, links neben sich einen Riss in der Bauchdecke, mit ausgebreiteten Armen (wie im Holzschnitt von 1979), eine leblose Gestalt mit fahlem Inkarnat, nacktem Oberkörper und langer dunkler Hose. Das weiße Flügelpaar (ambivalentes Symbol von Hoffnung und Illusion?) steht hoch über ihm in der Luft (neben dem Brustwarzenersatz das einzige surreale Element im sonst sehr realen Bildganzen). Von den übrigen herumliegenden Objekten ist am wichtigsten oben rechts neben dem Werktätigen ein Fernsehgerät, dessen Bildschirm ganz klein noch einmal dieselbe bräunliche Insel, die weißen Flügel und das Meer drumherum zeigt:[232] die Medien bringen nichts als ihre eigene kleine Welt. In der oberen linken Bildecke, weit draußen auf dem Meer, tobt ein Unwetter (im Linolstich mit Regenwand, Wasserhose und herabzuckendem Blitz, im Gemälde mit bedrohlich dunkler Wolkenwand).

Wie Delvaux Daphne, Dalí Narziss und Beckmann Ikarus, so nimmt Mattheuer in diesem komplexen Entwurf den Ikarus-Mythos (im Detail des am Boden liegenden Menschen und der nach oben aufsteigenden Flügel) als Aufhänger, um mit der Frage *Was nun?* Wesentliches über sein Gesellschaftkollektiv zu sagen. Das Eiland DDR erscheint als gesichtsloser verunstalteter Frauentorso ohne Arme, Beine und Genitalzone, d.h. ohne Freiraum, Auslauf und Zukunftsperspektive; eine Insel mit reichlich menschlichen und sozialen Problemen (z. B. Vereinzelung, Mangel an Kommunikation, Dominanz des männlichen Elements, Passivität, Depression), aber auch mit ökologischen Defiziten (Müllkippe). Alles in allem: viel Tristesse, ganz im Gegensatz zu mancher Nostalgie der Nach-Wende-Zeit.[233]

(5/16ab) Während der Entwurf *Was nun?* das Ikarus-Bildschema aus dem Holzschnitt von 1979 im Blick auf die Insel DDR und das in ihr eingeschlossene Kollektiv präzisiert, konzentriert sich der düstere Linolstich *Seltsamer Zwischenfall* (1980)[234] und das farbenfrohe Gemälde gleichen Titels (1984/1991; **Tf. 16b**)[235] auf die Figur des Opfers im Vordergrund. Sonst entspricht dem scheinbar trivialen Titel viel Belanglosigkeit, von der Graphik in einem Nachtstück mit der Sichel des Mondes am leicht bewölkten Himmel und einer finster ragenden Gebirgskulisse im Hintergrund realisiert, während das Gemälde die strahlende Postkartenkulisse einer blitzblanken Alpenlandschaft (Österreich/ Schweiz) mit schneebedecktem Hochgebirge und fast wolkenlosem, tiefblauem Sommerhimmel bietet. Dabei sieht man im Mittelgrund einen im Linolschnitt dunklen, im Gemälde bunt bemalten Reisebus (das seinerzeit in der DDR übliche ungarische Einheitsmodell 'Ikarus'), der auf einer Gebirgsstraße mit starkem Gefälle von rechts zu Tal fährt, von der diagonal verlaufenden Leitplanke und der hohen Straßenböschung teilweise verdeckt. Seine Passagiere interessieren sich nicht mehr für das großartige Gebirgspanorama hinten, sondern gaffen nur noch auf das Spektakel vorn, in der Graphik mit hoher Aufmerksamkeit (alle drängen im Bus auf die linke Seite), im Gemälde mit mehr Gleichgültigkeit (nur ein paar aus der rechten Reihe recken die Köpfe). Ziel ihrer Blicke ist ein schlacksiger blonder junger Mann, der im Vordergrund (für den Betrachter diesseits der Leitplanke) wie ein verunglückter Drachenflieger mit nacktem Oberkörper, langer dunkler Hose und nackten Füßen, die erschreckend dürren Arme horizontal seitlich ausstreckend (wieder in der Haltung des gekreuzigten Christus), mit wie im Todeskampf verkrampft geballten Fäusten, als lebloses Opfer, den leicht nach rechts gewandten Kopf nach unten, an der Straßenböschung liegt (im Gemälde mit ausgestreckten Beinen auf einem bräunlichen Erdhaufen vor der sattgrünen Böschung). Mit Resten des Gestänges liegen die weißgrauen Flügel abgebrochen der linke auf, der rechte unter ihm.

Auf den ersten Blick wirkt speziell im Gemälde der Kontrast zwischen Sommerfarben und Urlaubsstimmung, mythischem Thema und aktuellem *crash* völlig irreal und absurd. Erst auf den zweiten Blick durchschaute ein kritischer Zeitgenosse seinerzeit den tieferen politischen Sinn dieses *seltsamem Zwischenfalls* (das Wort 'Zwischenfall' war in westlicher Mediensprache *terminus technicus* für besondere Vorkommnisse an Mauer und Todesstreifen!): die Leitplanke ist Symbol der 'Mauer', der abgestürzte Ikarus vorn ein verunglückter Republikflüchtling. Die 'Insassen' des grell bemalten Reisebusses sind einerseits gaffende 'Wessies' auf Alpen-Kaffeefahrt, die auch durch das Mikrophon ihres Reiseleiters (vielleicht Symbol für sensationslüsterne westliche Medien-Berichterstattung)[236] nicht mehr aus voyeuristischer Lethargie zu wecken sind (larmoyantes Motto: 'ach, schon wieder ein Maueropfer!'), andererseits (nach dem speziell für DDR-Kunst konstitutiven Kunstprinzip dialektischer Ambivalenz) in ihrem 'Ikarus'-Bus zusammengepferchte 'Ossies' (kritisches Fazit: 'Gaffer gibt es hüben wie drüben'). Denkbar übrigens, dass der jugendliche 'Ikarus' zugleich als Symbolfigur der jüngeren, gegenüber den 'Errungenschaften' des real existierenden Sozialismus kritischeren Generation zu verstehen ist.

(5/17ab) Mythos als Medium systemkritischer Analyse von Ost und West im Blickwinkel eines Künstlers, dessen hellsichtig reflektierendes Bewusstsein und seine ernsthafte Hintergründigkeit an Beckmann erinnert: im weiteren Verlauf der achtziger Jahre verwendete Mattheuer den Ikarus-Stoff noch mehrfach in diesem Sinn, zunächst als collageartiges Einzelelement in dem vorbereitenden Linolstich *Nachtstück* (1981)[237] und dem ausführenden Gemälde *Die Nacht* (1982),[238] wo aus einem rätselhaft befremdlichen Ambiente der 'Ausbrecher' mit erhobenen Armen in den Nachthimmel emporsteigt, während der Vollmond die Flügel von hinten in silbriges Licht taucht. Wichtiger ist Mattheuers Linolstich *Der Nachbar, der will fliegen* (1983; **Tf. 17a**)[239] und das Gemälde gleichen Titels (1984; **Tf. 17b**),[240] in denen die in früheren Entwürfen entwickelte Problematik fortgeführt wird im Blick auf die zunehmende Ausbruchstimmung in der DDR (Anklang im Titel: *Der Nachbar, der will fliehen*) nach spektakulären Fluchtversuchen (auch durch die Luft) und einer Flut von Ausreiseanträgen. Den Rahmen des Geschehens bietet nun der private Rückzugsbereich schlechthin in der damaligen DDR, die provinzielle Biederkeit einer Feierabend-Kleingarten-Idylle. Im Zentrum erhebt sich in den warmen Strahlen der Abendsonne (die im Gemälde ganz groß und strahlend untergeht) aus einer kleinen Gartenparzelle ein jüngerer Mann mit kurzem Haar, bekleidet wie ein Turner (im Gemälde mit rosa Trikot, langer Hose und grauen Schuhen), in steifer Körperhaltung mit zielbewusst erhobenem Kopf, ausgestreckten Armen und durchgedrücken Beinen. Im

Linolstich steigt er mit vier dunklen Flügelpaaren auf wie ein großer Falter, im Gemälde mit hellen Flügeln wie ein exotischer Schmetterling.
Höchst unterschiedlich die Reaktionen drum herum: im eigenen Garten versucht seine mollige rothaarige Frau in der Tür der Gartenlaube, mit aller Kraft einen kleinen Jungen zurückzuhalten, der den Papa nicht weglassen will. Vor der dunklen Hütte im Nachbargarten links streckt eine schlanke dunkelhaarige Frau beide Arme als Zeichen des Entsetzens steil in den Abendhimmel – vielleicht die vom Fluchtversuch überraschte Geliebte. Vorn links hebt eine schmächtige Frau, von hinten gesehen, den rechten Arm, das Gesicht beschattend, gegen die Sonne, um den abhebenden Nachbarn besser verfolgen zu können, während ein gedrungener dunkelhaariger Älterer (wohl ihr Gatte) und ein schlacksiger Jüngling mit blondem Lockenkopf (wohl der Sohn) sich in der Gartenlaube beim Schachspiel nicht stören lassen. Aus dem Garten dahinter am linken Bildrand schaut ein Glatzkopf mittleren Alters dem 'Ikarus' neugierig hinterher.
Bis auf den Ausbrecher: eine heile Welt, in der noch alles in Ordnung scheint. Die kleinen Parzellen sind fein säuberlich abgegrenzt durch niedrige, leicht diagonale Lattenzäune (die im Gemälde teilweise verschwinden hinter einer herbstlich bunten Blütenpracht, die im warmen Abendlicht noch stärker hervortritt). Am Horizont, über den niedrigen Gartenlauben, stehen einige größere Bäume vor hohem Himmel (im Gemälde zusätzlich rechts hinten die kahle Einheitsfassade der Fabrikhalle eines Industriekombinats, als Kontrast zur beschaulichen Idylle vorn). Die groß untergehende Sonne bietet ein ambivalentes Element: vom Mythos her Zentrum der Gefährdung für den ihr gefährlich nahekommenden 'Ikarus', ist sie in sozialistischer Tradition („Brüder, zur Sonne, zur Freiheit …“) positives Symbol von Hoffnung, Fortschritt und Aufschwung (allerdings hier relativiert durch die Situation kurz vor ihrem Untergang). Dass im Gemälde ihre weiße Scheibe mit dem roten inneren Hof einem bekannten, die Zufahrt für Fahrzeuge aller Art (also auch Luftfahrzeuge?) verbietenden Verkehrszeichen entspricht, mag beim Flug des 'Ikarus' in Richtung Westen kein Zufall sein.[241]

(5/18) Drei Jahre vor seinem Austritt aus der SED[242] geht Mattheuer noch weiter aus der Reserve mit einem Holzschnitt (1985),[243] dessen Titel *Flugversuch* einen kaum überhörbarem Anklang zum damaligen Tabu-Wort 'Fluchtversuch' bot. Vor tristem, einförmig schraffiertem Hintergrund erhebt sich ein im Oberkörper nackter, unten mit langer dunkler Hose bekleideter Mann in eigenartig steifer, streng bilateralsymmetrischer Haltung, die Beine nach hinten angewinkelt, die Arme steil aufgerichtet, mit Hilfe seiner beiden großen schwarzweißen Flügel in die Höhe. Die DDR erscheint als dunkle enge Containerkiste, in der verschiedene weitere 'Insassen' zurückbleiben (Symbol des eingeschlossenen Kollektivs), die insgesamt recht emotional auf den Ausbruchsversuch des Outsiders reagieren, der da mit dem ungewissem Schicksal eines Republikflüchtlings emporstrebt. Die beiden links diskutieren lebhaft; rechts oben schaut ein dritter, beide Hände überrascht als Kinn gelegt, dem Ausbrecher ungläubig hinterher; der vierte, hinter ihm stehend, legt die Rechte auf den Rücken des fünften, der rechts vorn am Rand der Kiste, auf die Kniee gefallen, die Unterarme auf den Kistenboden gestützt, mit gesenktem Kopf und gefalteten Händen dem modernen 'Ikarus' nachschaut. Im Gegensatz zur großen vollen Abendsonne in *Der Nachbar, der will fliegen* (5/17ab) hat sich nun die Sonne zu einer schmalen Sichel verfinstert – Symbol der DDR-Krise '85.[244]

(5/19ab) Nach Zusammenbruch des DDR-Systems, im Jahr der 'Wende', folgt der Linolstich *Ikarus erhebt sich* (1989),[245] in dem der Künstler mit merklicher Beteiligung und spürbarem Engagement das Abbild einer im doppelten Wortsinn 'am Boden liegenden' Werktätigen-Existenz (mit kantigem Kopf, grobem Gesicht, dunklen Augenhöhlen, kräftigen Oberarmen und großen Arbeiterhänden) darstellt, wie er gleich Ikarus nach überlebtem *crash* des real existierenden Sozialismus unter dem dunklen, die Sonne fast zur Hälfte verdeckenden Flügel hervorschaut, die Unterarme auf den hellen, nach dem Absturz in Gegenrichtung zum anderen am Boden liegenden Flügel aufstützt und, noch unsicher zögernd, den Kopf nach oben erhebt, mit skeptischem Blick und der bangen Frage einer Zukunftsperspektive. – Das Gemälde *Ikarus erhebt sich I* (1989)[246] überträgt das Bildschema in eine große Landschaft und erfasst weitaus dramatischer die Situation unmittelbar nach dem Absturz: vor schieferblauer Gebirgskulisse, im gelblichen Frühlicht eines extrem hellen Himmels (nach der politischen Ausgangssituation wohl unmittelbar vor Sonnenaufgang), rappelt sich am unteren Bildrand der eben abgestürzte Ikarus wieder auf. Als Hinweis auf den vorangehenden *crash* schwebt ein intakter weißer Flügel noch direkt über seinem Kopf, während der andere angesengt, z. T. noch brennend bzw. verkohlt, rechts neben ihm am Boden liegt. Die Absturzstelle liegt hoch über einem noch in der Morgendämmerung liegenden Talkessel; der Hochgebirgsrahmen knüpft rein äußerlich an das Gemälde *Der übermütige Sisyphos und die Seinen* (1975) an,[247] mit dem Mattheuer seinen in der ersten Hälfte der siebziger Jahre entstandenen Sisyphus-Zyklus abschloss.[248] Nach dem östlichen Frühlicht am Himmel könnte die dunkle Gebirgskette hier Symbol für die von Ikarus überwundete 'Mauer' sein.

(5/20) Auch andere DDR-Künstler befassten sich systemkritisch mit dem Thema.[249] So entstand gleichzeitig mit den ersten Mattheuer-Entwürfen der Linolschnitt *Ikarus* (1980; **Abb. 16**)[250] von Roland Berger, in dem die nackte dunkelhaarige Titelfigur mit engen Schnüren um beide Fußgelenke

Abb. 16 Roland Berger, *Ikarus*. Linolschnitt 1980

an den Beinen eines schwarz lackierten Stuhls festgebunden ist, auf dem er sitzt: eine traurige hilflose Gestalt, die sich mit diagonal abgestellten Armen vergeblich abmüht, auch nur ein wenig von dem Dielenfußboden hochzukommen – mit seinen riesigen, weit geschweiften Flügeln, deren dekoratives geometrisches Gitterwerk mit dem Kernkraft-Symbol und dem mehrfach wiederkehrenden Tonband-Muster in gewohnter Ambivalenz ganz unterschiedliche Assoziationen auslöst: einerseits im Blick auf die seinerzeit ebenso faszinierenden wie Illusionen erweckenden Einflüsse der Westmedien (Rundfunk/Fernsehen), andererseits im Blick auf das eigene Überwachungsgeflecht des allgegenwärtigen Staatssicherheitsdienstes. Dass vor Radioaktivität im linken wie im rechten Flügel gewarnt wird, legt nahe, das ausgewogene Gegenüber in Richtung 'Gleichgewicht der atomaren Abschreckung' in den vergangenen Zeiten des Kalten Krieges zu deuten.[251] Der dunkle Hintergrund der oberen Bildhälfte weist auf die Bedrohlichkeit der Gesamtsituation wie die Aussichtslosigkeit von Ikarus' Aktion.

(5/21) Eine ähnliche, scheinbar ausweglose Konstellation beschreibt der bekannte deutsche Karikaturist Walter Hanel in seinem Entwurf *Der polnische Ikarus* (1981).[252] Die Titelfigur, deren Fußgelenke eine schwere schmiedeeiserne Kette umschließt, die verankert ist in einer monumentalen, im rechten Bilddrittel aufragenden Formation mit der Aufschrift OSTBLOCK, hat eben den Absprung in die Freiheit gewagt und schwebt noch in der Luft, mit seitlich ausgebreiteten Armen, in steifer Diagonalhaltung, getragen durch die recht provisorischen Flügel (die Arbeiterkappe auf dem Kopf spielt auf die Solidarnoc-Bewegung unter Lech Walesa an). Doch schon im nächsten Augenblick wird die Kette den Schwung der neuen Entwicklung bremsen und den 'Ausbrecher' auf den Boden der Tatsachen zurückholen: der Sturz in den Abgrund und die Rückkehr ins Gefängnis scheinen vorprogrammiert. Dass die tatsächliche Entwicklung mit dem Sieg des 'polnischen Ikarus' endete, der den späteren Zusammenbruch des Ostblocks herbeiführte, konnte der Karikaturist 1981 noch nicht ahnen.

e) Postmoderne Trivialitäten

(5/22) Im Gegensatz zu derart substantiellen Entwürfen, speziell aus der DDR-Kunst, bieten die gleichzeitigen Belege zum Thema aus der westlichen Kunstszene (speziell der BRD) wenig an ausdeutbarem Gehalt, dafür um so mehr Zitat, Formalität, Kuriosität und Trivialität. Ernst Fuchs aus der 'Wiener Schule des Phantastischen Realismus', ein stilistisch mit verschiedensten Traditionselementen seit dem Symbolismus spielender, durchaus exzentrisch kompilierender Wiener, Liebling der Kunstszene in den siebziger und frühen achtziger Jahren, behandelt das Thema zunächst in verschiedenen, ganz kryptischen graphischen Varianten mit dem Titel *Das Gefängnis des Ikarus* (1975)[253] und dem daran anschließenden Gemälde *Der Turm des Ikarus* (1980),[254] daneben in einigen Radierungsvarianten mit dem kuriosen mythologischen Mischtitel *Ikarus Hermaphrodit* (1975),[255] schließlich mit seinem neomanieristischen Aquarell *Ikarus* (1977/78),[256] das, an die Heroisierung der Gestalt seit dem *Fin de siècle* anschließend (vgl. 5/1–2), im Zentrum, in imponierender Frontalansicht aufragend (auch dank kothurnartigen Hochschuhen), die statuarische Vertikalgestalt der Titelfigur bietet. Der junge Held steht, den Kopf mit phrygischer Mütze leicht zur Seite gewandt, mit unbewegtem Gesicht aufrecht in der Luft, die Arme horizontal ausbreitend, mit den Händen an zwei Schlaufen die großen Flügel haltend. Bekleidet ist er mit reicher Gewandung, die um die Beine herum in die Breite fällt bzw. am Boden aufzuliegen scheint, während die zahllosen, sich um Brust und Arme in fließenden Wellenlinien seitlich und nach unten ausbreitende Ärmelfalten sowohl in der Struktur wie im breiten Farbspektrum ihre Fortsetzung finden in den großen Schwingen der noch weiter in die Horizontale ausgestellten Flügel, schießlich in dem ungemein farbintensiven Hintergrund, einem in Glut- und Weinrot gehaltenem Wolkenhimmel, durch den in regelmäßigen schmalen gelben Lücken das Licht der Sonne hindurchschaut. Der Weite des Himmelsraumes entspricht die Tiefe einer in Rot und Schwarz gehaltenen, im Aufblick von oben gegebenen Küstenlandschaft am unteren Bildrand, zu Füßen des selbstbewussten Fliegers. Die Gesamtwirkung ist scheußlich interessant und m. E. am Rande des Kitsch.

(5/23) Das Gemälde *Ikarus oder die Gefahr der drei Abstürze* (1980)[257] des spanischen Malers Guillermo Pérez Villalta setzt sich aus ganz heterogenen Elementen zusammen: der größere linke Bildteil gibt den perspektivisch leicht verzerrten Einblick in ein atelierartiges Interieur mit offenem Durchblick zu einem Nebenraum und einem rätselhaften Ensemble unbelebter Objekte (in der Tradition von de Chiricos *pittura metaficica* und späterer surrealistischer Entwürfe). Unter ihnen befindet sich ganz links ein übergroßer Tondo, durch das Deckenfenster gut beleuchtet, mit einer Zeichnung der mythischen Titelfigur, die in freiem Fall durch den Himmelsraum abstürzt, stilistisch an die Bildtradition des niederländischen Manierismus anschließend[258] – Zitat als Stilprinzip der Postmoderne, Manierismus als Vorbild ihres Neomanierismus. Da der bis zur Decke reichende Tondo in labiler Schräglage gegen die Wand lehnt, könnte sein Umfallen den im Alternativtitel fixierten zweiten Absturz bedeuten, der 'Absturz' der im rechten Bilddrittel nur mit nackten Füßen dargestellten Person in die diffuse Farbfläche unter ihr den dritten. Alles in allem: postmoderne Spielereien.

(5/24) Giulio Paolini, führender Vertreter der italienischen *arte povera*, einer Kunstrichtung, die eine entschiedene Reduzierung der verwendeten Kunstmittel anstrebt, stellte auf der Documenta VII in Kassel die Raum-Installation *Caduta di Icaro* (1981/82; **Tf. 18a**) vor,[259] die mit einfachsten Mitteln eine intelligente Umsetzung des neben dem Phaethonthema wohl raumträchtigsten griechischen Einzelmythos bietet: an der weißen Decke hängen mehrere weiße Platten, davon eine versengt; auf dem Boden stehen mehrere Salonstühle, davon einer umgestürzt – durchaus ein witziger Gag.

(5/25) Klaus Fussmann aus der postmodernen Gruppierung der 'Neuen Figuration' (vgl. 3/19) stellt in seinem Gemälde *Ikarus* (1987)[260] vor blassblauem Himmel den Vertikalabsturz der Titelfigur dar, die, den Kopf und die abwehrend ausgestreckten Arme voraus, dem Erdboden schon bedrohlich nahe kommt (über ihr anstelle der Flügel ein weißer, im Fall nicht aufgegangener Fallschirm). In dem ländlich-rustikalen Ambiente der unteren Bildhälfte mit Waldrand hinten links und einem einzelnen kahlen Baum hinten rechts sowie braunen Holzplanken im Vordergrund steht halbrechts ein kleiner blonder Junge mit dunkelblauer Jacke, Fussmanns Sohn Gregor, den Blick zum Betrachter, ohne das Geschehen in seinem Rücken wahrzunehmen, und hält in beiden Händen eine Schere (vielleicht eine Anspielung auf die Geschichte des Schneiders von Ulm). Nach den gleichzeitigen Gemälden *Abstürzender* bzw. *Der abstürzende Fallschirmjäger*[261] geht der Entwurf auf ein persönliches Erlebnis der Künstlers zurück; die matte, inhaltlich nicht sonderlich originelle Realisierung des alten Themas entspricht einer sterilen, oft recht substanzlosen Kunstszene.

(5/26) Eine erfreuliche Ausnahme bietet die ebenso farbenfrohe wie inhaltlich und kompositionell durchdachte Collage *Ikaros* (1988; **Tf. 18b**)[262] von Helga Ruppert-Tribian (vgl. 4/11 a–g). Oben dominiert vor blauem Himmel das gleißende Goldgelb der vollen runden Sonnenscheibe; vor ihr stehen nur die bräunlichen Beine des nach unten Abstürzenden und einige weiße Federn, die sich schon aus den Flügeln gelöst haben. Die Horizontlinie zwischen Himmel und Meer liegt genau in der Bildmitte; im Bildzentrum taucht die steil abstürzende Titelfigur in Rückenansicht, den schlanken, dünn bekleideten Körper noch vor dem Himmelsblau, mit nach unten gerichtetem Kopf, wehenden dunklen Haaren und den beiden in letzter Panik seitlich ausgebreiteten Armen in den riesigen schwarzen Strudel des feuchten Elements ein, der im nächsten Augenblick zusammen mit den teils schon grauen, teils in bogenförmigem gelbweißem Federwirbel nach oben sich auflösenden Flügeln den ganzen Körper verschlingen wird; unheimlich die kleine Schaumkrone im Zentrum des strudelnden Auges wie auch die goldfarben-metallisch reflektierende Wasseroberfläche. Am unteren Bildrand rechts, auf schmalen braunem Ufersaum, beobachtet das Opfer der nächsten Metamorphose (Met. 8, 236 ff.), Perdix, bereits in ein Rebhuhn verwandelt, den Vorgang; sonst dominiert auch hier – einem Trend der Moderne folgend – die Reduzierung auf Ikarus als Einzelgestalt. Die herausragende Darstellung gehört zweifellos zu den besten Collagen der Künstlerin.[263]

Anmerkungen

[184] Ikarus. 100. Ausstellung der Klubgalerie, Freundeskreis Bildende Kunst, Kulturbund der DDR, Magdeburg 1981; Herwarth Röttgen, Daedalus und Ikarus. Zwischen Kunst und Technik, Mythos und Seele. Kritische Berichte. Mitteilungen des Ulmer Vereins, Verband für Kunst- und Kulturwissenschaften 12 (1984) Heft 2, 5–25; Heft 3, 5–26; Ikarus. Grafik von DDR-Künstlern zu einem antiken Mythos. 45. Ausstellung Galerie am Entenbühl, Mühlhausen 1987; Niall Rudd, Daedalus and Icarus in Art. In: Martindale 1988, 21–35, 37–53, 247–253; Friedrich Maier, Ikarus – ein Symbol für Träume des Menschen. Anstöße zu rezeptionsgeschichtlichen Exkursen. In: Lateinunterricht zwischen Tradition und Fortschritt. Bd. 3. Bamberg [2]1988, 194–216; Friedrich Maier, Friedrich: Ikarus – „Fürst der abendländischen Mythologie und Europas Symbol für die Gefährdung der Menschheit". In: Gymnasium am Kaiserdom Speyer, Chronik Schuljahr 1997/98, 9–20; Maier 1998, 36–56; Mythos Ikarus. Texte von Ovid bis Wolf Biermann. Hrsg. von Achim Aurnhammer und Dieter Martin. Leipzig 1998 (Reclam-Bibliothek 1646).

[185] Ovid, Met. 8, 203: *medioque ut limite curras*; 8, 206 = Ars 2, 63: *inter utrumque vola*! Cf Met. 2, 137 (Phaethon-Mythos): *medio tutissimus ibis*!

[186] Gem (183 × 156) London, TateGallery: Christopher Wood, Les Préraphaélites. Paris 1994 (abl. OA 1981), 148; Kestner, wie Anm. 157, 314; Walther 1993, 161*; Die geheimnisvolle Welt der Mythen und Sagen: Fabeltiere. Augsburg 1995 (OA 1985), 64*; Mythos Ikarus 1998, wie Anm. 184, 91; Dia*.

[187] Davidson, wie Anm. 96, 351.

[188] Gem (138 × 107) Buscot Park, National Trust: Frederic Lord Leighton. AK Royal Academy of Arts London 1996, 164*; The Treasure Houses of Britain. AK National Gallery of Art Washington 1985/86, 623*.

[189] Br (107) London, Tate Gallery u. a.: Richard Dorment, Alfred Gilbert. New Haven/London 1985, 46–48, 55*; AK Leighton 1996, wie Anm. 188, 90; AK Treasure House of Britain 1985, wie Anm. 188, 631; Dia*.

[190] Berlin, Kolbe-Museum: FAZ 24.8.1995, 29. Gips-Vorentwurf: Dietrich Schubert, Die Kunst Lehmbrucks. Dresden 1990, Abb. 197.

[191] Erwähnt bei Davidson, wie Anm. 96, 426°.

[192] Gem (389 × 288) Moskau, Tretjakov Galerie: Martindale 1988, Abb. 3a.

[193] Gem (283 × 188): ART 9/95, 80*.

[194] Vgl. auch den Exlibris-Holzstich von Wladimir Rozenthal (Blum, wie Anm. 148, 202).

[195] Mortimer G. Davidson, Kunst in Deutschland 1933–1945. Eine wissenschaftliche Enzyklopädie der Kunst im Dritten Reich. Bd. 2, 1–2. Malerei. Tübingen 1991–92, Abb. 683*.

[196] FLith/Coll: Postkarte*.

[197] Scherenschnitt/Coll (Illustration zum Buch 'Jazz'): Volkmar Essers, Henri Matisse 1869–1954. Hrsg. von Ingo F. Walther. Köln 1986, 80*; Gilles Néret, Henri Matisse. Köln 1997, 213*; Maier 1998, 46*; ars mundi 4/96, 14*; Poster*.

[198] Gem (142 × 89) 1950. Washington, National Gallery of Art: Max Beckmann, Tagebücher 1940–1950. Zusammengestellt von Mathilde Q.Beckmann. München/Wien 2. Aufl. 1979, zu 368*; Stefan Lackner, Max Beckmann. München 1983, 87*; Hans Belting, Max Beckmann. Die Tradition als Problem in der Kunst der Moderne. München 1984, Tf. 22*; AK München 1984, wie Anm. 44, 165; Fritz Erpel, Max Beckmann. Leben im Werk. Die Selbstbildnisse. Berlin 1985, Abb. 218*; Max Beckmann. Gemälde 1905–1950. AK Frankfurt am Main, Städelsches Kunstinstitut 1990, 229*; Schulz-Hoffmann, wie Anm. 44, 170*; Spieler 1994, wie Anm. 44, 185 (Foto). 187*; Max Beckmannn, Meisterwerke 1907–1950. AK Staatsgalerie Stuttgart 1994/95, 33; AK Ombra degli Dei 1998, 33; ART 8/81, 21*; ART 2/84, 34*.

[199] Die Tagebuchzitate bei Erpel, wie Anm. 198, 380/381.

[200] Beide Passagen zitiert nach Erpel, wie Anm. 198, 378.

[201] Spieler 1994, wie Anm. 44, 178.

[202] Gem (90 × 70) Pb: Wolfgang Mattheuer. Ein Künstler der DDR. AK Kunstverein in Hamburg

1977/78, 53 no. 23. – Eine Parallele bietet der Holzschnitt *Hin ist er* (1977; 49×43): Wolfgang Mattheuer, Äußerungen. Graphik/Texte. Leipzig 1990, 127.

203 Gem (200×200) Berlin, Galerie Brusberg: Schönemann, wie Anm. 104, Tf. 150; AK 1988, wie Anm. 104, 117* no. 112; Ursula Mattheuer-Neustädt, Bilder als Botschaft. Die Botschaft der Bilder. Leipzig 1997, 180*.

204 WGem (800×1000) Paris, Palais UNESCO: Carsten-Peter Warncke, Pablo Picasso 1881–1973. Hrsg. von Ingo F. Walther. Köln 1991, 551*; Carsten-Peter Warncke, Pablo Picasso 1881–1973. Köln 1997, 205*.

205 Gem (213×198) Paris, Centre Pompidou: Ingo F. Walther/ Rainer Metzger, Marc Chagall 1887–1985. Köln 1987, 88*; Martindale 1988, Abb. 3a.

206 Frühere Belege des Schweizer Künstlers Hans Erni (vgl. 4/7): (a) *Der Sturz des Ikarus* (1940; Temp 42 × 53 Pb: Frank C. Thiessing (Hrsg.), Erni. Elemente zu einer künftigen Malerei. St. Gallen 1948, 10). (b) *Die neuen Ikarier* (1940; Temp 68 × 97 Pb: Thiessing 11). (c) *Otto Lilienthal im Vogelgewand des Ikarus* (1941; Gem Pb: Maier 1998, 49*). – Spätere Lithographien: Werkverzeichnis, wie Anm. 176, no. 176 (1955), no. 714 (1986).

207 Gem (57 × 70) Pb: Franz Radziwill, Mythos Technik. AK Kunsthalle Wilhelmshaven 2000 (u. a.), 173* (Interpretation 66 ff., spez. 69); entsprechende frühere Gemälde: *Flandern/Wohin in dieser Welt?* 1940: AK 2000, 137*; *Die Apokalypse* 1952: AK 2000, 155*; Maier 1998, 49*; ART 1/80, 112/3*; DER SPIEGEL Nr. 7, 13.2.1995, 181*.

208 Gem (273 × 244) Köln, Museum Ludwig: Malerei Lexikon von A bis Z. Zug 1986, 364*; Gottlieb Leinz, Die Malerei des 20. Jahrhunderts. Freiburg, Basel, Wien 1988, 312*; Freitag 1994, Tf.4* (mit Interpretation 38 f.); Maier 1998, 52*.

209 Bezeichnend für die Systemkonformität der beiden anderen, dass Sitte das Thema ausspart, Tübke sich auf die manieristisch stilisierte Lithographie *Dädalus und Ikarus in der Ebene* (1978, 29×40: AK Magdeburg 1981, wie Anm. 184, 54) beschränkt.

210 Gem (118×165) Leipzig, Museum der Bildenden Künste: Bernhard Heisig. Malerei, Graphik, Zeichnungen. AK Museum der bildenden Künste Leipzig 1985, 55*; Bernhard Heisig. Retrospektive. AK Berlinische Galerie Martin-Gropius-Bau, Berlin (u. a.) 1989, no. 31*. – Ein Exzerpt der Ikarusgruppe bietet das Gemälde *Selbstbildnis mit Ikarus* (1974; Weimar, Coll Arloth: AK 1985, 29). Speziell zum Thema: Inge Stuhr, Zur Ikarusthematik bei Bernhard Heisig. In: AK 1985, 29–35.

211 WGem (280×540) eh Berlin, Palast der Republik: AK 1989, wie Anm. 210, 24; Aufstieg und Fall der Moderne. AK Weimar, Schloßmuseum/Mehrzweckhalle 1999, 468*.

212 Gem (74×112) Bruxelles MRBA: Jacobs 1979, 67*; Bellingham, wie Anm. 157, 111*; Mythos Ikarus 1998, wie Anm. 184, 184/5; Ovid Metamorphosen, bearb. von Kurt Benedicter (u. a.). Bamberg (C.C. Buchner) 1987, 81*; Maier 1998, 48*.

213 Bei der Deutung dieser Details gab mein Sohn Nils wesentliche Anregungen.

214 BlKugelschrZ: AK 1989, wie Anm. 210, 37 Abb. 6.

215 (I) Gem (127×151) Leipzig, Museum der Bildenden Künste: AK 1989, wie Anm. 210, no. 87*. (II) Gem (125×190) Pb Künstler: AK 1985, wie Anm. 210, 61*; Bernhard Heisig. Bilder aus vier Jahrzehnten. AK Bad Homburg/Wuppertal/Berlin 1998, 121*.

216 Gem (150×200) 1979/80. Lübeck, MusKunstKG: AK 1989, wie Anm. 210, no. 61*.

217 (I) Gem (83×124) Pb: AK Magdeburg 1981, wie Anm. 184, 21; Ekkehard Mai (Hrsg.), Historienmalerei in Europa. Paradigmen in Form, Funktion und Ideologie. Mainz 1990, 428. (II) Gem (77×125) Salzgitter, Coll Eggers: AK 1985, wie Anm. 210, 127; AK 1989, wie Anm. 210, no. 59*; AK 1998, wie Anm. 215, 120*; Lust und Last. Leipziger Kunst seit 1945. AK Germanisches Nationalmuseum Nürnberg 1997, 302* no. 88; ART 10/89, 48*.

218 Kupferstiche (D.33) von Goltzius (nach Entwurf Cornelis van Haarlem): Dawn of the Golden Age. Northern Netherlandish Art 1580–1620. AK Amsterdam Rijksmuseum 1993/94, 332; Werner Hofmann, Zauber der Medusa. Europäische Manierismen. AK Wiener Festwochen 1987, 209; Mythos Ikarus 1998, wie Anm. 184, 49 (Ikarus).

219 Gem (120×100). 1985. Pb Kü: Theodor Helmert-Corvey (Hrsg.), Bernhard Heisig. Zeiten zu leben. Malerei. Bielefeld 1994, 104* no. 76; AK 1998, wie Anm. 215, 207*. Weitere Spätent-

würfe: (a) *Ikarus*: Gem (118×69) 1986/88. Pb: Helmert-Corvey 103* no. 75. (b) *Ikarus und der Babelturm*: Gem (78×125) 1990. Pb: Helmert-Corvey 102* no. 74; AK 1998, wie Anm. 215, 120*. (c) *Der verbrauchte Ikarus*: Gem (214×201) 1993–96. Pb Künstler: AK 1998, wie Anm. 215, 168/9*; Lust und Last, wie Anm. 217, 303* no. 92.

220 Gem (120×161) 1985. Leipzig, MusBildKü: AK 1989, wie Anm. 210, no. 84*

221 Gem (170×200) Pb: Mattheuer-Neustädt, wie Anm. 203, 165*

222 Gem (59×84) Pb: Mattheuer-Neustädt, wie Anm. 203, 58* Abb. 22.

223 Gem (105×105) Pb: AK 1977/78, wie Anm. 202, 88 no. 50; AK 1988, wie Anm. 104, 147 no. 67; Schönemann, wie Anm. 104, Tf. 73*; Mattheuer-Neustädt, wie Anm. 203, 88*; AK Magdeburg 1981, wie Anm. 184, 36.

224 Gem (100×125) Pb: Schönemann, wie Anm. 104, Tf. 74*; Mattheuer-Neustädt, wie Anm. 203, 93*; Maier 1998, 50*. – Vorentwürfe: (a) *Trauer*: KoZ(70×85) 1976. Pb: Mattheuer-Neustädt 91 Abb. 48. (b) *Trauer*: HSch (48×66) 1976: Schönemann 67. (c) *Flugtraum*: BlZ (26×30) 1978: Schönemann Tf. 94.

225 Maier 1998, 53* (ohne nähere Angaben).

226 Dazu Reinhardt, wie Anm. 150.

227 DAV (Hrsg.), Griechisch heute. Husum 1989, 35; Maier 1998, 52; Gymnasium am Kaiserdom Speyer, Chronik Schuljahr 1997/98, 18.

228 HSch (45×55) Schönemann, wie Anm. 104, 284; Äußerungen, wie Anm. 202, 145; Mattheuer-Neustädt, wie Anm. 203, 68. – Ein Linolstich gleichen Titels (1979, 56×76; Altenburg, Lindenau-Museum u. a.: AK 1988, wie Anm. 104, 23 no. 177; Mattheuer-Neustädt 163) beschränkt sich auf die weißen, in den heller schraffierten Himmel aufsteigenden Flügel und den schemenhaften, mit fast identischer Haltung in einer weiten, dunkler schraffierten Ebene am Boden liegenden Körper – ohne Füße und mit abgerissenem rechtem Unterarm: Abbild einer geschundenen Kreatur, einer von Gewalt zerstörten Existenz.

229 KugZ (25×34): Schönemann, wie Anm. 104; Tf. 113; Mattheuer-Neustädt, wie Anm. 203, 91 A. 47

230 LinSt (56×76): Äußerungen, wie Anm. 202, 162; AK Magdeburg 1981, wie Anm. 184, 37.

231 Gem (100×125) Köln, Museum Ludwig: Schönemann, wie Anm. 104, Tf. 111*; Mattheuer-Neustädt, wie Anm. 203, 34*; AK 1988, wie Anm. 104, 154* no. 85; ART 11/82, 49*; MK 1986, wie Anm. 101, 260.

232 Dieses wesentliche Detail entdeckte mein Sohn Lars.

233 Vgl. Mattheuers *Leipziger Venus* (Gem 1978/ LinSt 1979): Reinhardt 2000b, 214.

234 LinolSt (51×66) Altenburg, Lindenau-Museum u. a.: AK 1988, wie Anm. 104, 176 no. 179; Äußerungen, wie Anm. 202, 164 Abb. 77; AK Magdeburg 1981, wie Anm. 184, 37; Mythos Ikarus 1998, wie Anm. 184, 147; Gymnasium 107, 2000, 59.

235 Gem (200×250) Berlin, Gallerie Brusberg: AK 1988, wie Anm. 104, 145 no. 104; Schönemann, wie Anm. 104, Tf. 129*. – 2. Fassung (1991): Gem (200×230) Pb: Mattheuer-Neustädt, wie Anm. 203, 89*.

236 Dazu schon Anm. 215 (zu Heisigs Gemälden *Der kleine Katastrophenfilm I/II*).

237 LinSt (56×76): Schönemann, wie Anm. 104, 106; Äußerungen, wie Anm. 202, 168.

238 Gem (106×140) Pb: Schönemann, wie Anm. 104, Tf. 115*; Mattheuer-Neustädt, wie Anm. 203, 157*; PAN 1990, 3, 67*; Kunstforum 109, 1990, 105*.

239 LinSt (35×47): AK 1988, wie Anm. 104, 143 no. 189; Äußerungen, wie Anm. 202, 203

240 Gem (200×230) 1985. Oberhausen, Galerie Schloss (Ludwig Institut): Schönemann, wie Anm. 104, Tf. 134*; Mattheuer-Neustädt, wie Anm. 203, 156; ART 10/86, 58*; Kunst+Unterricht 209/1997, 2*.

241 Anregung meines Sohnes Lars.

242 Austrittsschreiben vom 7.10.1988: Äußerungen, wie Anm. 202, 226–228.

243 HSch (35×30): AK 1988, wie Anm. 104, 142 no. 190; Schönemann, wie Anm. 104, 120; Äußerungen, wie Anm. 202, 216 Abb. 91; Gymnasium 107, 2000, 60.

244 Das Gemälde *Nach Sonnenuntergang* (1987; 170×200) Pb: Mattheuer-Neustädt, wie Anm. 203, 157* Abb. 86; Lust und Last, wie Anm. 217, 138* no. 171) bestätigt diese Deutung nachhaltig

mit einer gespenstischen Szene unter grünlichem Abendhimmel (nur noch mit dem Hof der untergegangenen Sonne) und einsetzender Nacht im Vordergrund, wo der abgestürzte Ikarus auf drei spitzen Pfeilen (Assoziation Grenzanlage?) aufgespießt erscheint.

[245] LinSt (70×85) Äußerungen, wie Anm. 202, 242 Abb. 99; Gymnasium 107, 2000, 62.

[246] Gem (100×125) Pb: Mattheuer.Neustädt, wie Anm. 203, 164* Abb. 95.

[247] Gem (200×200) Dresden, Galerie Neue Meister: AK 1977/88, wie Anm. 202, 85 no. 45; AK 1988, wie Anm. 104, 104; Schönemann, wie Anm. 104, Tf. 52*; Mattheuer-Neustädt, wie Anm. 203, 75*; Andrea Bärnreuther/ Peter-Klaus Schuster (Hrsg.), Das XX. Jahrhundert. Kunst, Kultur, Politik und Gesellschaft in Deutschland. Im Rahmen der Jahrhundertausstellung der Nationalgalerie Berlin. Köln 1999, zu 1976*.

[248] Dazu die Interpretation bei Reinhardt 1997, 213.

[249] Weiteres Material:AK Magdeburg 1981, wie Anm. 184.

[250] LinSch (40×30): AK Magdeburg 1981, wie Anm. 184, 5. – Einen auf einem Stuhl festgebundenen, vergeblich mit den Flügeln rudernden Vogelmenschen zeigt schon die Collage *Ikarus zu Hause* (1978, 150×100; Pb Künstler) von Hans-Hendrik Grimmling: Lust und Last, wie Anm. 217, 69 no. 73. Die Zeichnung *Die Fesseln des Ikarus* (1980, 46×36; Pb: AK Magdeburg 1981, 26) von Joachim Kratsch erinnert an das Bildschema eines gefesselten Prometheus.

[251] Anregung meines Sohnes Nils.

[252] FAZ 19.12.1981: Ov. Met.(C.C. Buchner) 1987, wie Anm. 212, 87; Maier 1998, 55.

[253] Rad/Aquatinta (je 50×35) Wien, Coll Fuchs/ Pb: Ernst Fuchs. Das graphische Werk 1967–1980. Hrsg. von Richard P.Hartmann. Zürich 1980, 38–41. 231; Ernst Fuchs. Der Feuerfuchs. Hrsg. von Richard P. Hartmann. Frankfurt/M. 1988, 42; Ernst Fuchs. Fantasia. München/Düsseldorf 1993, 175*.

[254] Gem (200×150) Wien, Coll Fuchs: Feuerfuchs, wie Anm. 253, 43*

[255] Rad (je 49×35) 1975. Wien , Coll Fuchs u. a.: Das graphische Werk, wie Anm. 249, 283. 285.

[256] Aqu (69×83) 1977/78. Wien Slg Fuchs: Ernst Fuchs. Bildalchemie. AK Kulturgeschichtliches Museum Osnabrück 1981, no. 109*; Ernst Fuchs. Wort-Bild-Musik. AK Galerie Rolandshof Rolandseck (u. a.) 1982, 8*; Feuerfuchs, wie Anm. 253, 41; Maier 1998, 47*. – Stilistisch und in der eigenartigen Mythenrezeption vergleichbar sind z. B. die Entwürfe *Leda* (Aqu 1978, FRad 1980) und *Arkadien* (FRad 1976, Mischt 1982).

[257] Gem (120×184) Barcelona, Fundación 'La Caixa': Henrik Karge (Hrsg.), Vision oder Wirklichkeit. Die spanische Malerei der Neuzeit. München 1991, 331*.

[258] Dazu schon Anm. 218.

[259] Inst Kassel, Documenta VII: Der Traum des Orpheus. Mythologie in der italienischen Gegenwartskunst 1967 bis 1984. AK Städische Galerie im Lenbachhaus München 1984, 77; ART 10/86, 125*; ART 4/89, 41*.

[260] Gem (160×150) 28.4.1987: Klaus Fussmann, Ansichten. Gemälde, Gouachen, Aquarelle 1968–1992. AK Kunsthalle Bremen 1992, 148* no. 72. Ein Gemälde gleichen Titels (1990) stellt den schwärzlich diffusen Ikarus als abstürzenden Vogel dar (AK 1992, 18*).

[261] AK 1992, wie Anm. 260, no. 67/68.

[262] Ruppert-Tribian, wie Anm. 181, 67*.

[263] Vgl. auch die z. T. qualitätvollen Exlibris-Entwürfe bei Blum, wie Anm. 148, 203–209.

6. Neue Bildobjekte zu 'Orpheus und Eurydike' (nach Met. 10)

Die romantische Geschichte von Orpheus und Eurydike ist unter den Sagen, die sich um die Gestalt des thrakischen Sängers ranken, von der dichterischen Erfindung her am faszinierendsten. Das spiegelt sich auch in der breiten Rezeption dieser Mythenerzählung und ihrer klassischen Texte, Vergils *Georgica* (4, 457–506) und Ovids *Metamorphosen* (10, 1–75).[264] Aus ihnen ergeben sich in der früheren Kunsttradition folgende ikonographischen Grundtypen zur mythischen Handlung (A-I) bzw. aus der Anzahl der handlungsbeteiligten Personen folgende Darstellungsvarianten (1–4):

(A) Hochzeit Orpheus-Eurydike (Met. 10, 1–7)
(B) Eurydike von der Schlange gebissen (Met. 10, 8–10; Georg. 4, 457–459)
(C) Orpheus' erste Trauer um Eurydike (Met. 10, 11–12; Georg. 4, 464–466)
(D) Orpheus' Abstieg in die Unterwelt (Met. 10, 13–14; Georg. 4, 467–470)
(E) Orpheus' Gesang vor Pluto und Proserpina (Met. 10, 15–52; Georg. 4, 471–484)
(F) Gemeinsamer Aufbruch aus der Unterwelt (ohne Textbasis)
(G) Gemeinsamer Aufstieg durch die Finsternis (Met. 10, 53–54)
(H) Orpheus/ Eurydike am Rand der Oberwelt (Met. 10, 55–63; Georg. 4, 485–506)
(I) Orpheus' zweite Trauer um Euryrike (Met. 10, 72 ff.; Georg. 4, 507 ff.)

(1) Orpheus allein
(2) Eurydike allein
(3) Orpheus und Eurydike gemeinsam
(4) weitere Personen
    (a) der Hochzeitsgott Hymenaeus (Met. 10, 1–7)
    (b) Aristaeus als Verfolger Eurydikes (Georg. 4, 457)
    (b) die Eurydike beim Schlangenbiss begleitenden Naiaden/Dryaden (Met. 10,9)
    (c) die um Eurydike trauernden Dryaden (Georg. 4, 460)
    (d) der Unterweltfährmann Charon (Met. 10, 72–73; Georg. 4, 502–03)
    (e) die Schatten in der Unterwelt (Met. 10, 14.40; Georg. 4, 469)
    (f) die Götter der Unterwelt, Pluto und Proserpina (Met. 10, 15 ff.; Georg. 4, 469 f.)

(g) der Höllenhund Cerberus (Met. 10, 21 f. 65 f.; Georg. 4, 183)
(h) das übrige Höllenpersonal, z. B. die Furien (Met. 10, 45 f.)
(i) die versammelten Unterweltfrevler (Met. 10, 40 ff.)
(k) der begleitende Amor (ohne Textbasis; cf Met. 10, 26 f.)

Das breite Bildspektrum aus der früheren Tradition[265] wird auch bei diesem Thema wegen des abnehmenden Interesses am narrativen Kontext und der immer geringeren Präsenz der literarischen Texte in der Moderne stark reduziert. Für die nach wie vor hohe Beachtung des Themas spricht die Tatsache, dass es auch neuerdings noch in wenigen Bildzyklen erscheint, die sich ebenso auf die Ovid-Version beziehen wie die meisten neueren Einzelbilder (soweit überhaupt noch eine Textvorgabe fixierbar ist). Unter diesen finden sich (fast) keine Belege mehr zum Präludium (Grundtyp A), zum Schlangenbiss (B),[266] zur ersten Trauer des Orpheus um die tote Gattin (C)[267] und zum Aufbruch des Paares aus der Unterwelt (F). Aber auch die spektakuläre, in den Hauptquellen so breit behandelte Szene, wie der Sänger durch die Zauberkaft seines Gesangs die Gattin in der Unterwelt freibittet (E), liegt neuerdings (fast) nur noch in Bildzyklen vor.[268] So beschränkt sich das neuere Bildmaterial auf wenige Darstellungen zum Abstieg des Orpheus in die Unterwelt (Bildtyp D), zum gemeinsamen Aufstieg (G) und zur Trauer des Orpheus (I). Quantitativer und qualitativer Schwerpunkt des Interesses in der bildlichen (und literarischen) Tradition der Moderne ist nach wie vor die Katastrophe am Rande der Oberwelt (H).

a) Zyklusdarstellungen

Unter den wenigen neueren Zyklusdarstellungen[269] nehmen die acht illustrierenden Holzschnitte des Orpheus-Zyklus (1947) von Gerhard Marcks (vgl. 2/10) eine hervorragende Rolle ein. Die betont schlichte Intensität der Darstellung und der Instinkt des Künstlers, das jeweilige Einzelthema ganz präzise auf den Punkt zu bringen, machen speziell die drei Entwürfe, die sich direkt auf das Orpheus-Eurydike-Geschehen bei Ovid beziehen, für die Visualisierung des Textes im Unterricht unverzichtbar.[270]

(6/1a) Der Holzschnitt *Schlangenbiss* (Blatt 3 des Orpheus-Zyklus)[271] reduziert das dramatische Geschehen (Met. 10, 8–10) gegenüber den meist erheblich detailreicheren Darstellungen der früheren Kunsttradition[272] auf eine denkbar einfache Grundform: Eurydike, eben von der winzigen dunklen Schlange in den rechten Fuß gebissen, steht noch aufrecht, in ihrer überschlanken Größe und weitgehenden Verhüllung durch das lange Gewand an die gleichzeitig entstandene Großterrakotta *Kassandra* (1947) erinnernd.[273] Den linken Arm leicht nach unten angewinkelt, hält sie in der sich durch die Wirkung des Giftes öffnenden Hand noch die Frühlingsblüten, die sie wohl von den Zweigen rechts oben gesammelt hat und von denen einige bereits zum Boden fallen. Der rechte Arm hängt gerade am Körper herab, die Hand geht nach unten. als suche sie Halt; das große, leicht verzerrte Gesicht, das aus dem Rahmen der langen dunklen Haare hervortritt, verrät Überraschung und Schmerz. Die unterschiedlich schraffierten dunklen Bildzonen zu ihren Füßen, links neben und über ihrer Gestalt symbolisieren den bedrohlichen Einbruch der Finsternis in die heitere helle Atmosphäre der rechten Seite.

(6/1b) Der Entwurf *Orpheus in der Unterwelt* (Blatt 5 des Orpheuszyklus)[274] ist gegenüber der reichen Bildtradition zu dieser mythischen Situation speziell im 17./18. Jh.[275] ein Musterbeispiel für Reduzierung als Stilprinzip in der Kunst der Moderne, zugleich auch für die Tendenz, einen narrativen Kontext neuerdings nur auf eine Einzelgestalt zu konzentrieren. Marcks beschränkt das bei Ovid (Met. 10, 16 ff.) so ausführlich geschilderte Geschehen auf einen ebenso einfachen wie aussagekräftigen Ausschnitt: auf Kopf und Oberkörper des dunkel gekleideten, langhaarigen Sängers, der mit hoher Konzentration auf seine große, im Rahmen dunkelfarbene Leier herabschaut, völlig versunken in das virtuose Spiel seiner großen feingliedrigen Finger auf den elf Saiten des Instruments. Erfasst ist der Moment des Präludierens (*pulsisque ad carmina nervis* 10, 16); das detailreiche *ambiente* der Unterwelt spiegelt nur die dunkle Zone über und rechts neben der Gestalt sowie der dunkle Schatten auf Gesicht, Hals und rechter Hand.

(6/1c) Der Holzschnitt *Orpheus, Eurydike und Hermes* (Blatt 7 des Orpheus-Zyklus)[276] realisiert mit sparsamen Gestaltungsmitteln höchst einprägsam den tragische Augenblick der Trennung. Vor dunklem Hintergrund (mit gleichmäßiger Vertikalschraffur) stehen die drei ganz unterschiedlichen Einzelfiguren weitgehend isoliert, im Wesentlichen frontal zum Bildbetrachter; nur die Dreizahl entspricht noch dem antiken Grundmuster aller späteren Darstellungen, dem berühmten, auf ein Original des 'Reichen Stils' (c. 410 v. Chr.) zurückgehenden Drei-Figuren-Relief.[277] Links geht Eurydike (mit unruhigen Hell-Dunkel-Bögen ihrer Gewandung) als ein bis auf Gesicht und Hände ganz verhüllter Schatten, von der Körpersprache her in sich gekehrt und trauernd, mit fast verschränkten Armen und leicht schräg gelegtem Gesicht wieder in die Unterwelt ein. Der statuarisch nackte Sänger (mit Lorbeerkranz) steht als helle Gestalt im Zentrum, in der Fuß- und Beinstellung noch eindeutig nach rechts tendierend, doch den Blick zu seiner Gattin zurückgewandt, in der Körpersprache eher verlegen, mit halb zu ihr ausgestreckter Rechter und unschlüssig nach unten gerichteter Linker, als werde er sich der fatalen Konsequenz seines Umblickens gerade erst bewusst. Doch der schmale dunkle Schatten, den er nach links wirft, scheint ihn ebenso unvermeidlich einzuholen wie die neue Realität der unwiderruflichen Trennung. Die weitgehend nackte Kontrastfigur ganz im Vordergrund schließlich, die, offenbar völlig ungerührt von dem dramatischen Geschehen im Rücken, auf einer Flöte spielt (deren Vertikale die Vertikalhaltung der ganzen Gestalt noch unterstreicht), ist dem Bildtitel entsprechend der Seelengeleiterr Hermes, wozu zwar nicht der runde Glatzkopf mit den abstehenden Ohren (humorvolle Eigenbildung von Marcks), wohl aber das halblange, den Rücken verhüllende Mäntelchen passt;[278] seine dunkle Flächigkeit mag zugleich schon vorausdeuten auf das künftige Schicksal des Orpheus, Trauer und Verzweiflung. Das rätselhafte Detail der waagerechten Mondsichel über seinem Haupt verstärkt die befremdliche Eigenwirkung der finsteren Silhouette im Kontrast zu den beiden anderen Gestalten.[279]

(6/2a–h) Marlene Neubauer-Woerner (vgl. 2/15) gestaltete 1978 für eine (nicht ausgeführte) Bronzetür (wohl nach Vorbild mittelalterlicher Kirchenportale) acht Bildfelder, die (nach der ursprünglichen Konzeption im linken, dann im rechten Flügel jeweils von oben nach unten) in sagenchronologischer Reihenfolge das Gesamtgeschehen von der Exposition (Schlangenbiss) bis zum Epilog (Tod des Orpheus) darstellen (**Tf. 19**).[280] Stilistisch, kompositionell und inhaltlich weist das Objekt einige auch für Marcks spezifische Tugenden auf: schlichte Gestaltung, klare Konturierung, konsequente Reduzierung auf max. 4 Hauptfiguren pro Bildfeld, bewusste Beschränkung auf wenige einprägsame Details, hohe Präzision im erzählerischen Erfassen des Geschehens und eine überlegte Disposition im Einzelnen wie im Ganzen. – Das Bildfeld *Tod der Eurydike* schildert den Augenblick unmittelbar vor dem Schlangenbiss: rechts unten bäumt sich die große Viper in kraftvollen Windungen mit weit aufgesperrtem Rachen auf, wohl nachdem Eurydike mit ihrem linken Fuß ahnungslos auf das Reptil getreten war. Die junge Frau schreckt in panischer Angst zurück, den überraschten Blick nach hinten gerichtet, das rechte Bein schon zur Flucht nach vorn gesetzt, die Arme diagonal vom Körper abgewinkelt, die Hände wie abwehrend aufgestellt. Die langen, nach beiden Seiten fliegenden Haare, die nackten Brüste, die vom Oberkörper herabgleitende, locker die Hüften verhüllende, teils zwischen den Beinen herabhängende, teils in der einsetzenden Flucht nach rechts wehende Gewandung und die hochemotionale Gesamtbewegung (mit der Diagonalachse linkes Bein – linke Körperaußenseite – Kopf) erinnern unmittelbar an Darstellungen von Mänaden in antiker und neuerer Kunst. – Im statischeren Bildfeld *Orpheus vor Charon* steht der jugendliche Sänger links abwartend am Ufer der Styx, in langem Gewand, auf dem Kopf den Lorbeerkranz, die mit der Linken gehaltene Leier auf dem Oberschenkel, und blickt dem bärtigen Unterweltfährmann entgegen. Dieser, bekleidet mit einem langen, weit herabfallenden Kapuzenmantel, tritt ihm entgegen, nachdem er den länglichen Nachen (im Hintergrund) verlassen hat, nach der Haltung seiner herabhängenden Linken unschlüssig, mit abwehrender Geste der nach vorn ausgestreckten Rechten. Zu seinen Füßen geifern die drei aufgerissenen Mäuler des Höllenhundes Cerberus, dessen Aggressivität der steil aufgestellte Schlangenschwanz unterstreicht. – Nach hoher Dynamik und relativer Statik folgt im Bildfeld *Orpheus und die Erinyen* eine Szene mit ausgeprägter Spannung. Der Sänger thront ruhig, fast repräsentativ in der rechten Bildhälfte (traditioneller Bildtyp, z. B. auf römischen Mosaiken). Mit beiden Händen auf der in seinem Schoß ruhenden Leier spielend, blickt er, den Kopf leicht zu Seite gewandt, furchtlos auf zwei hocherregte Furien, die ihn bedrohlich von der Seite umkreisen, eine dritte (unten in Rückenaufsicht) von vorn; zwei weitere treten am linken Bildrand mit Gesicht, Schlangenhaaren und Brüsten kaum aus dem Bildgrund hervor. Die Rachegeister umschwirren ihn wie den Muttermörder Orest in der Orestie (oder wie die entfesselten Harpyien den armen Phineus in der Argonautensage), mit straffen nackten sphinxartigen Körpern, extrem angewinkelten Beinen (die Krallenfüße erinnern an mittelalterliche Höllendämonen), schräg nach oben abgewinkelten Flügelarmen und steil aufgerichteten Schlangenhaaren. Der Reiz des Bildes liegt auch im Kontrast zum Ovidtext, wo die hier noch tobenden Dämoninnen, vom Gesang des Orpheus bezaubert, zum ersten Mal in Tränen ausbrechen (Met. 10, 45–46). – Von intensiver Statik geprägt, zeigt das Bildfeld *Orpheus und Hermes vor Pluto und Persephone* rechts den Sänger (in gewohnter Erscheinung), begleitet vom Seelengeleiter Hermes, der, mit einem kurzem Rock bekleidet, auf dem Kopf die pilosartige Flügelhaube trägt, an den Füßen die üblichen Flügelschuhe. Eben hinzugetreten, legt er Orpheus die Linke ermutigend auf die Schulter, wohl als Reaktion auf den Zauber von Spiel und Gesang. Orpheus hält die Leier in seiner Linken nach vorn und erhebt, noch singend, seinen Blick erwartungsvoll zum Herrscherpaar der Unterwelt, das ihm erhöht auf einem Doppelthron gegenübersitzt, beide in langen Gewändern: links Pluto mit Krone und Szepter in der Rechten, seitlich zu Orpheus hinüberblickend und eher noch reserviert; rechts Persephone, bis auf einen Mohnstengel in der vorgestreckten Linken ohne besondere Insignien, den Blick schon vor Rührung gesenkt. Zu ihren Füßen verharrt friedlich der dekorative Cerberus (anders als im 2. Bildfeld), die drei Köpfe mit sichtlicher Aufmerksamkeit Orpheus zugewandt. Über der Szene steht die Sichel des Mondes (von der unterschiedlichen Position abgesehen, vielleicht angeregt durch den dritten Holzschnitt von Marcks: vgl. 6/1c). – Das oberste Bildfeld des rechten Türflügels mit dem Titel *Orpheus und Eurydike*, anders als das antike Drei-Figuren-Relief und der Holzschnitt von Marcks (6/1c) nur auf zwei Hauptpersonen konzentriert, gibt den entscheidenden Augenblick, im dem sich der Sänger entgegen Plutos Gebot nach seiner Gattin umschaut. Noch schreitet er, die Leier in beiden Händen vor sich hertragend, nach vorn aus (entsprechend die Fußstellung), und das um den Kopf nach hinten wehende Tuch unterstreicht die Entschiedenheit seiner Vorwärtsbewegung. Doch Eurydike, entsprechend ihrem Schattendasein in dichte Gewänder gehüllt (wie in den Parallelen), wendet zwar noch ihr Gesicht dem Gatten zu; doch der ausgestreckte linke Arm geht schon nach unten, wohl um das Gewand aufzunehmen; und mit der erhobenen Rechten hat sie sich bereits den Schleier über den Kopf gezogen (wie im Drei-Figuren-Relief). Am deutlichsten spiegelt sich die radikale Veränderung der Situation bei ihr in der Rückwendung beider Füße. – Das Bildfeld *Thanatos trennt Orpheus und Eurydike* gibt die unmittelbar nächste Phase der Tennung: die junge Frau (oben links) hat sich noch einmal zu Orpheus umgedreht, sich ihm mit ihrem ganzen Körper öffnend; und auch er (unten rechts), die Leier wie üblich vor sich haltend, will erneut auf sie zugehen. Doch unerbittlich stellt sich beiden der Todesgott in den Weg, ein schauriges Skelett, das mit dürrem, diagonal ausgestrecktem rechtem Arm Eurydike auf Distanz hält und zugleich mit der steil erhobenen Linken Orpheus gebieterisch abweist. Dass der Seelengeleiter Hermes, der im antiken Drei-Figuren-Relief ganz dezent die Liebenden trennt und in Marcks' Holzschnitt distanziert dabeisteht, hier durch die Schreckensgestalt des Todes (im Bildschema der christlichen Tradition) ersetzt wird, ist eine besondere Pointe. – Im vorletzten Bildfeld steht der allein zurückgebliebene Orpheus singend vor seinen Tieren (nach Met. 10, 143–144), während das letzte mit dem Titel *Tod des Orpheus* in rasanter Dynamik das Ende des kopfüber nach unten hängenden Sängers unter den erbarmungslosen Händen zweier thrakischer Mänaden darstellt (nach Met. 11, 1 ff.).

b) Einzeldarstellungen zum Abstieg in die Unterwelt

(6/3) Wie in der früheren Kunsttradition, so sind auch in der Kunst der Moderne Einzelbilder zum Abstieg des Orpheus in die Unterwelt (Grundtyp D) selten. Der deutsche Maler und Graphiker Werner Gilles, in seiner Ausbildung durch das Bauhaus in Weimar geprägt, setzte sich, nach dem zweiten Weltkrieg auf Ischia arbeitend, in zwei mythologischen Zyklen und mehreren Einzelgemälden intensiv mit dem Orpheusmythos auseinander. Seine schlichte Lithographie *Orpheus in der Unterwelt* (c. 1950/55; **Abb. 17**)[281] aus den Zyklen *Orpheus I/II* zeigt vor tiefschwarzem Hintergrund zwei klar identifizierbare helle Figuren, ganz rechts als Vertikalgestalt, frontal dem Bildbetrachter zugewandt, Orpheus mit einer großen Flöte (der Bildtyp erinnert an Hermes aus Marcks' Holzschnitt:

Abb. 17 Werner Gilles, *Orpheus in der Unterwelt*. Lithographie c.1950/55

6/1c), wie er zu Füßen eines Baumes (mit Andeutung von Blattwerk) wartet, wohl noch in der Nähe der Oberwelt. In der Mitte, auf den bewegten Wellen des Unterweltflusses Styx, steuert der Fährmann Charon, eine Mischung aus Strichmännchen und venezianischem Gondoliere, in der Rechten eine lange Stange haltend, mit schmalem dunklem Nachen auf Orpheus zu, wohl um ihn abzuholen. Die Phantasiegebilde im Hintergrund, ein Tier mit Pferdekopf, langer Mähne und emporgestelltem Schwanz, das sphinxartig auf einem dreistufigen Podest ruht, ein fliegender Vogel mit ungleichen Seitenschwingen und dreieckigem Schwanz, dessen Kopf und der gebogene Hals vor einer Art Segel hervortritt, und eine Pyramide, in die eine ebenfalls sphinxartig lagernde Figur mit rechteckigem Kopf, breitem Hals, kugelförmigen Brüsten und rundem Rücken eingepasst ist, sind wohl kryptische Zeichen, um die befremdliche Andersartigkeit der Unterweltsphäre auszudrücken.[282]

(6/4) Zu den Hauptwerken von Alfred Hrdlicka, einem höchst eigenwilligen österreichischen Bildhauer der (Post-)Moderne mit hohem künstlerischem Bewusstsein, gehört sein Mahnmal gegen Krieg und Faschismus (Wien, Albertinaplatz). Ein wesentlicher Bestandteil dieses Monuments ist die überlebensgroße Kalksteinstatue *Orpheus betritt den Hades* (1975; **Tf. 20a**),[283] für die der Künstler – wie schon Edward Burne-Jones im zweiten Entwurf seines Orpheus-Eurydike-Zyklus zu Ovid (1872–1875)[284] – als 'fruchtbaren Augenblick' die ungewöhnliche Situation wählt, wie die große nackte Gestalt des Sängers, sichtbar nur noch mit vorangestelltem linkem und zurückgestelltem rechtem Bein (auf felsiger Unterlage), Unterleib (von hinten) und angewinkeltem linkem Arm (was die Vorstellung der mitgetragenen Leier assoziiert, wie bei Burne-Jones), in eine rauhe, unbehauene, blockartige Felsformation eintaucht, um den Weg in die Unterwelt anzutreten – in dieser Weise eine originelle, in der Kunsttradition ganz neue Bildvorstellung, die das ganze Ausmaß des Wagnisses betont, auf das sich der Liebende bei seiner *Katabasis* einlässt (*ne non temptaret et umbras* Met. 10, 12). Trotz gewissen Textvorgaben[285] dürfte auch hier eine bestimmte literarische Anregung nicht mehr gegeben sein.

(6/5) Rudolf Ederer, ein nicht weniger eigenwilliger Einzelgänger im Umfeld der 'Wiener Schule des Phantastischen Realismus' (vgl. schon 2/12), hat 1979 den ersten Teil von Rilkes *Sonetten an Orpheus* in zwölf dekorativen Radierungen illustriert. Im Zentrum des 5. Blattes[286] sitzt unter einem hellen, nimbusartigen Lichtfeld, wohl der zurückbleibenden Oberwelt, der nackte leierspielende Orpheus relativ aufrecht, an einen oben mit Gras bewachsenen Hang gelehnt, aus dem weiter unten Flammenzungen herausschlagen, über zwei „antikischen Sarkophagen" (*Sonette* I 10, 2), umgeben scheinbar von einer finsteren Gebirgskulisse, tatsächlich von den überschlanken, hoch aufragenden, vollständig in dunkle Gewänder gehüllten Unterweltsschatten. Ganz unten blickt den Bildbetrachter ein bannendes Augenpaar an, Spiegelbild auf dem Wasser des Unterweltflusses Styx, als Illustration eines faszinierendes Textes (I 9, 10–12): *Mag auch die Spieglung im Teich/ oft uns verschwimmen:/ Wisse das Bild.*

c) Einzeldarstellungen zum gemeinsamen Aufstieg zur Oberwelt

Die durchweg erst seit dem Frühklassizismus (2. Hälfte 18. Jh.) einsetzenden Bilder dieses Grundtyps (G) sind angeregt durch eine neuere Stoffvariante, die Oper *Orfeo e Euridice* von Christoph Willibald Gluck (1762/1774; Libretto: Calzabigi), die nicht mit der tragischen Trennung des Paares endet, sondern in einem *happy-end*, als Amor das Paar zusammenführt (III 2) und im Chorfinale (III 3) als Sieger gefeiert wird. Die wenigen neueren Belege stehen mit ihrer harmonisierenden Grundtendenz in reizvollem Kontrast zu den hochdramatischen Belegen des folgenden Grundtyps (H).

(6/6) Eine Kuriosität unter den Mythenthemen in der NS-Kunst ist ein Triptychon, das Wilhelm Friedrich Kalb in konventionell gegenständlichem Stil, mit Anklängen an die Kunst des 19. Jh.s (Präraffaeliten; Feuerbach, Marées), in der Großen Deutschen Kunstausstellung München 1942 präsentierte:[287] nach eigener Deutung ein 'Lebensbild' mit den Teilbereichen *Suchen* (linker Seitenflügel), *Finden* (Mitteltafel) und *Verlieren* (rechter Seitenflügel). Diesen menschlichen Grundsituationen entsprechen Mythen, die in der Kunst der Zeit z. T. selten sind: zum Thema *Suchen* Apoll und Daphne (als geschlossene Gruppe, schon nach Daphnes Metamorphose), zum Thema *Finden* Eros und Psyche (als Liebespaar im Zentrum, sich gegenseitig annehmend, vor einer offenen hellen Landschaft) schließlich zum Thema *Verlieren* Orpheus und Eurydike (wohl nach Ovid; **Tf. 20b**). Dabei verharren die beiden spätklassizistisch edlen Gestalten, eng verbunden im Rahmen ihres traditionellen Aufstiegs aus der Unterwelt (Met. 10, 53–54), auf einer Felsformation am Rande eines dunklen Bergsees (im Hintergrund sieht man kahle Berggipfel mit Schneefeldern). Der lorbeerbekränzte Orpheus (ohne Leier, dafür mit Wanderstock in der Linken) setzt den linken Fuß voraus; seine Rechte sucht scheinbar noch die Linke Eurydikes, deren Schrittrichtung nach vorn ebenso wie ihre Blickrichtung nach hinten jeweils der seinen entspricht.
In dieser Ambivalenz unterscheidet sich allerdings das Bild von der sonst fast deckungsgleichen Gesamtbewegung des Paars beim gemeinsamen Aufstieg – ein Bildschema, das im Anschluss an Glucks Oper und einen verschollenen, in der Kleinkunst oft zitierten Bildentwurf der Frühklassizistin Angelika Kauffmann (c. 1775/80) am ausgeprägtesten vorliegt in Anselm Feuerbachs großem Gemälde *Orpheus und Eurydike* (1869).[288] Der Künstler hat dem sieghaft vorangehenden Mann annähernd die eigenen Züge verliehen, der sich bescheidend folgenden Frau die Züge Nannas (Anna Risi), seiner legendären römischen Geliebten. So bietet ihm der Orpheus-Eurydike-Mythos das ganz persönliche Identifikationsschema eines Männertraums von edler Größe und praestabilierter Harmonie zwischen Mann und Frau (mit unbewusst konservativem Rollenverständnis der Geschlechter). Dominierend ist in Feuerbachs Gemälde die untrennbare Zusammengehörigkeit des Paares, sein Verschmelzen zu einer harmonischen Einheit (so wie sie der Maler sehnsuchtsvoll beschwört) auf dem Weg *per aspera ad astra*. Bei Kalb hingegen blickt das Paar nicht mehr zusammen nach vorn, sondern gemeinsam zurück, die Hände haben sich, wohl nach seinem fatalen Umblicken, gerade gelöst – als hätten sich beide schon verloren (Untertitel: *Verlieren*). In der Kunst des Dritten Reiches ist ein solches Thema, das den Betrachter nachträglich um so mehr frösteln lässt, weil Abschied, Trennung und Verlust im Jahr 1942, zwischen Moskau und Stalingrad, zunehmend ihren Tribut forderten, um so bemerkenswerter, weil die ideologische Tendenz sonst eindeutig zu positiven, vitalen

Mythenausdeutungen geht (vgl. 5/2). Entsprechend dezent hier das Andeuten des unmittelbar bevorstehenden oder eben schon eingetretenen Verlustes; entsprechend groß die relative Nähe zur klassizistisch-biedermeierlichen Bildtradition.

(6/7) Pierre Commoy und Gilles Blanchard, unter der Kurzform 'Pierre et Gilles' in der aktuellen französischen Kunstszene bekannt, verfremden in ihrem Fotogemälde *Orphée* (1990; **Tf. 21a**)[289] den traditionellen Aufstieg des Paares aus der Unterwelt zu einer maritimen Unterwasserexpedition im dekorativem Geflecht von Aquariumfischen und Korallen: „Orphée et Eurydice flottent dans un océan de lamé et de paullettes."[290] Dabei dominiert der Mann im Vordergrund, schwarzhaarig, mit dunkelbraunen großen Augen und rosigem Teint, die Leier unter dem rechten Arm, einen Schritt voraus. Die Frau, relativ blass, die schmalen Augen fast geschlosen, doch geschminkt und mit wallendem rotem Haar, schwebt hinter ihm her, die Linke haltsuchend um seine starke männliche Brust gelegt. Beide Gesichter, im Blick leicht nach oben gerichtet, entsprechen einem üblichen Film-, Fernsehshow- und Magazingeschmack. Als Orpheus posiert übrigens der englische Sänger Marc Almond; dem Entwurf entsprechend, zierte er auch das Plattencover seines Albums 1990 mit dem beziehungsreichen Titel *Enchanted*. Nun ließe sich das Ganze durchaus als marginale Geschmacksverirrung der Gegenwartskunst abtun, bliebe da nicht der Verdacht, hier würde mittels Unterwasserkamera und Showeffekt jenes traditionell bourgoise Rollenverständnis der Geschlechter, des faszinierenden Mannes und der von ihm faszinierten Frau (Titel *Enchanted*), auch in unserer ebenso haltlos verunsicherten wie hoffnungslos harmoniegeilen Postmoderne weiter konserviert – oder doch nur parodiert? Ich fürchte, nicht einmal das.

(6/8) Der bei einem Schulprojekt zum Thema 'Orpheus' 1995 im Gymnasium an der Stadtmauer Bad Kreuznach entstandene Linolschnitt von Jutta Fischborn (10. Klasse; **Abb. 18**)[291] schildert, an die harmonisierende Tradition des 19. Jh.s anschließend, mit denkbar schlichten Gestaltungsmitteln die bedrückende Situation, in der das Paar, von hinten gesehen, in lange Gewänder gehüllt, einträchtig nebeneinander durch die Finsternis dahinschreitet (nach Met. 10, 53 f.: *carpitur acclivis per muta silentia trames,/arduus, obscurus, caligine densus opaca*), unter einer ungeheuren Höhlung den Weg zur Oberwelt suchend. Dabei hat Orpheus als Zeichen der Verbundenheit seinen linken Arm auf Eurydikes rechte Schulter gelegt – eine zeitgemäße Variante zu Anselm Feuerbachs spätklassizistischem Gemälde (1869),[292] in dem der Mann einen Schritt vorausgeht, während die Frau ihm vertrauensvoll von hinten die rechte Hand auf die linke Schulter legt.

Abb. 18 Jutta Fischborn, *Orpheus und Eurydike*. Linolschnitt 1995

d) Einzeldarstellungen der Katastrophe

Bei Vergil findet die Katastrophe unmittelbar am Rande der Oberwelt statt (*luce sub ipsa* Georg. 4, 490), bei Ovid gegen Ende des Aufstiegs nahe der Oberwelt (*nec procul afuerunt telluris margine summae* Met. 10, 55). In Vergils pathetischer Darstellung deklamiert Eurydike unter großem 'Theaterdonner' (Georg. 4, 493) eine ganze Monodie (494–498), ehe sie sich vor Orpheus gleichsam in Luft auflöst (499 f.). Ovid beschreibt ausführlich den visuellen Vorgang der Trennung (Met. 10, 57–59. 63) und beschränkt das Akustische auf ein einziges Wort: Eurydikes' *vale*! (63) reduziert noch das *iamque vale*! von Vergils Eurydike (Georg. 4, 497). Allerdings spielen diese Unterschiede bei der geringeren Präsenz der literarischen Texte in der Kunst der Moderne kaum noch eine Rolle. Doch sind auch die neuesten Bildbelege so interessant im Blick auf Bildidee und gewählten Augenblick, Ästhetik, Intensität und Expressivität der Darstellung, dass eine Beschränkung im Unterricht nur auf diesen Grundtyp (H) durchaus denkbar ist. Spannend und reizvoll das gemeinsame Erarbeiten der jeweiligen Bildpointe, besonders beachtlich die künstlerische Qualität der Belege. Aus dem umfangreichen Gesamtmaterials hebe ich einige *highlights* hervor.

(6/9) Auguste Rodin, bedeutendster französischer Bildhauer des *Fin de siècle* und einer der Väter der modernen Plastik und Skulptur, erschließt für seine Marmorgruppe *Orphée et Eurydice sortant de l' enfer* (c. 1893),[293] die später auch als Einzelelement in seinem monumentalen *Höllentor* erscheint, mit untrüglichem künstlerischem Instinkt eine neue Möglichkeit des 'fruchtbaren Augenblicks', die schon bei entsprechender Gruppierung der zwei Einzelstatuen des klassizistischen Bildhauers Antonio Canova möglich gewesen wäre (c. 1775, übrigens nach Vergil):[294] die Phase unmittelbar nach dem fatalen Umdrehen. Von vorn gesehen **(Tf. 22a)**, wird das liebende Paar durch die riesige unbehauene Felsformation des Hintergrunds (als Szenerie beim Aufstieg aus der Unterwelt) fast erdrückt; doch noch gehen beide in derselben Richtung, noch führen sie den ausgestreckten rechten Arm eng aneinander in paralleler Harmonie. Aber der vorausgehende Mann hat schon seine linke Hand an den leicht nach vorn gesenkten Kopf gelegt, als wolle er so das unmittelbar vorangehende Fehlverhalten ungeschehen machen. Er verdeckt sein Gesicht, als wolle er den Blick verschließen vor der unabwendbaren neuen Realität, die sich im seitlichen Blickwinkel allzu deutlich erschließt **(Tf. 22b)**: Eurydikes Kopf geht schon resignierend nach hinten; ihr linker Arm sucht den Gatten vor ihr noch zu fassen, doch verliert die Bindung zu ihm: ein massiver Felsblock stellt sich ihrem noch voranschreitenden linken Bein in den Weg, zurückweisend und trennend. Rodin realisiert das dem Mythos zugrundeliegende 'Symbol', die Grundidee der menschlichen Tragödie zwischen Liebe und Tod, ohne unmittelbare Entsprechung zu den antiken Quellen in einmaliger Eindringlichkeit. Keine Darstellung des Themas – außer dem antiken Drei-Figuren-Relief – scheint mir auch nur annähernd so erschütternd.

(6/10) Weniger bekannt ist die kleine Bronzegruppe *Orpheus and Eurydice* (c. 1905; **Tf. 21b**)[295] des in England wirkenden Kunstkritikers, Malers und Bildhauers Charles Ricketts, die, als Plastik zu den Erstlingswerken des Künstlers gehörend, mit einem ganz eigenständigen Entwurf die großen Belege zum Thema in der Kunst des 20. Jh.s einleitet. In den beiden nackten Gestalten, die, Rücken zu Rücken stehend, aus der gemeinsamen Basis annähernd zu einer Kreisform zusammenwachsen, verschmelzen Abschied und Trennung;[296] im schmerzlichen Prozess ihres unwiderruflichen Auseinandergehens wird die Umarmung zur Qual: „Il réunit en un tragique contraposto – rotation et torsion des torses dans le perpétuel tournoiement de la combinaison circulaire des corps – deux univers qui se séparent."[297]

(6/11) Die Fresken, mit denen der französische Bildhauer und Maler Antoine Bourdelle, ebenfalls ein 'Klassiker der Moderne' (vgl. 2/3), das

Théâtre des Champs-Elysées in Paris ausgestaltet (1912/13), stehen unter dem Motto ‘les thèmes éternels et les temps fabuleux des mythes anciens’. Der Bildentwurf *Orphée et Eurydice* (c. 1913)[298] zeigt ein bemerkenswertes Spannungsverhältnis zwischen schöner Form und hochdramatischem Inhalt. Die stilistische Harmonie der fließenden Linienführung und der nur wenig kontrastreichen Farbgebung übernimmt Gestaltungsmittel der viktorianischen Malerei (z. B. aus dem Orpheus-Zyklus von Burne-Jones) und des zeitgenössischen Jugendstils. Inhaltlich zeigt das Bild rechts oben die Silhouette des zusammengekauerten Orpheus, der, über die Grenze zur Oberwelt hinausgetreten, die verschränkten Arme auf seine abgesetzte Leier stützt und mit schräg gelegtem Kopf einen schmerzvollen Blick zurückwirft; links die dahingesunkene Eurydike in Rücklage, mit Blick zum Himmel, als teils horizontal, teils leicht diagonal hingegossener Akt, den rechten Arm nach hinten ausstreckend zu dem bräunlichen, ihren nackten Körper ringsum rahmenden Umhang. Sie bildet zugleich eine geschlossene Gruppe mit dem Diener der Unterwelt (unter ihr, mit dunklerem Inkarnat, weinrotem Gewand und madonnenhaften Gesicht), der, von hinten mit kräftigem rechtem Arm ihre Taille umfassend, sich anschickt, sie unwiderruflich in Richtung der dunklen Felsformationen des Vordergrunds davonzutragen. Harte unerbittliche Realität des Geschehens und höchste Ästhetik der Darstellung: beides bestimmt die Wirkung dieses stilvollen Entwurfs.

(6/12) Ker-Xavier Roussel, eine ganz eigenwillige Künstlerpersönlichkeit in der Entwicklung der modernen Kunst zwischen Fauvismus und Expressionismus, sonst eher durch arkadisch-dekorative Gestaltungen mythischer Themen bekannt, erfasst in seinem Gemälde *Orphée et Eurydice* (c. 1924; **FTf. 3b**)[299] nicht mit klaren Linien und Konturen einer feinen, präzisen Zeichnung, sondern mit ausdrucksstarken Farben, pastosem Farbauftrag und weitgehend fehlender Konturierung den fatalen Augenblick des Umdrehens direkt am Rande der Oberwelt. Aus einer dunklen höhlenartigen Öffnung (dominierend die Farben Schwarz und Braun) tritt Orpheus mit großem Schwung in die helle Lichte der Oberwelt hinein (dominiernd das Blau des Himmels und das Weiß der Wolken, im Kontrast zu seinem nach hinten wehenden roten Gewand). Er zeigt mit dem ausgestreckten rechten Arm in die Weite, auch das angewinkelte rechte Bein und den ganzen Körper nach vorn gerichtet, doch wendet zusammen mit dem linken Arm den Blick zurück (dominierend die schräg nach oben weisende dunkle Diagonale vom gerade durchgedrückten linken Bein über die linke Körperseite bis zum umschatteten Gesicht). In diesem Augenblick sinkt Eurydike, eine fast zerfließende Schattengestalt in bogenförmigem blauem Gewand, den rechten Arm vergeblich nach vorn streckend, mit rückwärts gewandtem linkem Arm und schon abgewandtem

Gesicht nach hinten in die Finsternis zurück, aus der die diffuse Silhouette des Cerberus mit seinen bräunlichen Köpfen nach ihren langen blonden Haaren schnappt, die ihr weit in den Rücken fallen, und nach ihr selber, um sie in seine Gewalt zurückzuholen. Bei aller stilistischen Unterschiedlichkeit: der erfasste 'fruchtbare Augenblick" entspricht ganz dem großen Spätbarockentwurf Giovanni Battista Tiepolos (nach Vergil) im Rahmen des raumfüllenden Deckenfresko *Allegoria dell' Eloquenza* im Salone des Palazzo Sandi zu Venedig (1724/25).[300] Das in der dynamischen Komposition und der rasanten Malweise hinreißende Bild, das die mythische Situation des Umdrehens so einprägsam realisiert wie kaum eines, belegt nachdrücklich, welche Gestaltungsmöglichkeiten sich für mythische Bildthemen auch noch in der klassischen Moderne bieten.

(6/13ab) Gert H. Wollheim, ein neuerdings wiederentdeckter deutsch-jüdischer Künstler, der sich gerade in seiner 'Phantastischen Malerei' nach 1945 mit griechischen Mythenthemen beschäftigte, hat Trennung und Zusammengehörigkeit des Paares in zwei verwandten Entwürfen dargestellt. Das Gemälde *Orpheus* (1946; **Tf. 23a**)[301] ist ein breitformatiges Konstrast-Vexierbild, das ebenso gut umgekehrt aufgehängt werden könnte, je nachdem, ob man Eurydike in der Unterwelt oder Orpheus in der Oberwelt zum Ausgangspunkt nehmen will. Eurydike erscheint links mit schönem entspanntem Gesichtsprofil und zarter gelöster Haltung der rechten Hand; der Flügel an ihrem Kopf (unter den in weichem Bogen nach hinten fließenden Haaren) ist wohl Symbol ihres Schattendaseins. Ihr gegenüber steht Orpheus auf dem Kopf, was seine Zugehörigkeit zur Oberwelt ausdrückt; auf den Haaren liegt ein Lorbeerkranz, der zwischen Eurydikes Gesicht und Hand eine spiegelbildliche Entsprechung findet; sein Gesicht ist angespannt, der Zeigefinger seiner Rechten weist konzentriert auf das weibliche Gegenüber. Den Raum zwischen den beiden Gesichtern im Zentrum des Bildes nimmt ein schräges Gebilde ein, das ansatzweise Umriss und Struktur einer Leier zeigt. – Das Hochformat *Orpheus und Eurydike* (1952)[302] variiert dieses Bildschema mit der Umkehrung, dass nun der dekorativ stilisierten Büste des Orpheus (unten, mit männlich markantem Profil) die entsprechende Büste einer ätherisch schönen Eurydike (oben, mit flammenden Haaren) auf dem Kopf gegenübersteht; während sein angespannter Blick diagonal nach oben geht, schaut sie gelassen horizontal in die Weite. Den größer gewordenen Zwischenraum zwischen beiden überbrücken ein Lichtstreif von seiner Stirn zu ihrem Mund und zwei Nabelschnüre (oben und unten) als Symbol ihrer unauflösbaren Zusammengehörigkeit.

(6/14) Für Jean Cocteau wurde bei seiner Auseinandersetzung mit dem griechischen Mythos (und im Spannungsverhältnis zum Surrealistenkreis um André Breton) das Orpheusthema fast zur *idée fixe*, die zunächst seine frühe Tragödie *Orphée* (1926), später noch zwei hochkomplizierte Filmversionen hervorbrachte, *Orphée* (1949) und *Le Testament d' Orphée* (1960). Zu seinen künstlerisch wie inhaltlich wertvollen Bildentwürfen[303] gehört nach ihrer Entstehungszeit kurz vor der ersten Filmversion auch eine eindrucksvolle Tapisserie mit dem Titel *Les Amants* bzw. *Le Couple* (1948).[304] Auf der rechten Seite dominiert ein männliches Profil (unterlegt mit eher kräftigen Farbstreifen von Dunkelbraun über leuchtende Rot- und Gelbtöne zu blassen Beige- und Ockernuancierungen an der Gesichtssilhouette); das Pendant auf der linken Seite bildet ein weibliches Gegenprofil (unterlegt mit eher blassen Farbstreifen von kühlem Blau vorn an der Gesichtssilhouette über Ocker- und Grautöne bis zu Dunkelbraun). Dem Farbgegensatz entsprechen Gesichtsausdruck und Haltung: er blickt mit großem, eckigem Auge leicht von oben zu ihr herab, sie mit kleinerem, bogenförmigem Auge zu ihm auf. Nase, Lippen und Kinn der beiden berühren sich fast, getrennt nur durch eine durchgehende, im Halsbereich besonders breite pechschwarze Zone, in die ganz von oben eine blaugraue Spitze hineinstößt, das Einvernehmen der beiden fast schmerzlich trennend. Der moderne Entwurf drückt, völlig frei von der Textvorgabe, die Grundsituation des Paares, innere Zusammengehörigkeit und äußere Trennung, mit der Eindringlichkeit einfachster Gestaltungsmittel aus.

(6/15) Für Marc Chagall, ebenfalls einen der 'Klassiker der modernen Malerei' (vgl. 5/7), spielte von Herkunft, Umfeld und künstlerischem Interesse her die antike Mythentradition zunächst so gut wie keine Rolle; erst in seinem Spätwerk wendete er sich zunehmend Themen des griechischen Mythos zu, allerdings meist sehr frei und unabhängig. Selbst seine Illustrationen zur *Odyssee* (1973/75) orientieren sich vielfach kaum am Text, was am Ende einer langen Bildtradition äußerst irritierend wirkt, doch ganz der Eigenständigkeit künstlerischer Tätigkeit in der Moderne entspricht. Auch von seinem späten Gemälde *Le mythe d' Orphée* (1977)[305] ist keine Konzentration oder gar konsequente Beschränkung auf die Darstellung des mythischen Geschehens zu erwarten: es überwiegen Chagalls gewohnt kindhafte Ausdrucksmittel, links farbige geometrische Figuren (die an Sonne und Mond erinnern), in der Mitte ein schwarzes, ganz rechts ein weißes Tier, Frauen mit Kindern im Arm am linken und rechten Bildrand, eine schwebende rötliche Figurine oben links. Mythischer Kern des Bildes (und Anlass des Bildtitels) ist die aufrecht stehende, leicht nach links geneigte, dunkelblaue Gestalt des Sängers, der seine goldfarbene Leier in beiden Händen vor sich hält; ihm entspricht wohl das weiße pferdartige Wesen, das aufrecht rechts daneben steht – vielleicht Symbol seines thymetischen Naturells und seines emotionsbestimmten Verhaltens (das Zurückblicken auf Orpheus könnte auf die mythische Situation seines eigenen Umblickens anspielen). Zu Füßen des Sängers erkennt man die mit geschlossenen Augen wie leblos am Boden liegende Gestalt Eurydikes, die, von ihm getrennt, in den düsteren, eher unheimlichen Hintergrund des Bildes eingeht; ihr entspricht (von ihren blonden Haaren abgesehen) in seiner dunklen Gleichfarbigkeit das kleine eselsartige Wesen darüber. Ob die etwas kleinere Jünglingsgestalt, die ganz links neben den farbigen geometrischen Figuren steht, zu Orpheus hinwinkt (vielleicht auch als Symbol der von dem Paar nicht mehr erreichten Oberwelt) oder einfach nur für sich zu verstehen ist, bleibt unklar: Chagall löst sich noch weiter von der früheren Tradition, das mythische Geschehen darzustellen, als dies schon in Werner Gilles' Lithographie (vgl. 6/3) zu beobachten war.[306] Bei aller künstlerischen Eigenständigkeit: solch freie Behandlungen mythischer Themen sind als visualisierende Ergänzung im Unterricht nur begrenzt geeignet.[307]

Abb. 19 Robert Ederer, *Rilke, Sonette an Orpheus I, Bl.12*. Radierung 1979

(6/16) Robert Ederer (vgl. 6/5) sieht im abschließenden Höhepunkt seines Illustrationenzyklus zum ersten Teil von Rilkes *Sonetten* (1979; **Abb. 19**)[308] auf den Spuren Botticellis die schöne Eurydike als helle Lichtgestalt auf ihrem Rückweg aus der lebenserfüllten Oberwelt hinab zu einer monumentalen, perspektivisch schräg versetzten, an ägyptische Königsgräber erinnernden Grabanlage. Noch blickt sie zum Betrachter zurück, doch gleich sie wird eintreten in das Tor der finsteren Unerbittlichkeit. Orpheus als dunkle Gegenfigur füllt in zwei Erscheinungsformen die untere rechte Ecke des Bildes: in einer langen Diagonale als liegende, wie im Tode ruhende Gestalt mit anatomisch präziser Wiedergabe von Muskeln und Sehnen, darunter hinter dem geschlossenen Rund der Leier als schmaler Kopf mit ausdrucksvollem Mund und riesigen Augen, deren traurige Blicke – in vollem Bewusstsein des Verlustes – denen des Betrachters begegnen. Der Sänger lebt weiter, als sei er tot; sein Kopf ruht in seiner Leier wie in einem Sarg – zugleich wohl Anspielung auf die spätere Geschichte des Orakelkopfes (Met. 11, 50 ff.), deren Voraussetzung, seine Steinigung durch die thrakischen Mänaden, das Simultanbild am oberen linken Bildrand darstellt. Enge Textbezüge bietet die Illustration besonders zu Rilkes Sonett I 25, das sich an Eurydike richtet:

Dich aber will ich nun, *Dich*, die ich kannte
die eine Blume, von der ich den Namen nicht weiß,
noch *ein* Mal erinnern und ihnen zeigen, Entwandte,
schöne Gespielin des unüberwindlichen Schrei's.
Tänzerin erst, die plötzlich, den Körper voll Zögern,
anhielt, als göss man ihr Jungsein in Erz;
trauernd und lauschend. – Da, von den hohen Vermögern
fiel ihr Musik in das veränderte Herz.
Nah war die Krankheit. Schon von den Schatten bemächtigt,
drängte verdunkelt das Blut, doch, wie flüchtig verdächtigt,
trieb es in seinen natürlichen Frühling hervor.
Wieder und wieder, von Dunkel und Sturz unterbrochen,
glänzte es irdisch, bis es nach schrecklichem Pochen
trat in das trostlos offene Tor.

(6/17) Nach künstlerischen *highlights* nun noch ein Produkt aus der Schulpraxis: die im Rahmen eines Schulprojekts 1995 (vgl. 6/8) entstandene Collage (**Tf. 23b**) von Silke Nehlig (10. Klasse)[309] gestaltet den alten Mythos mit Zeitschriften-Ausschnitten der Gegenwart: Orpheus (links) ist mit seinem schwarzen T-Shirt zu einem braungebrannten Gitarrenbarden aus der Pop-Szene geworden, der, mit leicht angehobenem Kopf wie auf einer Bühne stehend, einen schmachtenden Blick auf sein *dream-girl* riskiert. Die hochelegante Eurydike (rechts), vor einem duftigen Mittelgrund aus Sträuchern, Wiesenblüten und Wolken auf den Sänger zuschreitend, posiert, voll angestrahlt wie auf einem Laufsteg, als gertenschlankes Top-Model mit enganliegendem weißem Kleid, das im Beinbereich in einen durchsichtig blauen Schleier übergeht. Einzige Hinweise auf die mythische Situation: hinter ihr folgt in mäßigem Abstand eine cerberusartige Hundegestalt; ganz oben, im Grenzbereich zwischen hellem Mittel- und tiefschwarzem Hintergrund, hebt eine eher füllige Männergestalt, nur im Oberkörper sichtbar, drohend den Zeigefinger – nach Auskunft der Schülerin Hermes (nach dem Drei-Figuren-Relief), dessen Gebot der Sänger missachtet; entsprechend die schon von Orpheus abgewandte Kopfhaltung und Blickrichtung Eurydikes.

Anhang: Sonderentwürfe nach neuen literarischen Versionen

Die starke Nachwirkung des Themas in Literatur und Bildender Kunst der Moderne hat auch eigenständige Sonderentwürfe nach neueren literarischen Versionen zur Folge, von denen zwei hier anhangweise behandelt werden:

(6/19) Das in gedeckten, fast düsteren Farben gehaltene Gemälde *Orpheus und Eurydike* (1917; **Tf. 24a**)[310] des österreichischen Malers, Graphikers und Dichters Oskar Kokoschka, ein Musterbeispiel für den freien souveränen Umgang mit vorgegebenen Mythenstoffen in Literatur und Bildender Kunst des 20. Jahrhunderts, steht in Antithese zur gesamten früheren Tradition des Themas. Der ältliche nackte Orpheus (links) hat seine Leier rechts neben sich abgelegt; dem Betrachter eher frontal zugewandt, sitzt er da mit überkreuzten Beinen, den linken Arm auf den Schenkel gelegt, den rechten Arm nachdenklich zum Kinn aufgestützt, und blickt hinüber zu Eurydike, die, ganz im Schatten sitzend, dem Bildbetrachter nur im Halbprofil wahrnehmbar, von Orpheus weg ins Leere blickt, grau gekleidet, mit nackten Füßen und einer verlegenen Geste ihrer Linken. Ein dunkler Riss im Hintergrund schafft zusätzlich Distanz zwischen dem Mann und der Frau, die wirken wie ein altes, einander entfremdetes Ehepaar, das sich nichts mehr zu sagen hat. Links über Orpheus fliegt Amor nach unten, mit gesenkter Fackel – traditionelles Symbol der erkalteten Liebe zwischen beiden.[311]
Der ikonographische Sondertyp erklärt sich völlig unabhängig von den klassischen Texten aus einer neuen literarischen Anregung, Kokoschkas Schauspiel *Orpheus und Eurydike* (1915, überarbeitet im Entstehungsjahr des Bildes; Uraufführung: Schauspielhaus Frankfurt 1921).[312] Hier hat Orpheus nach Jahren trauernder Sehnsucht Eurydikes Rückführung aus dem Hades erreicht (II 1–2); doch bei der Rückfahrt übers Meer, in einer

gespenstischen Kajütenszene (II 4), in der sie übernächtig auf einer Bank sitzen, wird dem Paar erschreckend klar, wie sehr sie sich in dieser Zeit entfremdet haben (Eurydike erwartet ein Kind von Hades). In dieser Konstellation schimmern die ganz persönlichen Voraussetzungen des Schauspiels und des Bildes durch: Kokoschkas hochproblematische Beziehung zu der abgöttisch von ihm geliebten Alma Mahler-Werfel. Die abgelegte Leier am linken Bildrand wird zum Symbol einer künstlerischen Existenzkrise.

(6/20) Das frühe Pastell *Orphée et Eurydice* (1925)[313] von Jean Cocteau (vgl. 6/14) scheint mit dem Verfremdungseffekt dadaistischer und surrealistischer Gestaltungsmittel auf den ersten Blick eine Abschiedsszene zu zeigen, in der Eurydike (mit antikisierendem Gewand) nach links in die Unterwelt zurückgeht, der nackte Orpheus (mit eher abwehrender Geste seiner Linken) kopflos zurückbleibt (was seine Unbedachtsamkeit bezeichnen könnte, sich nach ihr umzusehen). Zentrum des Bildes (durch einen Strahlenkranz besonders hervorgehoben) sind die Hände beider, die sich festzuhalten suchen – wohl vergeblich. Dieses erste Bildverständnis hat durchaus sein Recht, wenn man an Cocteaus spätere konventionelle Entwürfe zum Thema denkt.[314] Allerdings ergeben sich für die Bilddeutung entscheidende Zusatzaspekte aus Cocteaus 1926 uraufgeführten Tragödie *Orphée*, die den mythischen Stoff noch freier und von der literarischen Tradition des Themas unabhängiger behandelt als Kokoschkas Schauspiel: Orpheus, auf der Höhe seines künstlerischen Ruhmes, vernachlässigt zunehmend seine Ehefrau Eurydike; als sie stirbt (5. Szene), holt sie Madame la Mort (weibliche Ersatzfigur für Hades) durch einen großen Spiegel ins Totenreich, lässt jedoch in Orpheus' Haus ihre Gummihandschuhe zurück (6. Szene). Mit Hilfe dieser Handschuhe und des Glasers Heurtebise gelangt Orpheus durch denselben Spiegel ins Totenreich (7. Szene), von wo er Eurydike zurückholt mit der Auflage, sie in der Alltagswelt nicht anzusehen (Anfang 9. Szene). Als er dies im Verlauf der weiteren Auseinandersetzung dann doch tut (gegen Ende der 9. Szene), wird sie ihm endgültig genommen (zunächst denkbar, schon diese 9. Szene irgendwie mit dem Bild in Verbindung zu bringen).[315] Allerdings wird Orpheus anschließend durch eine aufgebrachte Menge von Frauen gesteinigt (Umsetzung der Mänadenszene von Met. 11, 1 ff.); sein Kopf rollt ins Zimmer (ein ausgesprochen dadaistischer Gag) und ruft wehklagend nach Eurydike (10. Szene), die in dieser Situation noch einmal aus dem Spiegel heraustritt und seinen (für den Zuschauer unsichtbaren) Körper (ohne Kopf) mit sich nimmt (der mit der Kopflastigkeit des Intellektuellen spielende Schlussgag der 10. Szene, auf den sich in einer witzigen Umkehrung des Dargestellten wohl tatsächlich das Bild bezieht, im Wortlaut):

(Kopf des Orpheus) Wo ist mein Körper?

(Eurydike) Bei mir. Gegen mich gepresst. Jetzt kannst du mich nicht mehr sehen, und ich habe die Erlaubnis, dich mitzunehmen.

(Kopf des Orpheus) Und mein Kopf, Eurydike … mein Kopf … wo habe ich meinen Kopf gelassen?

(Eurydike) Sei still, Geliebter, denk nicht mehr an deinen Kopf …[316]

e) Orpheus' Trauer um Eurydike

Während Vergil Orpheus' Reaktion auf Eurydikes Tod und auch die Verzweiflung des Sängers nach ihrem endgültigen Verlust relativ ausführlich beschreibt (Georg. 4, 464–466; 507–510, erweitert um den Vergleich mit der um den Verlust der Jungen klagenden Nachtigall 511–515), referiert Ovid die erste Klage ganz summarisch (Met. 10, 11 f.), die zweite relativ knapp (73–77). Um so eindrucksvoller sind einige Bilder des um Eurydike trauernden Orpheus bzw. seiner Verzweiflung nach der unwiderruflichen Trennung, speziell in der Kunst des französischen Symbolismus (Gustave Moreau). Diese bemerkenswert 'modernen' Belege können im Unterricht abschließend herangezogen werden, da sie die menschliche Tragik der Geschichte von der künstlerischen Seite her besonders einprägsam beleuchten.

(6/21) Gustave Moreau, Hauptvertreter des französischen Symbolismus, in seinem Spätwerk zunehmend einer der Wegbereiter der modernen Kunst (Fauvismus, Expressionismus, Abstraktion), verlor 1890 seine langjährige Lebensgefährtin. Die dadurch ausgelöste persönliche Krise bewältigte der Künstler u. a. durch intensive Auseinandersetzung mit Orpheus als mythischer Identifikationsfigur. Die damals entstandenen Gemälde und Gemäldeskizzen gehören aus heutiger Sicht qualitativ zum Besten in Moreaus Gesamtwerk. Zu seinem Hauptwerk *Orphée au tombeau d' Eurydice* (1891; **Tf. 24b**)[317] gab der Künstler ein Jahr vor seinem Tod (1897) folgenden Bildkommentar: „*Der heilige Sänger ist verstummt. Die herrliche Stimme der Lebewesen und der Dinge ist ausgelöscht. Der Dichter liegt reglos zu Füssen eines verdorrten Baumes mit seinen absterbenden Ästen. Die Leier hängt verlassen an diesen seufzenden und wehklagenden Ästen. Die Seele ist allein, sie hat all ihren Glanz, ihre Kraft und ihre Anmut verloren; sie beweint sich selbst in ihrem Verlust, ihrer untröstlichen Einsamkeit; sie seufzt, und ihr stummes Wehklagen ist der einzige Laut in dieser tödlichen Einsamkeit … Überall herrscht Schweigen. Der Mond erscheint über dem kleinen Bau* (der Grabeskrypta) *und dem von Mauern umschlossenen kleinen Weier. Nur die von den Wasserblumen fallenden Tautropfen erzeugen einen regelmässigen und leisen Ton, ein Geräusch von Melancholie und Milde, ein Geräusch des Lebens angesichts des schweigenden Todes.*“[318]

Moreaus Deutung belebt die Bildwelt unter Einbeziehung der Lautwelt zu einem akustisch-visuellen Gesamtkunstwerk. Die revolutionäre Neuartigkeit des Malstils wird evident in der Farbgebung: oben ein rotbräunlichblaues Nachtfirmament, darunter ein weißer Mondhimmel als Kontrastuntergrund der rötlichbraunen Baumzone (Komplementärfarbe zum normalen Grün), unten links die schwarzbraune Fläche des Teiches; der Grabbau nur umrisshaft, ganz flächig gegeben, der abgestorbene Baum als brauner Torso. Vor dessen Stamm ist Orpheus, im Oberkörper nackt, den Unterleib mit grellblauer Gewandung verhüllt, auf die Knie gefallen, die Rechte zum halb gesenkten Kopf hebend, als wolle er sich die Tränen abwischen. Die Linke greift haltsuchend nach hinten zum Baum und der an ihm hängenden Leier; den Abschluss bildet ein diffuser, überwiegend dunkler Vordergrund ohne fassbare Konturierung. Alles in allem: ein hinreißendes Bild, hochexpressiver Spiegel einer geistig-seelischen Krise, chaotischer Ausdruck einer menschlichen Extremsituation, zugleich aber auch eine Geburtsstunde der moderne Malerei, Vorwegnahme von Elementen der späteren Kunstentwicklung (Matisse, Expressionisten) durch Umkehrung der konventionellen Farbskala und Auflösung der traditionellen Konturierung.

(6/22ab) Moreaus gleichzeitige Gemäldeskizze *Lamentation d' Orphée* (c. 1891)[319] zeigt in demselben progressiven Malstil den Sänger unter dunkelgrauem Himmel (vor der von einer helleren Kontrastzone düster abstechenden Gebirgskulisse) am Fuße eines nur schemenhaft erkennbaren Baumes, mit dem rechten Bein auf dem Boden kniend, das linke Bein angewinkelt erhoben, in der Linken die Leier, den rechten Arm und das Gesicht in schmerzvoller Klage zum Himmel erhebend. Die Gestalt und der ebenfalls bräunliche, grasbewachsene Vordergrund heben sich farblich nur wenig ab von dem trostlosen Hintergrund, der die seelische Befindlichkeit des Künstlers wie auch die mythische Situation des klagenden Sängers eindrucksvoll wiedergibt. – Die entsprechende Skizze *La douleur d' Orphée* (c. 1891)[320] erinnert farblich eher an das große Gemälde (6/21): vor einem unruhigen, in kühnen Farben gemalten Nachthimmel, einer fast schwarzen Baumkulisse (links), deren Silhouette leicht rötlich schimmert, und finsteren Bergrücken (rechts) liegt Orpheus, als etwas hellere Gestalt in dem diffusen Vordergrund kaum wahrnehmbar, auf einer weiten Ebene, zusammengebrochen in Schmerz, Trauer und Verzweiflung. Die weite trostlose Landschaft spiegelt auch hier die pessimistische Stimmung des Künstlers und seiner mythischen Identifikationsfigur

(6/23) Kurz vor der Marmorgruppe, die den Augenblick nach Orpheus' Umdrehen zu Eurydike darstellt (vgl. 6/9), schuf Auguste Rodin, bei engen Kontakten zu Moreau wohl durch dessen Entwürfe von 1890/91 angeregt, in seinem unverwechselbaren, an Michelangelo anschließenden Stil die Bronze *La douleur d'Orphée* (1892).[321] Die nackte muskulöse Gestalt des Sängers sinkt mit einknickenden Beinen nach hinten zurück – als Spiegel innerer Labilität. Mit der Linken hält er noch neben dem Kopf die Leier empor, die auf einer unbehauenen, teils pflanzlich, teils felsartig wirkenden Formation aufliegt; doch die Rechte löst sich von dem Instrument, das Gesicht blickt schmerzvoll gen Himmel – sichtbarer Ausdruck von Trauer und Verzweiflung über den endgültigen Verlust Eurydikes.

Anmerkungen

[264] Basis dieser Sequenz ist eine unpublizierte Arbeit zur Gesamttradition des Themas.

[265] Dazu John Warden (Hrsg.), Orpheus. The Metamorphoses of a Myth. Toronto/ Buffalo/London 1982; Max Wegner, Orpheus. Ursprung und Nachfolge. Boreas 11/1988, 177–225; Friedrich Maier, Orpheus und Eurydike – ein „unüberwindlicher" Mythos. Eine Unterrichtseinheit für die Ovid-Lektüre. In: Lateinunterricht zwischen Tradition und Fortschritt. Bd. 3. Bamberg 2. Aufl. 1988, 166–193; Roman A. Prochaska, Orpheus mal x. Der Altsprachliche Unterricht 32, 3 (1989) 69–74; Gottfried Sello, Orpheus – sein Gesang geht nie zu Ende. ART 9/90, 98–104; AK Orpheus 1994/95, wie Anm. 75; Jörg Döring, Ovids Orpheus. Basel 1996 (nexus 35); Mythos Orpheus. Texte von Vergil bis Ingeborg Bachmann. Hrsg. von Wolfgang Storch. Leipzig 1997 (Reclam-Bibliothek Bd. 1590); Jürgen Wöhrmann, Ein für alle Male ists Orpheus, wenn es singt. Eine mythisch-mythologische Gestalt in Text und Bild. Der Altsprachliche Unterricht 3/97, 21–35; Udo Reinhardt, 'Orpheus und Eurydike' – Bilder zum Text. Der Altsprachliche Unterricht 3/97, 80–96; Maier 1998, 57–74; Heinz Hofmann, Orpheus. In: Heinz Hofmann (Hrsg.): Antike Mythen in der europäischen Tradition. Tübingen 1999, 153–198; Albrecht, wie Anm. 5, 90–110; Udo Reinhardt, *prendique et prendere certans …* Orpheus' und Eurydikes Trennung: Bilder von der Antike bis zum Fin de siècle. In: Sammelband zum Thema 'Mythos Orpheus' (Arbeitskreis 'Drama und Theater' Universität Mainz, Januar 2001), Tübingen (Narr) 2001/02.

[266] Zyklusbelege: Picasso (Kap. 1 zu Buch 10), Marcks (Beleg 5/1a), Neubauer-Woerner (5/2a). – Eine Schülerzeichnung von Gudrun Schlemmer (Spann, wie Anm. 35, 74) wählt den Moment vor dem Schlangenbiss (Bildtyp Eva-Schlange).

[267] Zyklusbelege: Marcks (Holzschnitt 6), Neubauer-Woerner (Nachtrag zum Zyklus 5/2); Robert Ederer. Klassiker-Zyklus zu Rainer Maria Rilke, Die Sonette an Orpheus, Erster Teil. Stuttgart/ Aarau 1979, 7 (zu Sonett I, 2).

[268] Marcks (Beleg 5/1b), Neubauer-Woerner (5/2c). – Einzelbild: Oskar Kokoschka, *Orpheus* (1918, BlZ 33×27; Bremen, Kunsthalle: AK Orpheus 1994/95, wie Anm. 75, 201).

[269] Zum Illustrationszyklus von Oskar Kokoschka (1960) Anm. 312; zu den Rilke-Illustrationen von Rudolf Ederer (1979) vgl. Anm. 267 und Beleg 6/5 bzw. 6/16.

[270] Weitere Holzschnitte: (4) *Singender Orpheus* (WV 1990, wie Anm. 78, H 180.4: Bildtyp 'Orpheus unter Tieren'; AU 4+5/95, 149). (6) *Totenklage* (H 180.6: Orpheus liegt horizontal neben der toten Gattin am Boden, ihr zugewandt: Bildtyp C). (9ab) *Auflehnung* I/II (H 180.9/10: der sitzende Orpheus, nach dem endgültigen Verlust Eurydikes mit seinem Schicksal hadernd, hebt den Kopf zum Himmel; vgl. Bildtyp I). – Vgl. auch Kap.1 zu Buch 11 (mit Anm. 78/79).

[271] HSch (19×15): WV 1990, wie Anm. 78, 160 H 180.5; Gerhard Marcks-Stiftung (Hrsg.), Die Holzschnittfolge Orpheus von Gerhard Marcks. Bremen 1980, Abschnitt 3; AK 1989, wie Anm. 78, Abb. 239; AU 3/97, 87.

[272] z.B. Rubens, GemSk 1636/ Gem 1637–38; Poussin, Gem c. 1650; Delacroix, GemSk 1656/ Gem 1862; Burne-Jones, BlZ 1872/75 (Abb. AU 3/97, 86); Renoir, Gem c. 1900.

[273] Terr (197) Lübeck, Katharinenkirche (Fassade)/ Bremen, Marcks-Stiftung u.a.: WV 1977, wie Anm. 161, Abb. 42 no. 512; Gerhard Marcks, Statuen. Plastiken und Zeichnungen aus dem Gerhard Marcks-Haus Bremen. AK Museum Schloß Moyland 1999, Abb. 26.

[274] HSch (19×24): WV 1990, wie Anm. 78, 162 H 180.7; Holzschnittfolge 1980, wie Anm. 271, Abschnitt 5; AK 1989, wie Anm. 78, Abb. 243; AU 3/97, 90.

[275] z.B. Federzeichnung von Nicolas Poussin 1622/23 (Abb. AU 3/97, 88).

[276] HSch (32×37): WV 1990, wie Anm. 78, 163 H 180.8; Holzschnittfolge 1980, wie Anm. 271, Abschnitt 6; Anni Wagner, Graphik aus sechs Jahrhunderten. München 1979, 211; Der antike Mythos in der neuen Kunst. AK Hannover, Kestner-Museum 1950, no. 79; Ov. Met.(Klett) 1980, wie Anm. 67, 64; Ov. Met. (C.C. Buchner) 1987, wie Anm. 212, 103; AU 3/97, 93; Maier 1998, 58.

[277] Römische Marmorkopie u.a. Napoli, MAN: Fuchs, wie Anm. 93, 518; Flaum, wie Anm. 169, 70*; AU 3/97, 24; Ov. Met. (Klett) 1980, wie Anm. 67, 83; Maier 1998, 58*.

[278] Attribut des Götterboten: z.B. Bronzestatuette c. 490 v.Chr. (Athen NM 13219): Die Odyssee. Homers Epos in Bildern erzählt von Erich Lessing. Freiburg u.a. 1965, Tf. 29*.

[279] Anni Wagner (wie Anm. 276, 210) deutet die männlichen Kontrastgestalten als zwei Erscheinungsformen von Orpheus. Dann wäre die nackte helle Lichtgestalt mit offener Körperhaltung Symbol seiner Zuversicht bis zum Umblicken, der dunkle Schattenriss mit geschlossener Körperhaltung Symbol von Einsamkeit, Trauer und Verzweiflung, die sein weiteres Leben überschatten. Die Flöte in seiner Hand nähme den Rückzug ins Musizieren vorweg (Met.10, 86 ff.); die halbmondförmige Lichtöffnung könnte den Ausgang zur Oberwelt symbolisieren. Gegen diese reizvolle Interpretation spricht allerdings eindeutig der Bildtitel, der sich (Verweis in Auflage B) mit dem bekannten Rilke-Gedicht von 1904 deckt (Werke. Bd. I 2: Gedicht-Zyklen. Frankfurt/M.: Insel 1966, 298).

[280] BrRel (je 49×49) Rott/Inn, Pb (Familie Strauss)/ München, Pb Künstlerin: Neubauer-Woerner, wie Anm. 119, 9 (Gesamt).10–17 (Einzelszenen). Den Hinweis auf das Objekt verdanke ich Peter Grau (München/Eichstätt), weitere Informationen der Künstlerin selbst, die noch ein neuntes Relief mit Orpheus an der Bahre Eurydikes realisierte und ein zehntes mit Leier und Orakelhaupt des Orpheus plant.

[281] Wagner, wie Anm. 276, 213.

[282] Zum stilistisch vergleichbaren Gemälde *Orpheus schaut sich um* (c. 1949) vgl. Anm. 306.

[283] Kalkstein (232) Wien , Pb Künstler: Bernhard Buderath, Alfred Hrdlicka, Anatomien des Leids. Stuttgart 1984, 161; Michael Lewin, Alfred Hrdlicka. Das Gesamtwerk. Bildhauerei. Wien/ Zürich 1987, 251 no. 134. – Denkmalfassung: Alfred Hrdlicka, Skulpturen, Zeichnungen, Druckgraphik 1945–1997. AK Frankfurter Kunstverein (u.a.)1997, 62.

[284] BlZ (24×24) Oxford, Ashmolean Museum: Burne-Jones. Dal preraffaelismo al simbolismo. AK Roma, Galleria Nazionale d' Arte Moderna 1986, 167; AU 3/97, 90.

[285] *ad Styga Taenaria est ausus descendere porta* Ov. Met. 10, 13; cf Verg. Georg. 4, 467.

[286] Rad (Rilke, *Sonette an Orpheus* I, Bl.5): Ederer, wie Anm. 267, 15.

[287] AK Frankfurt 1974, wie Anm. 135, Abb. 119; Davidson, wie Anm. 195, Abb. 662*; Peter Adam, Kunst im Dritten Reich. Hamburg 1992, 222*.

[288] Gem (195×124) Wien, KHM: Jürgen Ecker, Anselm Feuerbach. Leben und Werk. München 1991, 293.

[289] Foto/Gem (105×105; Marc Almond/Zuleika; Série *Dieux et Déesses*) Wien, Coll Lintl: Pierre et Gilles. Köln 1993, 42*(Plattencover); Pierre et Gilles. Sämtliche Werke 1976–1996. (Von) Bernard Marcadé, Dan Cameron. Köln (u.a.) 1997, 313*; AK Orpheus 1994/95, wie Anm. 75, 207* no. 163.

[290] Michèle Lavallée in: AK Orpheus 1994/95, wie Anm. 75, 208.

[291] LinSch (13×19) Pb: AU 3/97 (Titelbild des Hefts).

[292] Vgl. schon Anm. 288.

[293] MGr (127) New York, Metropolitan Museum of Art: Robert Descharnes, Auguste Rodin. Paris 1967, 203*; Monique Laurent, Rodin. Köln 1989, 118; Rodin. Eros und Kreativität. AK Kunsthalle Bremen 1991/92, no. 29; Tim Marlow, Rodin. London 1998, 88*; La Sculpture Française

au XIXe Siècle. AK Paris (Grand Palais) 1986, 100–101; Walter Raymond Agard, Classical Myths in Sculpture. Madison 1951, Abb.71; Mythos Orpheus, wie Anm.261, 1; Michael von Albrecht, Metamorphose in Raum und Zeit. Vergleichende Untersuchungen zu Rodin und Ovid. In: Rom. Spiegel Europas. Das Fortwirken antiker Texte und Themen in Europa. Tübingen 2. Aufl. 1998, 517–568, hier 535–536 (Abb. 537).

294 M (je 183) Venezia, Museo Corrèr: Antonio Canova. AK Venezia, Museo Correr/ Possagno, Gipsoteca 1992, 215.219; L'opera completa del Canova. Milano 1981, Tf. 1*(Orfeo); Gianni C. Sciolla, Antonio Canova. Herrsching 1989, 18/19* (Euridice).

295 BrGr (34) London, Tate Gallery: AK Orpheus 1994/95, wie Anm. 75, 197; Dia*.

296 Die nächste Phase realisiert im italienischen *neoclassicismo* Alessandro Romano (geb. 1944) mit seiner an Manierismus und Barock anschließenden Bronzegruppe *Orfeo e Euridice* (1988, H. 165; New York, Coll Musarra: Alessandro Romano. Medusa, Icaro, Sirena. Milano 1989, 75*): das fast nackte Paar strebt auseinander; Orpheus, am Boden liegend, versucht mit ausgestreckten Armen vergeblich, den nach oben entschwindenden Körper Eurydikes zurückzuhalten; ihre hoch erhobenen Hände umfassen des Sängers Leier.

297 Bruno Ely in: AK Orpheus 1994/95, wie Anm. 75, 197.

298 Fr Paris, Théâtre des Champs-Elysées: AK Orpheus 1994/95, wie Anm. 75, 187*.

299 Gem (50×65) Neuss, Sels-Museum: Bildwelten des Symbolismus. Neuss 1985, 123; AK Orpheus 1994/95, wie Anm. 75, 199* no. 141.

300 Fr (650×1070) Venezia, Palazzo Sandi: Michael Levey, Giambattista Tiepolo. La sua vita, la sua arte. Milano 1988, 28*. 31*; Chantal Eschenfelder, Giovanni Battista Tiepolo 1696–1770. Köln 1998, 16/7*; Giandomenico Romanelli (Hrsg.), Venedig. Kunst und Architektur. Köln 1997, 604/5*. – Vorentwurf: GSk (50×70) London, Courtault Institute: Levey 24; AK Orpheus 1994/95, wie Anm. 75, 134* no. 33.

301 Gem (27×36) Pb: Gert H. Wollheim. Monographie und Werkverzeichnis. Hrsg. von Stephan von Wiese. Köln 1993, 303 no. 323.

302 Gem (71×64) Pb: Wollheim, wie Anm. 301, 326 no. 539.

303 z. B. Pastell (50×65) 1950. Pb: William A. Emboden, Jean Cocteau. Die visuelle Kunst. Stuttgart/ Zürich 1989, 109*; Lithographie c. 1960: AK Orpheus 1994/95, wie Anm. 75, 84.

304 Tap (136×109) Pb: Emboden, wie Anm. 303, 107*; P.Ovidius Naso. Amores, Ars Amatoria, Metamorphoses. Hrsg. von Rolf Kussl. Berlin (Cornelsen) 1998, Cover*(ohne Hintergrund); Gymnasium 107, 2000, 64. – Zur Aktualität des Entwurf: Werbeplakat der International Theatre Company London auf ihrer Deutschland-Tournee 1998: Dia*.

305 Gem (97×146) 1977. Coll Chagall: Walther/Metzger, wie Anm. 205, 89*; Maier 1998, 69* (Bildformat beschnitten).

306 Dasselbe gilt für Werner Gilles' Gemälde *Orpheus schaut sich um* (c. 1949; Berlin, Nationalgalerie: Maier 1998, 64*), das den fatalen Augenblick ähnlich änigmatisch behandelt: die große dunkle Figur rechts, die teils nach vorn, teils nach hinten tendiert, dürfte der Sänger sein, die in der Mitte zusammensinkende Frauengestalt die zurückbleibende Eurydike, die engelhafte Gestalt ganz links der Seelengeleiter und Götterbote Hermes. Der Verfremdungseffekt in Details und Hintergrundkulisse erinnert an Gilles Lithographie (6/3).

307 Weniger verschlüsselt gestaltet Erich Schickling (vgl. 8/5) seine farbenfrohe Hinterglasmalerei *Orpheus und Eurydike* (c. 1980/90: Erich Schickling. AK Haus Schickling/Eggisried 1994, 53*) in stilistischer Nähe zu Picasso: links steht, frontal gesehen, die helle anmutige Gestalt Eurydikes, im Voranschreiten innehaltend; in der Mitte Orpheus, der sich gerade umsieht, von hinten gesehen und in sich gespalten (Hell-Dunkel); rechts als schemenhafte Gestalt mit großem überwachendem Auge der Seelengeleiter Hermes.

308 Rad (Rilke, *Sonette an Orpheus* I, Bl. 12): Ederer, wie Anm. 267, 29.

309 Coll (29×39) Pb: Dia*.

310 Gem (70×50) New York, Coll Himan Brown: Oskar Kokoschka. AK Kunstforum Länderbank Wien 1991, no. 33*; Sehnsucht nach Glück. Wiens Aufbruch in die Moderne: Klimt, Kokoschka, Schiele. AK Frankfurt/M., Schirn Kunsthalle 1995, 315*.

311 Missdeutet von Jutta Müller-Tamm (AK Sehnsucht 1995, wie Anm. 310, 314) als „stürzender

Titan“ (??); dabei nennt sie selbst als Vorbild das Rembrandt zugeschriebene, von Kokoschka in Dresden studierte Gemälde zum alttestamentlichen Thema *Das Opfer des Manoah* (1641, 242×263; Dresden, Galerie Alte Meister: L' opera pittorica completa di Rembrandt. Milano 1969, 110 no. 244)., in dem oben links ein Engel fliegt; diesen ersetzte Kokoschka durch Amor, der auch in seinem Drama mehrfach vorausgesetzt ist.

312 Dazu gestaltete der Künstler anlässlich der Wiederaufführung am Wiener Atelier-Theater im Dezember 1960 einen Zyklus von sechs Szenenbildern (Pastell, je 38×57; Vevey, Kokoschka-Siftung): (1) *Palast des Orpheus* (Véronique Mauron, Werke der Kiokoschka-Stiftung. Mainz 1994, 175*). (2) *Gemach der Eurydike* (Heinz Spielmann, Oskar Kokoschka. Lebensspueren. AK Landesmuseum Mainz 1992/93, 108*). (3) *Orpheus und Eurydike im Hades* (Mauron 176*). (4) *Kraterlandschaft am Ausgang der Unterwelt* (Mauron 177*). (5) *Der Nachen des Hades* (Mauron 176*; Spielmann 109*). (6) *Der verfallene Palast des Orpheus* (Mauron 177*).

313 FTuZ (34×24) Irvine/California, Wunderman Museum: Emboden, wie Anm. 303, 34*.

314 Dazu Beleg 6/14 (mit Anm. 303).

315 Entweder in der Anfangssituation, als erst Orpheus, dann Eurydike aus dem Spiegel herauskommen (Orpheus: „Wo hatte ich nur meinen Kopf?“: Joachim Schondorff (Hrsg.): Orpheus und Eurydike. Poliziano, Calderon, Gluck, Offenbach, Kokoschka, Cocteau, Anouilh. München/Wien 1963, 243), oder gegen Szenenende , als er sich bewusst zu ihr umdreht und sie durch den Spiegel erneut ins Totenreich geht (247 f.).

316 Nicht genug des dadaistisch-surrealistischen Spiels: als ein Kommissar den Fall aufrollt, wird Orpheus' verschwundener Körper als *corpus delicti* vergeblich gesucht; sein vermisster Kopf, scheinbar gefunden in einer Orpheusbüste (11. Szene), gibt beim Verhör als Künstlername 'Jean Cocteau' (mit genauer Adresse) an, bis schließlich der Schauspieler des Orpheus anstelle seines eigenen Kopfes wieder den falschen Kopf auf den Sockel der Büste setzt, die schließlich als Beweisstück mitgenommen wird (dt. Übersetzung 259).

317 Gem (174×128) Paris, Musée Moreau: Hans H. Hofstätter, Gustave Moreau. Leben und Werk. Köln 1978 (dumont taschenbücher 60), Tf. 5*; Pierre-Louis Mathieu, Gustave Moreau. Leben und Werk mit Oeuvre-Katalog. Stuttgart 1976, 224; ds., Das Musée Gustave Moreau. Paris 1986, 63*; ds., La génération symboliste 1870–1910. Genève 1990, 6*; ds., Gustave Moreau. Paris 1994, 162*; Peter Hahlbrock, Gustave Moreau oder Das Unbehagen in der Natur. Berlin 1976, Abb. 85*; Gustave Moreau Symboliste. AK Kunsthaus Zürich 1986, 56. 255*; Philippe Jullian, Der Symbolismus. Köln 1974, Tf. 124*; Ursula Bode, Kunst zwischen Traum und Alptraum. Braunschweig 1981, 144*; José Pierre, L' univers symboliste. Paris 1991, 115*. – Farblich, stilistisch und inhaltlich vergleichbar ist das Gemälde *La mort d' Orphée* (c. 1891, 180×200; Paris, Musée Moreau: AK Zürich 1986, 60; MK 1986, 59*).

318 *L' assembleur de rêves* (10.10.1897): Übersetzung nach AK Zürich 1986, wie Anm. 317, 254.

319 GemSk (22×27) Paris, Musée Moreau: AK Zürich 1986, wie Anm. 317, 55; AK Orpheus 1994/95, wie Anm. 75, 159* no. 74

320 GemSk (21×25) Paris, Coll Rouault: Mathieu 1976, wie Anm. 317, 369 no. 394; AK Zürich 1986, wie Anm. 317, 253*. – Parallelen: (a) *Orphée mort* (GemSk c.1891, 32×25; Paris, Musée Moreau: AK Orpheus 1994/95, wie Anm. 75, 159* no. 75. (b) *Orphée charmant les fauves* (Gem Sk c. 1890, 27×22; Pb: AK Zürich 1986, 251*.

321 Br (150) Paris, Musée Rodin: Descharnes, wie Anm.293, 145; Laurent, wie Anm. 293, 151; Albrecht, wie Anm.293, 551.

7. Neue Bildobjekte zu 'Pygmalion und Galathea' (nach Met. 10)

Nach Ovid hatte der mythische Bildhauer und Frust-Single Pygmalion von den (angeblich oder tatsächlich) verderbten Frauen auf der Insel Zypern die Nase so voll, dass er nach seinen eigenen (männlichen) Idealvorstellungen von Weiblichkeit eine überirdisch schöne Elfenbeinstatue schuf, in die er sich – eine interessante Spielart von Narzissmus – dann prompt verliebte, bis er sie schließlich mit Hilfe der Liebesgöttin Venus durch die Wärme seiner Umarmung zum Leben erweckte. Die nette *story* galt im wilhelminischen Gymnasium und auch noch danach als sittlich bedenklich, bis die Lateinlehrer feststellten, dass ihre Schüler/innen auf die Möglichkeit der Erwärmung durch belebende Umarmung auch schon ohne Ovid gekommen waren; seither erscheint der Text immer häufiger in Schulausgaben, und mit Recht.

In der antiken Kunst ist das Thema noch nicht belegt. Im Gegensatz zu dem mit allen erotischen Raffinements gespickten Ovidtext, der Galatheas Metamorphose in der Horizontalen des mit Pygmalion geteilten Lagers voraussetzt, bevorzugt die erst mit Illustrationen des mittelalterlichen *Rosenromans* (13./14. Jh.) einsetzende Bildtradition eindeutig die Vertikale, den verzückten Aufblick des Schöpfers (meist im Orantengestus) zu seinem Geschöpf. Aus Met. 10, 243–297 ergaben sich folgende ikonographischen Grundtypen zur mythischen Handlung (A–F) bzw. aus der Anzahl der handlungsbeteiligten Personen folgende Darstellungsvarianten (1–3):

(A) Pygmalion erschafft die Statue (10, 247 f.)
(B) Pygmalion verliebt sich in die Statue (10, 249 ff.)
(C) Pygmalion stattet die Statue mit Kleidung und Geschenken aus (Met. 10, 259 ff.)
(D) Pygmalion betet zu Venus (10, 270–279)
(E) Pygmalion fällt vor der eben belebten Statue nieder (cf 10, 280–289)
(F) Pygmalion dankt Venus für die Belebung der Statue (10, 290–294)

(1) Pygmalion allein
(2) Pygmalion und die Statue
(3) weitere Personen
    (a) Venus (cf 10, 277–279)
    (b) Amor (ohne Textbasis)

(7/1) Der in der früheren Kunsttradition[322] dominierende, schon in Honoré Daumiers Karikatur (1842)[323] verulkte 'fruchtbare Augenblick', in dem Pygmalion, von dankbaren Gebeten und warmen Gefühlen übermannt, vor seinem hold errötenden Geschöpf im wahrsten Sinne des Wortes in die Kniee geht, findet sich in der ausgehenden Historienmalerei noch in dem Gemälde *Pygmalion* (1926)[324] des Malerfürsten von der Isar, Franz von Stuck, der – im Gegensatz zu Corinth und Slevogt – seinem wilhelminischen Stil bis in den Tod treu blieb. In diesem für heutigen Geschmack etwas problematischen Bild kniet der Bildhauer, mit einem kurzen grünen Gewand bekleidet, am Boden, nachdem er Hammer und Meißel unten rechts abgelegt hat, und begrüßt mit ausgebreiteten Armen, den Oberkörper weit nach hinten genommen, den Kopf verzückt in den Nacken gelegt, seine eben erste belebte Statue (immerhin schon mit tizianroten Haaren!), die, auf einem würfelförmigen Sockel stehend, in ihrer marmor- bzw. elfenbeinfarbenen Weiße vor dem pompejanisch roten Hintergrund besonders gut herauskommt. Mit entgegengestreckter Rechter, nach vorn geneigtem Oberkörper und zugewandtem Gesicht reagiert sie höchst entgegenkommend und ansprechend auf das Willkommen ihres 'Meisters'. Weitere derartige Darstellungen bleiben uns in der neueren Kunst meist erspart.[325]

a) Spielereien mit der Tradition

(7/2a) Die bekanntesten literarischen Neufassungen des offensichtlich besonders 'modernen' Stoffes, die Komödie *Pygmalion* (1913/14) von George Bernard Shaw und deren Musical-Version *My Fair Lady*, kommen in dem nicht eben alltäglichen Geschehen zwischen dem Phonetik-Professor Henry Higgins und dem Blumenmädchen Eliza Doolittle ohne die wundersame, durch die göttliche Fee herbeigeführte Metamorphose aus. Diesselbe Tendenz zur Immanenz findet sich zunehmend auch in der Bildenden Kunst der Moderne, wenn z. B. Pablo Picasso (vgl. 3/12) in seiner schlichten Radierung *Sculpteur et modèle* aus der berühmten *Suite Vollard* (31. 3. 1933; **Abb. 20**)[326] das Bildschema zum mythischen Vorbild ersetzt durch das ganz reale Gegenüber zweier Gestalten aus der aktuellen Kunstszene. Der bärtige nackte Künstler (rechts, als Profilzeichnung mit knappen präzisen Umrisslinien; wohl Selbstbildnis) modelliert im Sitzen einen auf hohem Podest vor ihm stehenden Frauentorso nach dem konkreten Vorbild seines Ateliermodells (links in dunklen Schraffuren, aufrecht vor einer dunklen Wand stehend; in ihrer Körperlichkeit an Maillol erinnernd), einer nackten jungen Frau, die, relativ elegant posierend, bei gerade aufgesetztem linkem Standbein das Spielbein angewinkelt nach hinten nimmt und die Hand des stark angewinkelt erhobenen rechten Arms auf die eigene Schulter legt, während die locker nach vorn ausgestreckte Linke auf einem zweiten, etwas niedrigeren Podest ruht. An die Stelle des verzückt sein Geschöpf 'anhimmelnden' Pygmalion ist ein moderner Nachfolger ge-

Abb. 20 Pablo Picasso, *Sculpteur et modèle*. Radierung 1933

treten, der, ganz unbeinflusst von Natur und Wolkenhimmel im Hintergrund (Landschaft) und der kleinen Vase mit Blumen auf der Fensterbank (Still-Leben), mit leicht erhobenem Kopf und aufmerksam prüfendem Blick sein attraktives Modell fixiert, ebenso distanziert wie interessiert, um nach ihrem 'Vor-Bild' eine schlichte eigenständige Nachbildung zu gestalten, wie sie nicht nur den Vorgaben eigener Imagination, sondern in hohem Maße (nicht nur als Torso) auch den neuen künstlerischen Vorstellungen der Moderne entspricht.

(7/2b) Gegenüber dieser 'Entmythologisierung' des alten Themas orientiert sich das spätere Aquarell *Le sculpteur et sa statue* (20.7.1933; **Tf. 25a**)[327] in der Reduzierung auf die zwei Titelfiguren wieder mehr an dem mythischen Bildtyp. Auf einer hochgelegenen Terrasse mit Meerblick, vor einer mittelhohen braunen Mauer, hellbraunen Säulen und Arkadenbögen als Architekturkulisse, sitzt links vor dunkelroter Wand (vgl. 7/2a) auf braunem Sockel, in lockerer Haltung nach rechts gewandt, eine wohlproportionierte nackte Frau mit leicht erhobenem Kopf, aufrechtem Oberkörper, am Körper anliegendem Arm und nach vorn angewinkeltem Knie – als erdfarbene leblose Statue im Blickfeld ihres Schöpfers. Dieser hat gegenüber, direkt vor der Mauer, in bequemem Sessel Platz genommen, ein älterer, schon etwas ergrauter Mann mit Vollbart und lockigen Haaren (erneut ein

Selbstbildnis Picassos?), gleichfalls völlig nackt, mit überkreuzten Beinen, den linken Arm entspannt auf die Lehne des Sessels legend, den rechten Arm auf das Haupthaar eines monumentalen Skulpturkopfes (Typ Jupiter) mit sichtlicher Ähnlichkeit zum Bildhauer, dessen Kopf hier, wie unter Fokussierung vergrößert, leicht variiert ein zweites Mal erscheint. Leblos vor der Terrassenmauer stehend, wirkt der Kopf mit grauem Schnauzer, Kinnbart, Haarkranz und frischem braunem Inkarnat ebenso so lebendig wie die Statue links. Diese zieht also nicht nur die ebenso ruhigen und distanzierten wie wachen und konzentrierten Blicke von Schöpfer und Parallelgeschöpf auf sich, sondern auch die des Bildbetrachters, der sie (wie den Bildhauer im Halbprofil und den Kopf halbfrontal) von vorn im Profil wahrnimmt. Die Grundkonstellation entspricht dem Bildtyp 'Künstler und Modell'; die spezielle Kombination von Bildhauer und Statue assoziiert wieder das Pygmalion-Thema, allerdings ganz ohne narrative oder emotionale Elemente.

(7/3) Diesen Entwurf Picassos variiert in der Postmoderne John De Andrea, ein Künstler des amerikanischen *neoclassicism*, mit lebensgroßen Figuren in seiner bemalten Polyvinyl-Installation *Selfportrait with Sculpture* (1980; **Tf. 26a**).[328] Die Beziehung zum 'Vor-Bild' deutet nicht nur der ähnliche Bildtitel an, sondern auch Kopfstellung und Sitzhaltung der bärtigen rechten Figur, in der sich der Künstler selbst ins Spiel bringt, ähnlich entspannt auf einem Klappstuhl sitzend, allerdings nicht nackt, sondern bekleidet mit grauem Pulli und blauen Jeans, die Hände ähnlich locker auf die Oberschenkel gelegt, in der Rechten drei gekreuzte Pinsel – Symbol einer schöpferischen Pause, die ihm Gelegenheit gibt, ähnlich distanziert/konzentriert wie Picassos 'Pygmalion' sein Geschöpf zu betrachten, eine schlanke nackte junge Frau mit langen braunen Haaren und schön getöntem Inkarnat (wie aus dem Sonnenstudio), die mit eng am Körper liegendem, gerade aufgestütztem rechtem Arm und leicht angewinkeltem linkem Arm seitlings auf ihrem weißen Podest sitzt, im Blickwinkel der Abbildung mit abgewandtem Gesicht auf die große weiße Abschlusswand im Hintergrund starrend und dem Bildbetrachter nur ihre attraktive Rückenpartie bietend (doch kann der Betrachter an der realen Installation seine eigene Position beliebig verändern bis zur Gegenseite, aus der sie ihn frontal ansehen wird). De Andrea übernimmt die spezielle Kombination bei Picasso: der Bildhauer/Maler schaut seine Statue an, ohne dass sie zu ihm zurückschaut (wie noch bei Stuck und in der früheren Bildtradition); von der Erscheinung her scheinbar noch lebendiger als bei Picasso, ist sie nach der Körpersprache zu einer eher gelangweilten Frau geworden (zugleich Ausdruck eines spezifisch postmodernen Lebensgefühls). Das Abbild des Picasso-Abbilds von Galathea hat sich distanziert, von seinem Schöpfer endgültig emanzipiert; der alte Mythos wandelt sich als Zeichen einer neuen Zeit.

b) Neue Aspekte

Auch einige Vorgänger in der Moderne (und nicht die schlechtesten) deuteten entsprechend den veränderten geistigen und sozialen Leitvorstellungen das mythische Thema völlig neu aus, z. B. durch kritische Analyse der Absurdität der mythischen Grundidee (Magritte), durch pointierte Umkehrung des Geschlechterverhältnisses (Delvaux) oder durch provokative Umgestaltung zu einer gewaltsamen, brutalen Destruktion (Masson, Hrdlicka). Dabei erscheint das alte Thema mit wesentlichen neuen Zusatzaspekten oder Veränderungen, bis hin zur völligen Umkehrung des mythischen Kerns.

(7/4) René Magritte, einer der ingeniösesten Künstler der Moderne, in seinen auf den ersten Blick präzisen, auf den zweiten Blick ganz komplexen und vieldeutigen surrealistischen Bildpointen gleichsam ein malerischer Epigrammatiker, stellt sich in seinem realistischen und zugleich surrealen Gemälde *La tentative de l' impossible* (1928; **Tf. 26b**)[329] selbst als moderner Pygmalion dar, der nicht, wie das mythische Vorbild, als Bildhauer eine Frau nach eigenem Bilde als Statue im dreidimensionalen Raum gestaltet, sondern – weitaus schwieriger – als scheinbar dreidimensionales Raumbild im zweidimensionalen Rahmen eines Gemäldes, das zugleich den Maler (in ebenso steifer wie korrekter Bekleidung) als Gemalten darstellt. Dem konzentrierten Blick des Künstlers auf sein nacktes Geschöpf, das unter seinen Pinselstrichen scheinbar noch in den Raum hinein an Realität gewinnt, entspricht der seltsam starre, leere Blick des Geschöpfes in den Raum, vordergründig erklärlich aus dem Umstand, dass es ja nach den Vorstellungen des Mythos erst in vollständiger Gestalt zum Leben erwachen kann.
Allerdings stellt der Bildtitel *Der Versuch des Unmöglichen* auch den Mythos selbst in Frage, nicht zuletzt durch die Tatsache, dass Magritte sich als Modell für die nach seinen künstlerischen Idealvorstellungen erschaffene Frau seine eigene Frau Georgette wählt, wie Privatfotografien aus demselben Jahr belegen.[330] Magrittes kritische Analyse relativiert zunächst jenen uralten zwanghaften Männertraum von einem weiblichen Geschöpf, dessen 'Bildung' (im konkreten wie übertragenen Wortsinn) ureigenste (männliche) Wesensvorstellungen realisieren sollte, ein Grundthema, das völlig 'entmythologisiert' in einem romantischen Reisebrief Heinrich von Kleists an seine Verlobte, Wilhelmine von Zenge, erscheint (Lungwitz, 5. September 1800): „Die Mädchen sind zum Teil höchst interessant gebildet … Wahrlich, wenn ich Dich nicht hätte und reich wäre, ich … spräche ein von Haus zu Haus, und wo ich ein blaues Auge unter dunkeln Augenwimpern oder bräunliche Locken auf dem weißen Nacken fände, da wohnte ich ein Weilchen und sähe zu, ob das Mädchen auch im Innern so schön sei

wie von außen. Wäre das, und wäre auch nur ein Fünkchen von Seele in ihr, ich nähme sie mit mir, sie auszubilden nach meinem Sinn. Denn das ist nun einmal mein Bedürfnis; und wäre ein Mädchen auch noch so vollkommen, ist sie fertig, so ist es nichts für mich. Ich selbst muss es mir formen und ausbilden …"[331] Zugleich berührt Magrittes Bildtitel wohl auch die (Un-) Möglichkeit, in den Grenzen von Realität und Tradition künstlerische Kreativität aus eigener Imagination heraus zu entfalten, neuschöpferisch tätig zu werden – ein Grundproblem der modernen Kunst überhaupt.

(7/5a) Paul Delvaux (vgl. 2/8), einer der eigenständigsten Künstler der 'klassischen Moderne', kehrt in seinem Gemälde *Pygmalion* (Juni 1939; **FTf. 4a**)[332] die traditionelle, durch Ovid vorgegebene Mythensituation bewusst um im Blick auf das Geschlechterverhältnis. Sein eigener Bildkommentar in einem Interview 1973:[333] *Et bien moi, j' ai fait la femme vivante qui est amoureuse de la statue, c' est son modèle qui devient amoureux de la statue de l' homme. C' est la transcription, un retournement du thème de Pygmalion* („Das ist die Umschreibung, eine Umkehrung des Pygmalion-Themas"). Der Künstler realisiert diese neue Idee, die weit mehr als ein surrealistischer Gag ist, mit einem Rückgriff auf die Vorrenaissance-Tradition (der sich auch sonst vereinzelt wieder in der Kunst der Moderne findet): im Rahmen eines Simultanbildes mit mehreren Einzelszenen in einem bei aller Detailgenauigkeit unwirklich anmutenden Strandkabinen-Ambiente mit Dünen- und Meerhintergrund; die mondähnlich kahle Oberfläche des Vordergrunds entspricht dem in der Daphne-Sequenz behandelten Gemälde (vgl. 2/8). Dabei begegneten sich eben im rechten Mittelgrund zwei gegensätzliche Figuren: eine 'blühende' nackte Frau mit naturhaft belaubtem Haar, vor der Brust die violette Blütenpracht einer Blume, deren grüner Stengel ihr zwischen den Oberschenkeln hervorwächst, und ein kleinerer, mit schwarzen Schuhen, Hose, Mantel und Melone sowie einem Kurzstock versehener 'Konfektionsmann' (ein Typ wie bei Magritte) ohne erkennbare Individualität, der zwischen ihr und dem zweistöckigen Gebäude am rechten Bildrand hindurchgeht, ohne ihre offene Körperhaltung mit dem ihm zugewandten linken Arm und ihren zu seinen Füßen sich öffnenden Schatten wahrzunehmen. Auch dem Betrachter ist der Mann in dem Maße abgewandt und fern wie die Frau zugewandt und nahe; doch geht ihr selbstversunkener, fast unbeteiligter Blick seltsam ins Leere, in einer Mischung aus Sehnsucht und Frustration, wie immer wieder bei Delvaux' Frauengestalten.
In der Hauptszene des Vordergrunds umarmt dieselbe Frau, nun mit gleichem Gesicht im Profil gegeben, doch völlig nackt und nach allen körperlichen Anzeichen eine Lebensphase weiter, in der im Unterleib prallen Fülle ihrer Weiblichkeit Basis des Lebens, mit liebevoller Zuwendung einen (doch wohl nach ihren Erfahrungsvorstellungen geschaffenen) Mann,

um ihn aus der marmorkalten Starre seines Seins zu befreien – vergeblich: ist er doch auf seinem behelfsmäßigen Kistenuntersatz nur ein nackten Torso ohne Arme (um sie zu umarmen) und Beine (um auf sie zuzugehen), unterlegen, abhängig und unvollkommen – eine brilliante Umkehrung des traditionellen, aristotelisch-klerikalen Vorurteils, das die Frau als defizitäre Schwundstufe des überlegenen, perfekten Menschen 'Mann' definiert.[334] Bemerkenswerte Selbstironie übrigens, dass der Künstler dem Torso annähernd die eigene Physiognomie verleiht; eine Vereinigung zwischen beiden findet nur in ihrem gemeinsamen Schattenbild statt; in der Realität des Bildes geht auch hier ihr Blick an ihm vorbei in die Weite ihrer geheimen Sehnsüchte.

Wie oft bei Delvaux, ergänzen weitere wichtige Einzelheiten das Bildganze. Ein Detail am linken Bildrand kommt der traditionellen Sagenversion näher: in einem atelierartigen Raum steht ein Abbild des männlichen Torso als Vollstatue, teils noch verhüllt, offenbar im Übergang der Verwandlung in einen Mann, wie er den Wunschvorstellungen der Künstlerin eher entsprechen mag. Ein weiteres Detail im Hintergrund wirkt gegenüber den Realitäten im Mittel- und Vordergrund kontrastiv, ja fast utopisch: rechts ganz weit hinter der Strandkabine spazieren eine weiß gekleidete Frau und ein nackter Mann nebeneinander am Strand einher – Symbol des verlorenen Paradieses, in dem sich Mann und Frau noch in kommunikativer Harmonie begegneten, wie in Reiner Kunzes kleinem Gedicht: *Die großen spaziergänge, auf denen wir nicht ins leere greifen. Immer geht die hand des anderen mit.*[335]

(7/6) John De Andrea (vgl. 7/3) übernimmt in einer weiteren Polyvinyl-Installation mit dem beziehungsreichen Titel *Classical Allusion* (1987)[336] die Gruppe im Vordergrund von Delvaux' Gemälde mit der Modifizierung, dass nun auf einem blockartigen weißen Podest nur noch ein ganz reduzierter Torso ohne Kopf, Beinansatz und Genital steht, an dessen rechte Körperseite sich eine junge nackte schlanke dunkelhaarige Frau anlehnt, die seitlich auf der linken Ecke des Podests sitzt, die langen Beine in unterschiedlichen Positionen nach unten ausgestreckt, die Arme nach oben angewinkelt, die Hände über der rechten Schulter des Torso verschränkt. Ihre Körperhaltung drückt Bereitschaft zur Hingabe wie auch Sehnsucht nach Anlehnung und Nähe aus, das leicht geneigte Gesicht Nachdenklichkeit und wohl auch Melancholie und Resignation (Motto: 'Sag mir, wo die Männer sind; wo sind sie geblieben?'). Der Bildtitel bezieht sich sowohl auf den Torso, der sich an einer antiken Apollonstatue orientiert, wie auch auf Delvaux' Vor-Bild (mit der Unmöglichkeit der Begegnung zwischen Mann und Frau), schließlich auf die Grundkonstellation des Pygmalion-Mythos; die dreifache Anspielung entspricht der Vorliebe postmoderner Kunst für das Zitat.

(7/5b) Delvaux selbst hatte übrigens schon die Hauptszene seines Bildes stark variiert in sein späteres Gemälde *L' heure du sommeil* (November 1946) übernommen.[337] Im zentralen Mittelgrund umarmt eine junge nackte dunkelhaarige Frau, auf hellen Steinfliesen vor einem weißen Marmorsockel kniend, die mit lässig angezogenen Beinen lang hingelagerte, sich mit dem linken Arm nach hinten abstützende Marmorstatue eines klassisch schönen jungen Mannes (Typ Antinous). Sie wendet sich ihm in der Diagonale zu mit derselben liebevollen Hingabe und ebenso vergeblich; auch ihr nach seinem Schatten greifendes Schattenbild erreicht ihn nicht. Die Szene spielt in Rahmen eines großen, verlassenen Stadtplatzes vor der Kulisse einer frühindustriellen Fabrik- bzw. gründerzeitlichen Bahnhofshalle. Drei weitere Frauen im Vordergrund links und rechts, eine blonde, von der Seite gesehen, in sich versunken, in ihrer natürlichen Nacktheit und Lebendigkeit der Frau bei der Statue entsprechend, die beiden anderen dunkelhaarige Komplementärversionen, doch als puppenhafte Vertikalfiguren von der Mittelszene abgewandt bzw. sich gerade abwendend, nehmen, rätselhaft unbeteiligt, vom zentralen Geschehen ebenso wenig Kenntnis wie die umarmte Marmorstatue (übrigens neben der Architekturkulisse das einzige männliche Element im Bild) von der Umarmenden. Aufhänger ist auch hier die Umkehrung des Geschlechterschemas gegenüber dem alten Mythos, mit der Absicht, neue aktuelle Probleme bewusst zu machen, z. B. die Reduzierung der wesensmäßig natürlichen Weiblichkeit in dieser Welt und die schwindende Kommunikation der Frauen untereinander wie mit dem anderen Geschlecht.

(7/7) Vergleicht man Delvaux' Bild von 1939 mit dem gleichzeitigen Gemälde *Pygmalion* (1939)[338] von André Masson (vgl. 2/7), so ist faszinierend, wie ein und derselbe Mythos, jeweils in ganz unterschiedlichem Stil realisiert, als Basis völlig verschiedener moderner Ausdeutungen verwendet wird. Dabei ist Massons avantgardistischer Entwurf nicht durch Kenntnis eines 'klassischen' Code der früheren Bildtradition zu entschlüsseln, sondern beansprucht (und belohnt) in seiner scheinbar chaotischen Grundstruktur die ganze bemühte Aufmerksamkeit des Betrachters. Bei näherem Hinsehen erkennt man einen fiktiven Innenraum mit der etwa halblinks verlaufenden Grenze zwischen zwei unterschiedlichen Hintergründen (links ein dunkler Durchblick nach außen auf eine Wald- und Gewitterszene, rechts eine große gelbe Wand). In diesem Rahmen gibt es eine sehr lebhafte Auseinandersetzung zwischen dem Künstler (links als dunkelbraunes, teils wurzel-, teils stuhlartiges Gerippe; dunkles männliches Inkarnat), der unten links mit dem angewinkelten rechten Bein auf dem Boden kniet und einen Hammer in der vor der Brust erhobenen Linken hält, und seinem Geschöpf (rechts als gipsgrauer, teils horizontal, teils diagonal liegender Torso im Stil Picassos; blasses weibliches Inkarnat).

Dabei verliert 'Pygmalion' im Überschreiten seines Sektors vor der gelben Wand seinen Kopf (gipsgrau, gespalten wie eine Gussform) und den rechten Unterarm (ebenfalls gipsgrau versteinert, mit Andeutung von Blut im Zwischenraum; cartoonartige rote Sterne als Zeichen der Dynamik des Vorgangs), während unten sein linkes Bein über dem Knie angeknackst ist. Dies alles geschieht in dem Moment, als er dabei ist, dem weiblichen Torso mit einem Dolch die Brust über dem Herz zu öffnen. Der linke Oberschenkel und die Scham des weiblichen Geschöpfes liegen offen (wie auch der aufgestützte rechte Schenkel des Künstlers links unten); der Kopf der Frau findet sich zu seinen Füßen noch in ihrem Sektor am Boden, ebenso mehr als zwei Hände unten rechts. Die exotische gelbe Blume am rechten Bildrand dürfte, wie in gleichzeitigen Entwürfen Massons, Symbol der Metamorphose sein; dass sie ohne Wasser im Aufriss eines roten Kruges steht, entspricht der negativen Gesamttendenz.
Stilistisch verbindet der Entwurf in kräftigen Farben und lebhafter Komposition unterschiedliche surrealistische Einzelelemente zu einem fast manieristischen Vexierbild; manches erinnert stilistisch und auch in der künstlerischen Intention (Darstellung von Aggression, Destruktion und Gewalt) an Picassos *Guernica* (1937). Inhaltlich gestaltet Masson das 'klassische' Thema mit so weitgehenden Veränderungen, dass eine völlige Umkehrung des mythischen Kerns herauskommt – ein für das 20. Jahrhundert spezifischer Rezeptionstyp. Das traditionelle Paradebeispiel des aus eigener Kreativität positiv gestaltenden Künstlers – mit allen aus der Ovidtradition gegebenen erotisch-sinnlichen Zusatzaspekten – bezeichnet hier gerade das Gegenteil: das Abbrechen, ja die Absurdität traditioneller künstlerischer Tätigkeit, wohl weniger generell im Blick auf den großen Traditionsbruch nach der Jahrhundertwende als im Blick auf jüngste politische Ereignisse, den spanischen Bürgerkrieg und den bevorstehenden zweiten Weltkrieg.

(7/8) Die überwiegend in Grau gehaltene, dem groben Stil der 'Neuen Figuration' nahe stehende Zeichnung *Pygmalion* (c. 1995; **Tf. 25b**)[339] des österreichischen Bildhauers und Graphikers Alfred Hrdlicka (vgl. 6/4) übernimmt die destruktive Tendenz in Massons Entwurf. Auf der linken Seite hält ein Maler mit grauem Kittel und schwarzer Kappe (wohl die Titelfigur) in der nach vorn gestreckten Linken eine Palette, in der gesenkten Rechten einen langen Pinsel, mit dem er offenbar zuvor das große, rechts auf einer Staffelei stehende Bild gemalt hat. Sein Tableau zeigt eine gewaltige, leicht gebückte, in ihrer Körperfülle erdrückende Gestalt, die mit der aggressiv nach vorn gestreckten Linken eine zweite Gestalt niedergestreckt hat; diese liegt nun horizontal, den Kopf nach rechts, auf einer halbhohen Unterlage in ihrem Blute, als Opfer seiner (und indirekt des Malers) Gewalttätigkeit (wie bei Masson). Allerdings bricht links aus der

Leinwand des Gemäldes ein überaus kräftiger nackter Arm hervor, der mit gezieltem Stoß des in der geballten Rechten gehaltenen Dolches den vor seinem Bild stehenden 'Pygmalion' in die Brust trifft (das Blut spritzt in alle Richtungen), so dass er auf die Kniee zusammenbricht. Die seltsame Rache des Bildes an seinem Schöpfer kritisiert wohl die unreflektierte, z. T. verherrlichende Darstellung von Gewalt in postmodernen Medien (Motto: 'wer Gewalt sät, wird Gewalt ernten'). Dass Hrdlicka gerade diese negative Version des Themas wählt, unterstreicht seine hohe Aversion gegen jede Form von Unterdrückung und Gewalt – eine Konstante seines gesamten künstlerischen Werkes.

(7/9ab) In der Nachkriegszeit malte Salvador Dalí (vgl. 4/6), der ebenso exzentrische wie hochsensible Spanier, unter dem Eindruck der ersten Atombombenangriffe 1945 seine 'Atombilder'. Zu ihnen gehören zwei in untrennbarem Zusammenhang stehende, für Dalís künstlerisches Selbstverständnis zentrale Werke, *Leda Atomica* (1949)[340] und *La Madone de Port Lligat* (1950).[341] Beide Bilder, jeweils ein postsurrealistischer Geistesblitz mit scheinbar unvereinbaren Elementen, stellen ein synkretistisches Ensemble dar, in dem sich zugleich die beunruhigende Welterfahrung des Atomzeitalters (als globaler Aspekt) und die zentrale menschliche Bindung Dalís an seine Lebensgefährtin Gala (als persönlicher Aspekt) widerspiegeln. Das Thema ergibt sich jeweils aus Dalís Rückgriff (nach 1945) auf die Renaissancetradition: einerseits das pagane Motiv der göttlichen Empfängnis, Leda (ikonographisch relativ eigenständig, im Bildtyp orientiert an Belegen der Hochrenaissance, z. B. Leonardo, Correggio), andererseits das christliche, die Gottesmutter (im Bildtyp erinnernd an Piero della Francescas Spätwerk *Madonna col bambino* c. 1472/74);[342] entsprechend die parallele Symbolik in beiden Bildern (z. B. das Ei). Über alle Vorbilder hinaus geht die Kompositionsidee: die Gestaltung nach dem Prinzip eines fiktiven, nach menschlicher Erfahrung völlig irrealen Gravitationsfeldes um einen von der irdischen Schwerkraft völlig losgelösten Kern (hier Leda, dort Maria, beide mit der Physiognomie von Gala). Die Grundaussage: in einer haltlosen, sich in ihrem Zusammenhang auflösenden, gleichsam aus den Fugen geratenen Welt sieht der Künstler den Kern seines Lebens und das Geheimnis seiner eigenen Kreativität in der Zentralfigur Gala, die ihm mythische Heroine und christliche Gottesmutter in einem ist. In diesem Sinne finden sich bezeichnende Selbstzitate: „Ich malte *Leda Atomica*, eine Verherrlichung Galas, der Göttin meiner Metaphysik"; weiterhin: „Die *Leda Atomica* ist das bedeutendste Gemälde unseres Lebens. Alles hängt im Raum, ohne dass irgendetwas berührt. Selbst der Tod schwebt nur über der Erde."[343]
Unmittelbar an diese beiden Gemälde schließen zwei weitere, von Idee und Komposition her nicht weniger faszinierende Bilder an, die sich bei

näherem Hinsehen als Variationen des Pygmalion-Themas erweisen. Der Entwurf *Galatée aux sphères* (1952; **Tf. 27a**)[344] zeigt mit konsequenter Fokussierung um das Zentrum von Galas Mund herum (ein 'schwarzes Loch' im astronomischen Sinn!) ihr madonnenhaft hingebungsvolles Gesicht (mit fast geschlossenen Augen), den leicht geneigten Kopf (mit Andeutung der dunklen Haare) und die nackte Schulterpartie, in der Rechtsneigung (vom Betrachter her gesehen) ihrem Pendant als *Leda Atomica* entsprechend. Das ganz individuelle Portrait wird als neo-manieristisches Vexierbild realisiert durch eine Vielzahl verschiedenfarbiger Globen, deren rechteckiger Außenrahmen die Vorstellung eines Nimbus assoziiert. Dabei bezieht sich der Bildtitel *Sphärische Galathea* nicht auf die Meeresgöttin (Met. 13, 740 ff.), der Raffaels Fresko *Trionfo di Galatea* (1512/13) in der Villa Farnesina zu Rom gilt, sondern auf die gleichnamige, von Pygmalion geschaffene, von Venus zum Leben erweckte Statue; unabhängig von der Tatsache, dass der von Dalí gewählte Bildtitel zusätzlich – in wörtlicher Übersetzung von *Gala-thea* – Gala im mystischen Sinn als seine Göttin bezeichnet (so schon die Selbstzitate zu *Leda Atomica*, s.o.) und in Verbindung mit dem Aspekt *sphärisch* sowie durch den Anklang Gala/Galaxis die kosmische Dimension betont, die Dalís geradezu abgöttische Verehrung seiner Lebensgefährtin zuschreibt.[345]
Diese Interpretation bestätigt das in seiner Intimität fast befremdliche Gemälde *Dalí! Dalí! Dalí!*, mit vollständigem Bildtitel *Dalí nu, en contemplation devant cinq corps réguliers métamorphosés en corpuscules, dans lesquels apparaît soudainement la Léda de Léonard chromosomatisée par le visage de Gala* (1954; **Tf. 27b**),[346] in dem das Grundschema des vorangehenden Bildes leicht verändert wird (nach Dalís eigenem Hinweis) durch Übernahme der Gesichtsneigung aus Leonardo da Vincis Gemälde *Leda* (c. 1506; nach Kopie in der römischen Villa Borghese)[347] wie auch aus Dalís eigenem Gemälde *La Madone de Port Lligat*. Das Gesicht, hier weniger deutlich hervorgehoben, steht im Zentrum einer nun erheblich höheren und schmaleren Erscheinung mit lebhafterer Farbgebung der Globen, im größeren Rahmen einer aus verschiedenen früheren Gemälden zusammengesetzten Strandszene (mit brauner Steilküste links und blaugrauer Meeresfläche im Hintergrund), erweitert einerseits oben rechts um das wesentliche Detail von spätgotischem Maßwerk am tiefblauen Himmel über der Erscheinung (als Betonung des mystisch-sakralen Aspekts), andererseits links unten durch die niederkniende Gestalt Dalís selbst, der im christlichen Orantengestus, mit ausgebreiteten Armen und andächtig aufblickendem Gesicht, vor der himmlischen Epiphanie seiner *Sphärischen Gala-thea* niederkniet, genauso wie Pygmalion im traditionellen Bildschema (vgl. 7/1) vor seinem Geschöpf – eine bemerkenswert positive Verwandlung des Wesens, das Pygmalion nach eigenem Bilde gestaltete, in das Abbild jener Frau, die dank Attraktivität und Inspiration

über Jahrzehnte hin die Kreativität des Mannes und Künstlers Dalí prägte, nicht nach dem Klischee 'Modell' oder 'Muse', sondern mit der ganzen Ausstrahlung ihrer faszinierenden Persönlichkeit.

Anmerkungen

322 Zur Gesamtrezeption: Heinrich Dörrie, Pygmalion. Ein Impuls Ovids und seine Wirkungen bis in die Gegenwart. Opladen 1974; Annegret Dinter, Der Pygmalion-Stoff in der europäischen Literatur. Rezeptionsgeschichte einer Ovid-Fabel. Heidelberg 1979 (Studien zum Fortwirken der Antike 11); M. Schneider, Pygmalion – Mythos des schöpferischen Künstlers. Zur Aktualität eines Themas in der französischen Kunst von Falconet bis Rodin. Pantheon 45, 1987, 111–123; Jane M. Miller, Some versions of Pygmalion. In: Martindale 1988, 205–214; Roman A. Prochaska, Pygmalion oder Die Sinnlichkeit des Intellekts. Gymnasium 102, 1995, 413–425; Mathias Mayer/Gerhard Neumann (Hrsg.): Pygmalion. Die Geschichte des Mythos in der abendländischen Kultur. Freiburg/Br. 1997.

323 Charivari 28.12.1842: Honoré Daumier. Das Lächeln der Auguren. Bilder zur Antike. Hanau 1986, no. 28*; Antiken auf die Schippe genommen. Bilder und Motive aus der Alten Welt in der Karikatur. Hrsg. von Max Kunze. AK Winckelmann-Museum Stendal (u. a.) 1998, 125*; Pantheon 45, 1987, 118.

324 Gem (60×50) Pb: Heinrich Voss, Franz von Stuck 1863–1928. Werkkatalog seiner Gemälde mit einer Einführung in seinen Symbolismus. München 1973, 231 no. 589; Alexander Rauch/ Eva Heilmann: Franz von Stuck. AK Museum Moderner Kunst Passau 1993, no. 47*; Eva Mendgen, Franz von Stuck 1863–1928. Köln 1994, 11*. – Parallelentwurf: Gem (60×50) München, Stuck-Jugendstil-Verein: Voss 231 no. 588.

325 Frank Horvats Foto *Pygmalion* (c. 1990: Photographie 1–2/97, 39*) parodiert das traditionelle Bildschema.

326 Rad(19×27) 31.3.1933: Pablo Picasso, Suite Vollard. Stuttgart 1956, no. 59. – Die Radierung no. 53 (30.3.1933) zeigt einen nackten Bildhauer, der sein ebenfalls nacktes, sich in der Horizontale anschmiegendes Modell zärtlich um den Kopf fasst und zusammen mit ihr einen Frauentorso betrachtet, der auf einem Podest gegenübersteht.

327 FTuZ/Aqu/Gou (39×50) Berlin, Coll Berggruen: Warncke 1991, wie Anm. 204, 364*; Warncke 1997, wie Anm. 204, 136*. – Einen Bildhauer, der eine von ihm geschaffene Frauenbüste betrachtet, zeigt schon das Gemälde *Le sculpteur* (7.12.1931; Paris, Musée Picasso): Antiquités imaginaires. La référence antique dans l' art moderne, de la Renaissance à nos jours. Paris (Etudes de Littérature ancienne 7), 238.

328 Inst New York, HarrisWorks of Arts: Charles Jencks, Die Postmoderne. Der neue Klassizismus in Kunst und Architektur. Stuttgart 1987, 133*; H.W. Janson/ Anthony F. Janson, A Basic History of Art. Englewood Cliffs [4]1991, 14; Mayer/Neumann, wie Anm. 322, 52.

329 Gem (106×81) Toyota, Municipal Museum of Art: Jacques Meuris, René Magritte 1898–1967. Köln 1990, 82*; David Sylvester, Magritte. Basel 1992, 189*; René Magritte. Die Kunst der Konverstion. AK Düsseldorf, Kunstsammlung Nordrhein-Westfalen 1996/97, 31. 39*; Magritte. AK Musées Royaux des Beaux-Arts de Belgique Bruxelles 1998, 105*; France Borel, The Seduction of Venus. Artists and Models. Genève/New York 1990, 27*; Die Epoche der Moderne. Kunst im 20. Jahrhundert. AK Martin-Gropius-Bau, Berlin 1997, no. 357*; Gymnasium 102, 1995, 425.

330 Meuris, wie Anm. 329, 83; Sylvester, wie Anm. 329, 188; AK 1998, wie Anm. 329, 295.

331 Heinrich von Kleist. Werke und Briefe. Bd. 4: Briefe. Berlin/Weimar 2. Aufl. 1984, 103–104; Reisebriefe deutscher Romantiker. Hrsg. von Rudolf Walbiner. Berlin 1979, 141.

332 Gem (117×148) Bruxelles, Musées Royaux des Beaux-Arts: Bock, wie Anm. 106, Abb. 10; Butor, wie Anm. 106, 93 no. 98; Emerson, wie Anm. 106, 16/17*; Jacques Meuris, Sept Dialogues avec Paul Delvaux. Brussels 1987, 29*; Marc Rombaut, Paul Delvaux. London 1991,

Tf.31*; Sojcher, wie Anm. 106, 201*; AK 1997, wie 106, 94*; Jean-Jacques Lévêque, Les années folles 1918–1939. Le triomphe de l' art moderne. Courbevoie 1992, 584*; Gibson, wie Anm. 124, 225*; Jacques Baron, Anthologie plastique du Surréalisme. Paris 1980, 88/9*; Mayer/Neumann, wie Anm. 322, 390; Hunger 1988, 457; ART 2/89, 28/29*. – Die Vorfassung (Mai 1939; TuZ/Aqu 21×27; Pb: AK 1997, 222*) beschränkt sich auf die Zweiergruppe im Bildzentrum und die Begegnung im rechten Mittelgrund sowie auf den Architekturrahmen.

[333] Zitiert nach Soycher, wie Anm. 106, 200.

[334] Dazu Marilyn French, Jenseits der Macht. Frauen, Männer und Moral. Reinbek 1985, 203/208 (zu Aristoteles).

[335] Reiner Kunze, auf eigene hoffnung. gedichte. Frankfurt a.M. 1981, 35.

[336] Inst 1987. New York, Knickerbocker Fine Arts: Mayer/Neumann, wie Anm. 322, 54; Katalogvorlage.

[337] Gem (140×211) Pb: Bock, wie Anm. 106, Abb. 234; Butor, wie Anm. 106, 120/1*

[338] Gem (132×162) Pb: André Breton. La beauté convulsive. AK Centre Pompidou Paris 1991, 334*; Gymnasium 107, 2000, 67.- Vorentwurf gleichen Titels: Gem (46×55) 1938. Montreal, Coll Odermatt: Dawn Ades, André Masson. Barcelona 1994, no. 67*.

[339] KoKrZ (Zyklus Pygmalion) Wien, Galerie Hilger: ART 11/95, 111*.

[340] Gem (61×45) Figueras, Fondación Dalí: Luis Romero, Dalí. Barcelona 1979, 284*; Descharnes 1984, wie Anm. 168, 315*; Ramón Gómez de la Serna, Dalí. Milano 1989, 112/3*; Robert Descharnes/ Gilles Néret, Salvador Dalí 1904–1989. Köln 1989, 156*; Descharnes/Neret 1993, wie Anm. 168, Abb. 938*; Reinhardt 1997, 208–209°; ART 5/91, 106*. – Vorfassung: Gem (62×48) 1948. Figueras, Fondación Dalí: Descharnes 1984, 315*; Descharnes/Néret 1993, Abb. 937*.

[341] Gem (144×96) Tokio, Coll Minami Group: Descharnes 1984, wie Anm. 168, 325*; Descharnes/ Néret 1989, wie Anm. 340, 159*; Gómez, wie Anm. 340, 120*; Descharnes/Néret 1993, wie Anm. 168, Abb. 981*.

[342] Gem (248×170) Milano, Pinacoteca di Brera: L' opera completa di Piero della Francesca. Milano 1967 (Classici dell' Arte 9), Tf. 64* no. 29.

[343] Zitiert nach Descharnes/Néret 1989, wie Anm. 340, 164.

[344] Gem (65×54) Figueras, Fondación Dalí: Romero, wie Anm. 340, 175*; Descharnes 1984, wie Anm. 168, 341*; Gómez, wie Anm. 340, 116/7*; Descharnes/Néret 1989, wie Anm. 340, 160*; Descharnes/Néret 1993, wie Anm. 168, Abb. 1015* ART 11/81, 53*.

[345] Die Kuppel des Pantheon in Rom als adäquater Ausdruck dieser umfassenden Bedeutung Galas erscheint in dem Gemälde *Tête raphaelesque éclatée* (1951, 43×33; Edinburgh, NG of Scotland): AK 1971, wie Anm. 168, 175*; Romero, wie Anm. 340, 211*; AK 1979/80, wie Anm. 168, 378*; Descharnes 1984, wie Anm. 168, 342*; Gómez, wie Anm. 340, 130*; Descharnes/Néret 1989, wie Anm. 340, 161*; Descharnes/Néret 1993, wie Anm. 168, Abb. 984*; ART 11/1981, 53*.

[346] Gem (61×46) Pb: Descharnes 1984, wie Anm. 168, 338*; Max Gérard, Dalí ... Dalí ... Dalí. Köln 1987, no. 98*; Descharnes/Neret 1993, wie Anm. 168, Abb. 1054*.

[347] GemKopie (112×86) n.1506. Roma, Villa Borghese: Ernst Ullmann, Leonardo da Vinci. Leipzig 2. Aufl. 1998, 226*; Jacobs 1979, 18*.

8. Leid statt Strafe: Aktäon, Niobe und Marsyas

Die ausgesuchten Bildbelege des letzten Kapitels beziehen sich auf drei weitere Einzelthemen der *Metamorphosen*, die, soweit nicht schon in den Schulausgaben vorliegend, wegen der hohen Relevanz und Qualität der Mythenerzählung und der z. T. bemerkenswerten Rezeption in der Kunst der Moderne bei künftigen Ausgaben berücksichtigt werden sollten. Dabei erscheinen Aktäon, Niobe und Marsyas neuerdings weitgehend ohne den transzendenten Hintergrund (Einwirkung des Göttlichen, Frage der Schuld).

a) Diana und Aktäon (nach Met. 3)

Der Mythos von Artemis/Diana und dem Kadmosenkel Aktäon, der zufällig auf der Jagd die Göttin im Kreis ihrer Nymphen nackt beim Bade sieht, zur Strafe in einen Hirsch verwandelt und von seinen eigenen Hunden zerrissen wird (Met. 3, 143–252), ruft nicht nur Ovids Befremden hervor (141–142: *at bene si quaeras, fortunae crimen in illo, / non scelus invenies; quod enim scelus error habebat?*) sondern findet (nach Ovid) auch allgemein eine zwiespältige Reaktion (253–255). Tatsächlich bietet Ovids Version in dem allgemeinen Grundschema zur Mythenentwicklung bereits die dritte ('säkularisierte') Stufe, in der das Geschehen in der Zufälligkeit der Situation als pures Versehen oder Missverständnis (*error*), nicht als schuldhafter Voyeurismus hingestellt wird; die Metamorphose wird dann zu einer nicht mehr recht erklärbaren Konsequenz. Die vorangehende zweite ('religiös-theologische') Phase, die in der griechischen Literatur des 7.–5. Jh.s, speziell der verlorenen Aischylos-Tragödie *Toxotides* vorlag, benannte bei Aktäon unterschiedliche Varianten schuldhaften Verhaltens (Hybris) gegenüber den Göttern (Artemis, Zeus); die Metamorphose erschien so als berechtigte Bestrafung durch eine göttliche Macht. Die der Zerreißung durch die Hunde zugrunde liegende erste ('magisch-rituelle') Phase war vermutlich aufgrund ethnologischer Analogien bei 'primitiven' Völkern durch die Praxis eines vorwegnehmenden Jagdtanzes bzw. einer nachträglichen Scheinjagd als Taburitus (Ausgleichshandlung für Tötung von Leben) angeregt, wobei der Jäger in die Rolle des zu tötenden bzw. getöteten Tiers hineinschlüpfte, und kam ganz ohne Metamorphose aus.[348] Dieser interessante Aspekt der Mythenbildung und die packende Dramatik des Geschehens bei Ovid wird ergänzt durch einige mehr oder minder eindrucksvolle Bildbelege aus der Kunst der Moderne.

(8/1) Der amerikanische Spätklassizist Paul Manship gestaltet das dramatische Geschehen zwischen Göttin und Heros noch ganz im narrativen Rahmen der früheren Kunsttradition[349] mit zwei kompositionell eng aufeinander bezogenen Bronzegruppen, *Diana* und *Actaeon* (1925; **Tf. 28ab**),[350] die stilistisch Elemente von Manierismus (rassige Exzentrik, hohe Expressivität der Bewegung), Barock (Dominanz der Diagonale), Klassizismus (einfache Formen, klare Konturierung) und Jugendstil (harmonische Eleganz, vegetabile Stilisierung) verbinden. Das aus dem textlichen Rahmen fallende Bildschema der bogenschießenden Jagdgöttin greift auf das Gemälde *Diana e Atteone* (1550/55) aus Tizians Metamorphosen-Zyklus zurück,[351] das auch sonst vereinzelt in der neuesten Kunst präsent ist.[352] In der Vorderansicht tendiert die gertenschlanke, bis auf ein nach rechts wehendes Tuch um die Schultern völlig nackte Diana in fliegender Diagonale nach links und blickt gleichzeitig entgegen ihrem Schwung über die Schulter zurück, ebenso wie zu ihren Füßen der begleitende Jagdhund. In der Hand des horizontal nach hinten ausgestreckten linken Arms hält die Göttin einen großen, fast vertikalen Bogen, die Finger des stark angewinkelten rechten Arms haben eben die Sehne losgelassen. Ihr fatales, die Metamorphose auslösendes Geschoss (in Entsprechung zu den aus ihren Händen verspritzten Wassertropfen im Ovidtext) hat den in ebenso kühnem diagonalen Ausfallschritt mit weit vorausgestrecktem linkem Arm nach rechts fliehenden Jäger bereits getroffen, der seinerseits bei eng nach hinten angewinkeltem rechtem Arm über die Schulter nach ihr zurückschaut. Von den beiden ihn in ebenso entschiedener Rechtsbewegung begleitenden Hunden fällt der linke schon seinem Herren mit aufgerissenem Maul und aggressiv steilgestelltem Schwanz in den Rücken, seine Vorderbeine auf dessen Po aufsetzend, die Hinterbeine auf dem Unterschenkel des diagonal durchgedrückten linken Beins. Der rechte Hund, in wilder Hatz vorauslaufend, hebt gerade den Kopf nach oben, die einsetzende Verwandlung seines Herrn wahrnehmend (in Form der beiden auf seiner Stirn sprießenden Hörnchen). Das ausgewogen gegenläufige Kräftespiel der beiden in Linksdiagonale (Diana) und Rechtsdiagonale (Aktäon) konzipierten Einzelgruppen (Vorbild u. a. auch die antike Laokoongruppe) realisiert die Dramatik des mythischen Themas in hinreißender Dynamik.

(8/2) Das stilistisch zwischen Expressionismus und Abstraktion stehende Gemälde La *mort d' Actéon* (1943; **Tf. 29**)[353] von André Masson (vgl. 2/7, 7/7) konzentriert sich in seiner scheinbar chaotischen Verschlüsselung, die erst auf den zweiten Blick die konkreten Details freigibt, fast ganz auf den unglücklichen Helden, und zwar im Augenblick der eben einsetzenden Metamorphose, als die über ihren Herrn herfallenden Hunde, seinen Körper zerfleischend, ihr Opfer bereits zu Boden ziehen. Aktäon erhebt seinen rechten Arm in das Sonnenlicht der linken oberen Bildecke; sein Gesicht blickt verzweifelt zum Himmel; an den in den Nacken gelegten Kopf (mit den beiden runden Hörnchen) hat sich schon von rechts ein großer Hund festgebissen, dessen Vorderbeine auf der linken Schulter des Jägers liegen, die Hinterbeine auf dem nach rechts ausgestreckten Arm. Ein weiterer Hund (Typ Bulldogge/Bullterrier) hat sich mit gefletschten Zähnen in Aktäons linken Unterarm verbissen, auf dem auch seine zupackenden Vorderbeine liegen, während der übrige massige Körper und die langen Hinterbeine nach unten herabhängen. Die Entsprechung links bietet ein noch kompakterer Kollege, der seine Fänge in die rechte Flanke seines Opfers geschlagen hat; von vorn schnappt ein weiterer Hund, weniger deutlich sichtbar, nach der linken Brust. Aktäon, im Oberkörper noch aufrecht, bricht in die Kniee zusammen, das rechte Bein schon angewinkelt, während die Diagonale des durchgedrückten linken Beins ebenso an das antike Bildschema des unter den Schlangenbissen sterbenden Laokoon erinnert wie die Haltung des Kopfes und der erhobene rechte Arm. Auf die Urheberin der schrecklichen Bestrafung weist nur ein kleines Detail in der oberen rechten Bildecke: eine winzige Büste der Göttin mit dem üblichen Attribut des Mondhörnchens über der Stirn.

(8/3ab) Pierre Klossowski, der Bruder des wegen seiner 'schwülen' Gemälde berühmteren französisch-polnischen Malers Balthus, gestaltet mit seinem typischen, in der Figurenzeichnung leicht überschlankten Stil, dessen durchsichtige Schlichtheit an naive Malerei erinnert und in der drastischen Aufdringlichkeit vielfach die Grenze zur Pornographie überschreitet, das Aktäon-Thema in verschiedenen erotischen Varianten,[354] z. B. in der Farbstiftzeichnung *M. de Max et Mlle Glissant dans les rôles de Diane et Actéon* (1954–73).[355] Vor dem Postkartenhintergrund von Bergwald und Matterhorn bei Zermatt fällt ein bis auf den linken Arm und das linke Bein schon ganz zum Hirsch verwandelter Aktäon, der noch einen roten Jägerrock um den aufgerichteten Oberkörper und einen Stiefel am linken (Hinter-)Bein trägt, von hinten über die vor ihm stehende Diana her (Modell: Klossowskis Frau Denise), indem er mit seiner Linken ihren abwehrend erhobenen rechten Arm am Handgelenk umfasst. Die Dame, bis auf den runden Hut auf ihrem Kopf gänzlich nackt, steht mit durchgedrücktem rechtem Standbein auf dem Boden und fußt mit ihrem im Oberschenkel abgespreizten, im Knie angewinkelten anderen Bein auf felsigem Untergrund. Zugleich begegnet sie seinen unsittlichen Annäherungsversuchen, indem sie mit angewinkeltem linkem Arm dem mehr als eindeutigem Griff seines rechten Vorderlaufs ins deutlich sichtbare 'Delta der Venus' zuvorzukommen sucht. Ein zwischen ihren nackten Beinen emporspringender Hund mit zurückgewandtem Kopf und penisartiger Schnauze setzt zusätzliche pornographische Akzente. Interessant ist der Nebenaspekt, dass die sich aus dem dargestellten Vergewaltigungsversuch ergebende Motivation der Bestrafung über die 'säkularisierte' Fassung Ovids auf die frühere religiös-theologische Phase des Mythos zurückverweist.[356] – Die postmoderne Installation gleichen Titels (1992),[357] im Vergleich zur Vorfassung eine noch unsäglichere Geschmacksverirrung, überträgt das Bildschema der Zeichnung mit leicht veränderten Details in die Dreidimensionalität einer ausgesprochen steifen Epodixharzgruppe (mit kitschigem Matterhorn-Gemälde als Hintergrund).

(8/4) Der schlichte Holzschnitt *Aktäon* (1961; **Abb. 21**)[358] von Gerhard Marcks (vgl. 2/10 u. a.) erfasst das dramatische Geschehen gegen den Ovidtext in einer unheimlichen Nachtszene (wobei die Mondsichel am Himmel zugleich auf das Mondhörnchen als Attribut Dianas anspielen mag). Links steht als Blickfang die große helle Gestalt der Göttin aufrecht inmitten der zu ihren Füßen niederkauernden Nymphen (entgegen dem Text, in der diese die nackte Herrin zu decken suchen). Sie legt ihre Rechte an das lange dunkle Haar, das ihr bis über die rechte Brust herabfällt, und streckt, Aktäons Verwandlung auslösend, die Linke gebieterisch nach ihm aus. Sein bittflehend erhobener rechter Arm setzt die Diagonale fort; den linken Arm mit dem Bogen in der Hand nach hinten erhoben, steht der Jäger als dunklere Gestalt mit diffusem Umriss in schon fortgeschrittener Verwandlung da, ein ausladendes Geweih auf dem Kopf, Gesicht und Körper bereits von dem rauhen Hirschfell überzogen. Seine beiden Hunde, von hinten über ihn herfallend, reißen ihm die letzten Reste der Kleider vom Leib, der obere diagonal von rechts mit aggressiv aufgestelltem Schwanz seinen Herrn anspringend, der untere im Bereich der Beine. Die wesentlichen Elemente der Mythenerzählung sind in prägnanter Schlichtheit erfasst.

Abb.21 Gerhard Marcks, *Aktäon*. Holzschnitt 1961

(8/5) Ähnlich ausgewogen, doch weniger konkret realisiert Erich Schickling, ein in Bayern wirkender, stilistisch nach verschiedensten modernen Vorbildern gestaltender Künstler, das dramatische Geschehen in seiner farbintensiven Hinterglasmalerei *Diana und Aktäon* (c. 1980)[359]. Rechts steht die strahlend nackte Jagdgöttin in mondförmig gelbem Nimbus, mit mäßigem Ausfallschritt nach links tendierend. In der ausgestreckten Linken hält sie den gekrümmten Bogen, während ihre Rechte bei stark angewinkelt nach hinten erhobenem Arm einen neuen Pfeil aus dem Köcher auf ihrem Rücken holt. In den weniger klaren Formen und Farben der linken Hälfte erst auf den zweiten Blick zu erkennen, ist Aktäon (eine durchsichtige weiße Gestalt mit blauen Umrisslinien), mit dem rechten Bein auf dem Boden kniend, das linke angewinkelt nach vorn setzend, als Opfer der Bestrafung zusammengebrochen. Sein rechter Arm geht neben dem Körper nach unten; in der Hand hält er die Scheide des von der Linken umschlossenen Dolches, mit dem er sich eines von vorn angreifenden Hundes zu erwehren sucht, während ein zweiter über seinem Kopf nach dem ausgestreckten rechten Arm schnappt. Der Rest des Bildes, die dunkelblaue Fläche links oben und darunter der scharzweiße Wirbel (in der Abstraktion an E. W. Nay erinnernd), das rote Reh und der schwarze Stier am oberen Bildrand (u. a. in der Manier Franz Marcs, Picassos und Chagalls) sowie das liegende weibliche Gesicht zu Füßen der Göttin (nach den Transparenzbildern von Francis Picabia), das den Bildbetrachter frontal mit großen Augen anschaut, gewinnt ein rätselhaftes, vom mythischen Thema unabhängiges Eigenleben.

(8/6) Als vierte Phase der Mythenentwicklung nach der 'Säkularisierung' ist in postmoderner Literatur und Kunst eine zunehmende Trivialisierung (i. S. von belangloser Behandlung des mythischen Themas) zu beobachten. Ein Musterbeispiel für diese Tendenz bietet das Gemälde *An Afternoon of Actaeon* (1983; **Tf. 30a**)[360] des in den USA lebenden, dem anglo-amerikanischen *neoclassicism* zugehörigen Malers Milet Andrejewic. Ovids dramatisches Geschehen reduziert sich hier auf einen alltäglichen Foto-Schnappschuss aus dem Central Park in New York (mit grüner Wiese, hohen Bäumen, der den blauen Himmel z. T. reflektierenden Wasserfläche eines Teichs im rechten Mittelgrund und einem Hochhaus im zentralen Hintergrund). Da begegnen sich gerade im warmen Licht eines frühherbstlichen Spätnachmittags zwei *teenies*, als 'Aktäon' ein *high-school-boy* mit rotbraunen Haaren, im Profil gesehen, bekleidet mit hellblauem Pullover, roter Trainingshose, weißen Sportsocken und dunklen Jogging-Schuhen, begleitet von einem großen mittelbraunen Hund; als 'Diana' ein etwa gleichaltes, blondes, nur mit rotem Trägerhemd und lila Shorts bekleidetes *high-school-girl*, das, sich ein wenig räkelnd, in enger Vertikalstellung die nackten schlanken Beine, Schultern, Gesicht und die in Model-Pose hinter den Kopf erhobenen Arme der untergehenden Sonne darbietet. Zwei weitere Personen im Mittelgrund, die mit der Begegnung ebenso wenig zu tun haben wie ein durch die Luft fliegender Baseball, zwei weitere Hunde, die vorn bzw. weiter hinten unbeteiligt im Gras liegen, und ein vierter schwarzer, der von rechts mit lebhaft erhobenem Schwanz dazukommt, runden die banale Szene ab. Keine den Blicken der Sterblichen verwehrte Nacktheit einer jungfräulichen Göttin; keine besorgten Nymphen, die sich verdeckend um ihre Herrin scharen; keine Hundemeute, die den Voyeur wider Willen zerreißt; kein Vergehen, keine Schuld, keine Strafe, keine Metamorphose: von alledem bleibt nur noch die Zufälligkeit der Begegnung, viel alltägliche Belanglosigkeit und ein paar ganz vordergründige mythische Assoziationen.

b) Niobe (nach Met. 6)[361]

Aus Met. 6, 148–312 bilden sich in der früheren Kunsttradition[362] folgende ikonographische Grundtypen bzw. Einzelvarianten der Darstellung heraus:

A. Vorgeschichte: Niobes Hybris (6, 148–217)
   1. Niobe verbietet den Thebanern die göttliche Verehrung Latonas (8, 165–203)
   2. Latona beschwert sich bei ihren Kindern über Niobes Hochmut (8, 204–217)

B. Haupthandlung: Tod der Niobiden (8, 218–300a)
   1. Apollo und/oder Diana erschießen die Niobiden (8, 218–300a)
      a. Tod der Söhne und Töchter (Simultanbild)
      b. Tod der Söhne (8, 218–266)
      c. Tod der Töchter (8, 267–300a)
      d. Tod der letzten Tochter in Niobes Armen (8, 297–300a)
   2. Darstellung einzelner sterbendern Niobiden (Exzerpt), ggf. mit Niobe

C. Abschluss: Niobes Reaktion (8, 301b–312)
   1. Niobe trauert um Gatten und Kinder (8, 301a–302)
   2. Niobe in der Metamorphose (8, 303–309)
   3. Niobe versteinert (8, 310–312)

Schwindendes Interesse am narrativen Kontext und geringere Bekanntheit der Mythenerzählung reduzieren dieses breite Bildspektrum in der Kunst der Moderne stark, mit deutlichem Übergewicht von Niobes Trauer (Grundtyp C) gegenüber dem Tod der Niobiden (B). Auch bei diesem Thema ergibt sich also eine Konzentration auf die Einzelgestalt der leidenden Mutter, und zwar zunehmend unabhängig von den ursprünglichen

Voraussetzungen (Hybris, Eingreifen der strafenden Götter). Das Schicksal der Heroine wird nur noch rein immanent verstanden als menschliches Paradeigma unendlicher Trauer und Verzweiflung (bis hin zur Erstarrung).

(8/7) Auguste Rodin (vgl. 6/9, 6/23) wählt für seine etwas überlebensgroße Marmorskulptur *Niobé* (c. 1900; **Tf. 31a**)[363] als 'fruchtbaren Augenblick' genau den Übergang in die Metamorphose. Die nackte Heroine tritt aus der unbehauenen Steinformation, die sie von hinten einzuschließen beginnt, mit Kopf und Oberkörper noch deutlich hervor, während Bauch- und Beinpartie schon in den Fels übergehen. Der seitwärts nach unten geneigte Kopf, der nach vorn gebeugte Oberkörper und der angewinkelt vor die Brust gelegte linke Arm drücken ihre Trauer aus, vielleicht auch das Verlangen, ganz für sich zu sein, nichts mehr um sich herum zu sehen. Das vorgestellte rechte Knie mag dem Wunsch entsprechen, vor Schmerz einfach davonzulaufen – oder will Niobe noch im letzten Augenblick der Versteinerung entrinnen? Das wäre eine neue, von der Mythenerzählung unabhängige Bildpointe.

(8/8) Die deutlich überlebensgroße Birnbaumholz-Statue *Niobé* (1926–28)[364] von Ossip Zadkine (vgl. 3/3) erinnert in ihrer schlichten Expressivität an Mattheuers *Daphne* (2/6): in Körper und Beinen eine stammartige Vertikalgestalt, senkt sie den Kopf mit dem trauernden Gesicht ein wenig nach vorn; bestimmend für die Gesamtwirkung sind die beiden als Zeichen von Entsetzen und Verzweiflung erhobenen Arme (der linke eher nach vorn, mit offener Handfläche in Richtung Bildbetrachter, der rechte nach hinten, mit offener Hand zum Himmel). Auch hier interessiert nur noch der exzessive Schmerz der Mutter, nicht Arroganz und Hybris der mythischen Heroine.

(8/9) Giorgio de Chirico, der bedeutendste italienische Maler der Moderne, mit seiner *pittura metafisica* zwischen 1910 und 1920 Wegbereiter des Surrealismus, wendet sich später wieder zunehmend einem traditionalistischen Realismus zu. Seit der Schulzeit zunächst am humanistischen Gymnasium in Volos, wo der Vater als Eisenbahningenieur tätig war, später in Athen interessiert er sich lebhaft und mit viel Sachkenntnis für die Antikentradition, speziell griechische Plastik und Skulptur. So kopiert er in seinem farbintensiven Gemälde *Nioba* (1921)[365] aus der Gruppe 'Niobe mit ihrer letzten Tochter' (römische Marmorkopie nach hellenistischem Original um 180 v. Chr.)[366] als Exzerpt das schmerzvoll zum Himmel erhobene Gesicht der leidgeprüften Mutter (mit kräftigem braunem Inkarnat und rotem Gewand vor blaugrünem Himmel). Dass das Vorbild nur auf das trauernde Gesicht reduziert wird, entspricht der modernen Tendenz zur Konzentration auf die inhaltliche Substanz des Mythos, hier das Schicksal der leidenden Mutter. Wenn die im Vorbild nicht ausgeführten Augen in Manier der italienischen Barockmalerei (Guido Reni) ergänzt werden, so deutet der Künstler gleichzeitig die heidnische Heroine in Richtung einer christlichen Märtyrerin um.

(8/10) André Masson, bedeutender französischer Maler aus dem Surrealistenkreis um André Breton (vgl. 2/7, 7/7), entwickelte nach dem 2. Weltkrieg den 'abstrakten Expressionismus', einen expressiven Malstil mit zunehmenden Ansätzen zur Abstraktion. Sein Gemälde *Niobé* (1947; **Tf. 31b**)[367] zeigt bunte große Farbflächen in den Randzonen (hellgrün, gelb, rot, dunkelgrün, orangerot) und ein rätselhaft ambivalentes gelbes Farbsymbol links oben, das unten an ein Herz, oben an die bedrohliche Silhouette eines zusammengekauert sitzenden Raubvogels erinnert. Insgesamt ist der Entwurf, wie schon die Gemälde *Pygmalion* (1939; 7/7) und *Actéon* (1943; 8/2), ein ausgesprochenes 'Vexierbild', das zur Entschlüsselung seines in gedeckteren Farben gehaltenen Zentralbereichs die volle Aufmerksamkeit des Betrachters verlangt. Erst auf den zweiten Blick erkennt man halbrechts den weißgrauen, nach unten in den Nacken gelegten Kopf Niobes mit ihrem bleichen Gesicht und dem in tiefer Trauer geschlossenen Mund; von oben legt sie den angewinkelten rechten Arm unmittelbar unter das Kinn, von der Seite den linken Arm mit der noch offenen Hand an den Hals. Der von einem faltenreichen Gewand verhüllte Körper ist in bogenförmiger Krümmung von oben nach unten seltsam verdreht, wie im Schmerz verkrampft, bis hin zu den nur ansatzweise erkennbaren Füßen. All diese Details unterstreichen den Gesamteindruck tiefer Trauer und grenzenloser Verzweiflung.

(8/11) Das eindrucksvolle, noch in der Nachkriegszeit entstandenes Gemälde *Niobe* (1949; **Tf. 30b**)[368] von Edgar Ende (vgl. 3/11) zeigt oben einen bedrohlichen Feuerhimmel (naheliegende Assoziation: Sodom und Gomorra im Alten Testament, aber auch – näher an der Entstehungszeit des Bildes – die Feuerstürme nach den alliierten Flächenbombardements im 2. Weltkrieg). Darunter erkennt man unten rechts eine weite, trostlos graue Meeresfläche und am dunklen Ufer, durch eine Diagonalkomposition abgesetzt, im linken Vordergrund eine gespenstische, in fahlen Farben gegebene Gruppe: Niobe (die wie eine verzweifelte Mutter in der Zeit des Zusammenbruchs 1945 ihr letztes Kind an sich drückt) und ihre teils schon toten, teils sterbenden Söhne und Töchter. Der Maler versucht, die erzählerische Grundsituation des mythischen Geschehens beizubehalten (Bildtyp B), allerdings mit der Einschränkung, dass von den anthropomorphen Gestalten der rächenden Götter aus der Bildtradition nur noch zehn Bögen übrig sind, die von den gespannten Sehnen ihre Pfeile versenden – Symbol für die Entpersonalisierung der Bedrohung im Zeitalter technisch perfekter

Massenvernichtung, aber auch Symbol für das Ende der alten Götter in der Moderne.

(8/12) Helga Ruppert-Tribian, zeitgenössische Collage-Künstlerin (vgl. 4/11, 5/26), stellt in ihrem Entwurf *Niobe* (v. 1988; **Abb. 22**)[369] primär den Endzustand der Versteinerung dar, sekundär auch den Aspekt des Leides und die Übergangsphase der Metamorphose. Vor dem unheimlichen Hintergrund eines nachtdunklen Mondhimmels (Schwarz zugleich als Farbe der Trauer) ragt Niobe neben einer bräunlich amorphen Felsformation (links) als silbergraue Felspyramide aus dunklem steinigem Untergrund

Abb.22 Helga Ruppert-Tribian, *Niobe*. Collage 1988

auf, rein äußerlich fast wie eines der amerikanischen Präsidentenportraits aus Memorial Valley. Aus dem in seinen linearen Strukturen wie vereist wirkenden Gewand (mit Ansätzen eines Schleiers) ragt groß und fahl ihr kahler runder Kopf hervor. Das mattgraue Gesicht mit faltiger Stirn, deformierter Nase und den riesigen, kreisrunden, vom Schmerz um den Verlust der Kinder geröteten Augen, aus denen die Tränen wie Eiszapfen nach unten fallen, symbolisiert eindrucksvoll Trauer, Verzweiflung und Erstarrung.

c) Apoll und Marsyas (nach Met. 6)

Wie bei Niobe, so führt auch bei Marsyas, einem Standardthema der früheren Tradition,[370] die schwindende Bekanntheit des erzählerischen Kontextes, das Zurücktreten der transzendenten Sphäre (Einwirken der Gottheit) und die 'säkularisierende' Verabsolutierung der schrecklichen Bestrafung zu einer eigenartigen Umbewertung des Mythos in der Bildenden Kunst der Moderne: Marsyas ist nicht mehr Musterbeispiel eines halbwilden 'Hybristes', der seine Grenzen überschreitet, den Gott der Musik zum Wettkampf herausfordert und deshalb so schrecklich bestraft wird (man denke auch an den Wettstreit zwischen Apollo und Pan: Met. 11, 146 ff.; weiterhin an die Herausforderung der Göttin der Webkunst, Minerva, durch die geniale Weberin Arachne: Met. 6, 1 ff.). Die neue Konzeption, dass der Satyr nur als Opfer von Grausamkeit, Willkür und Gewalt erscheint, ohne dass die Frage seiner Schuld noch eine Rolle spielt, wird, nachdem das Thema nach letzten Belegen in der Kunst des ausgehenden 19. Jh.s seine traditionelle Kontinuität verloren hatte, unter den neuen Zeitvoraussetzungen der Postmoderne realisiert, sicher nicht ganz zufällig: der schon in der früheren Kunsttradition ausgesprochen 'manieristische' Stoff mit der ganz aus dem Rahmen fallenden Häutung bei lebendigem Leib und der kruden Schaurigkeit der Darstellungen erlebt im 'Neo-Manierismus' der Gegenwartskunst eine auffällige 'Renaissance'.[371]

(8/13abc) Dazu tragen entscheidend die Marsyas-Entwürfe von Alfred Hrdlicka bei (vgl. 6/4. 7/8). Die weit überlebensgroße, heute zerstörte Kalksteinstatue *Marsyas I* (1955/1957–62; **Tf. 32a**)[372] unterschied sich vom antiken Grundtyp des 'Hängenden Marsyas' (nach hellenistischem Original c. 220 v. Chr.)[373] durch extreme Überschlankung der in sich verdrehten, unglaublich dürren, in ihrer Disproportioniertheit an die Grenzen der Ästhetik gehenden Gliedmaßen. In der Vorderansicht reckte der Unglückliche (übrigens garnicht mehr als Satyr bezeichnet) seinen rechten Arm steil nach oben (wohl mit der Voraussetzung des Angebundenseins) und legte, gequält zum Himmel aufblickend, den Kopf in den Nacken; der fehlende linke Arm verstärkte den Eindruck des Grauens. Der schmale Brustkorb ragte bis zum Rippenbogen weit vor, die magere Bauchpartie trat unverhältnismäßig stark zurück. Die schrecklich dürren, in der Rückenansicht wie ausgerenkt wirkenden Beine überkreuzten sich in Höhe der kaum ausgeprägten Kniee. In dieser atavistischen Gestaltung wurde Marsyas zum modernen Archetyp der geschundenen, schrecklich maltraitierten Kreatur – bei der Bedeutung, die Grausamkeit, Willkür und Gewalt im Gesamtwerk Hrdlickas einnehmen, sicher nicht zufällig. Parallelen aus der früheren Kunsttradition bieten höchstens Darstellungen des toten Christus, christlicher Märtyrer oder auch der Verdammten im Jüngsten Gericht. – Den Eindruck des Grauens verstärkt noch Hrdlickas überlebensgroße Marmorstatue *Marsyas II* (1965; **Tf. 32b**)[374] und die gleichzeitige Bronzeversion,[375] weil die Vertikalgestalt nun nicht mehr aufrecht, mit dem Kopf nach oben, sondern nach Vorbildern des europäischen Manierismus (z. B. einem Spätwerk Tizians; vgl. zu 8/14) kopfüber nach unten hängend dargestellt ist, mit übergroßem Kopf, abstehenden Ohren und einem Gesicht, das außer dem verzerrt geöffneten Mund nur noch die dumpfe Teilnahmslosigkeit des Opfers ausdrückt. Die Disproportioniertheit ist weiter gesteigert durch verstümmelte Arme, eine puppenhaft kleine Bauchpartie und verrenkt zueinander stehende Beine. Der Gesamteindruck entspricht nun eher dem eines Conterganopfers oder dem, was von einem Menschen übrig blieb in einem der Leichenhaufen nach dem Feuersturm im bombardierten Dresden oder nach der Befreiung eines NS-Konzentrationslagers 1945. Mit hohem künstlerischen Bewusstsein, das an Beckmann erinnert (vgl. 3/9, 5/4), gibt der Künstler dem Bildbetrachter eine in ihrer Drastik kaum zu übertreffende Vorstellung von den Schrecken seiner Zeit, wie er sie sieht. – Die Marmorversion *Marsyas III* (1964/1972; **Tf. 32c**)[376] kehrt zwar zur aufrechten Haltung des ersten Entwurfs zurück, doch treibt in ihrem Endzustand (1972) die Deformation auf die Spitze: aus dem kaum noch ausgeprägten Kopf tritt ganz unnatürlich ein abgewinkelter linker Arm heraus; die Taille ist bis auf das bloße Skelett der Wirbelsäule reduziert, das linke Bein weitgehend vom Beckenknochen abgelöst und endet in einem übergroßen, mit den Zehen nach oben gehenden, verzerrt abgewinkelten Fuß.

(8/14) Bei der inneren Verwandtschaft zwischen europäischem Manierismus und postmodernem 'Neo-Manierismus' überrascht es nicht, dass ein Spätwerk Tizians, sein Gemälde *Supplizio di Marsia* (c. 1570/75),[377] das durch stoffliche Exzentrik und krude Gestaltung im Gesamtwerk des großen Venezianers absticht, für die Malerei in der 2. Hälfte des 20. Jh.s besonders interessant wurde. André Masson (vgl. 8/10) verstärkt in seinem Spätwerk *Marsyas écorché par Apollon* (1964)[378] den Gesamteindruck des Grauens durch ein ganz auf Schwarz (im Hintergrund) und Gelb/Rot/Braun (bei den Figuren) reduziertes Farbspektrum. Die vom Vor-Bild fast originalgetreu übernommenen Details wirken in diffuser Konturierung und einem zwischen Expressionismus und Abstraktion einzuordnenen Vexierbild-Stil noch unheimlicher. Insgesamt allerdings liegt das Werk in einem m.E. problematischen Grenzbereich, da ein volles Verständnis des Bildes aus sich heraus, ohne Kenntnis des Vorbildes, kaum mehr möglich ist – ein Musterbeispiel für die Dominanz des Zitats in der (beginnenden) Postmoderne.

(8/15a) Künstlerisch angeregt durch dasselbe Tizian-Gemälde, behandelt der zur Gruppierung der 'Neuen Figuration' gehörige Klaus Fussmann (vgl. 3/19, 5/25) das alte Thema in mehreren Varianten noch weiter von der ursprünglichen Bedeutung des Mythos entfernt. Die Gouache *Die Schindung des Marsyas* (1980)[379] verbindet in diffuser Formgebung und Komposition Elemente aus Tizians Vorbild mit neuen Details aus eigener Imagination. Vor dem unruhigem Hintergrund hoch aufragender Baumstämme hängt als Blickfang im Bildzentrum die helle Gestalt des gehäuteten Marsyas mit dem Kopf nach unten, den Blick zum Bildbetrachter, mit nach unten ausgestreckten Armen. Seine seltsam abgewinkelten Füße sprengen nach oben den dunklen Rahmen, der die übrigen Gestalten und Details umschließt. Ganz vorn schlabbert das kleine Hündchen bei Tizian die Blutlache unter Marsyas auf; rechts davon steht aufrecht Apollo mit seinem Instrument (oder der Maler selbst mit Pinsel in der Rechten?); zu seinen Füßen kauert weiter links eine nicht genau identifizierbare weitere Gestalt (Midas?). Der amorphe Rest bis zum linken Bildrand bleibt leider ebenso ohne erkennbare Details wie die Zone unmittelbar rechts von Marsyas. Am rechten Bildrand rundet ein weiteres textfremdes Element den eher verwirrenden Gesamteindruck ab: der Oberkörper einer Frau in Rückenansicht, entweder als Bilddetail auf einer weißen hochformatigen Leinwand oder als Abbild in einem hohen hellen Spiegel.

(8/15b) Was der Vorentwurf als eher zufälliges Ensemble heterogener Einzelelemente bietet, setzt sich in dem großen Breitformat *Die Schindung des Marsyas* (1981; **FTf. 4b**)[380] zu einem nicht weniger rätselhaften, in den Details jedoch genauer bestimmbaren Ganzen zusammen. Vor dunkler naturhafter Waldkulisse links lehnt an einem dicken Baum mit hellgrau schimmernder Rinde das Pendant zu Tizians Vorbild, eine hochformatige Leinwand mit hellem Außenrahmen, in der als Bild im Bild die dunkle, fast auf ein Andreaskreuz reduzierte Gestalt des noch ungehäuteten 'Waldschrat' (Fussmann) dargestellt ist. Links daneben kommt als zweite Erscheinungsform der gehäutete Marsyas hinzu, aus der dunklen Tiefe des Raumes heraustretend in einer an die Hrdlicka-Entwürfe erinnernden verzerrten, schrecklich in die Länge gezogenen Haltung: er hängt mit einem Bein an einem großen, grün bemoosten Baum unten links, mit

schräg gelegtem Kopf, den Blick zum Betrachter. Dabei streckt er den unverhältnismäßig kleinen, anatomisch unnatürlich abstehenden rechten Arm zu seinem Leidensgenossen auf der Leinwand hin aus, während sein linker Arm rückwärts am unteren Bildrand nach rechts tendiert; der übergroßen Hand ist die Syrinx entfallen. Die ganz und gar aus den Fugen geratene Gestalt übersteigert das Pendant zu Tizians Marsyas auf der Leinwand.
Das schwarzgrünliche Gewässer rechts davon mag eine Anspielung auf den phrygischen Marsyas-Fluss sein (nach antiker Vorstellung Schauplatz des Mythos). Direkt an dessen Ufer, sitzt im Schatten des dicken Baumes, nahe vor der Leinwand eiförmig zusammengekauert, eine seltsame Gestalt in dunkelbrauner Kluft, mit runder Kopfbedeckung, schlitzförmigen Augen und spitzen Eselsohren (das rechte deutlich sichtbar) – der schon im Vorbild rechts am Rande des Geschehens dabeisitzende, aus dem Parallelmythos (Met. 11, 146 ff.) übernommene König Midas, als ungerechter Richter zwischen Apollo und Pan bereits von Tizian in die Bestrafung des Marsyas einbezogen. Bei Fussmann hat er die übergroße linke Hand nachdenklich an den Kopf gelegt, als sei sich seiner Entscheidung unsicher (oder auch, als wolle er von der rechten Bildhälfte nichts sehen). Hinter ihm geht im Mittelgrund ein satyrartiges Wesen, offenbar noch der dunklen linken Bildhälfte zugehörig, in leicht vorgebeugter Haltung nach rechts.
Die rechte Bildhälfte prägt ein heller Hintergrund, in dem zwei schmale Baumstämme (der linke grün belaubt, der rechte abgestorben) vor einem offenen grauen Himmel stehen (der diagonale Kondensstreifen weist eindeutig in die Gegenwart). Darunter erkennt man eine dunkle Zone mit sanften Hügeln am Horizont und einem hellbraunen Bauernhaus rechts – eine rustikale Angeliter Landschaft, Reflex von Fussmanns norddeutschem Lebensraum. Dominierend in der rechten Hälfte und zugleich Blickfang des ganzen Bildes ist die große helle Vertikalgestalt eines Mannes, der, in Stellung und Blick zum Bildbetrachter ausgerichtet, in der erhobenen Rechten eine Sanduhr hält, in der fast parallel erhobenen Linken einen Sextanten. Hinter ihm liegt ein toter Vogel auf der Erde; das Gebilde zu seinen Füßen ist auch im Vergleich mit den Parallelentwürfen nicht eindeutig bestimmbar – Ergebnis gestalterischer Nonchalance, die Fussmann auch sonst zeigt.[381] Etwas weiter unten, ganz am rechten Bildrand, steht in ähnlich frontaler Position eine ebenso große, mit einem bunten Kimono bekleidete Gestalt mit clownartigem Gesicht, die in beiden Händen dieselbe *Viola da braccio* hält wie die Gestalt oben links in Tizians Gemälde: der Gott Apollo, in seiner geschlossenen vertikalen Erscheinung hier Kontrastfigur zu dem schrecklich verzerrten Marsyas am linken Bildrand.
Fussmann selbst weist diesem Marsyas-Entwurf einen höheren Stellenwert zu als z. B. den in der zweiten Hälfte der achtziger Jahre entstandenen Mythenbildern (vgl. 3/19, 5/25). Dietrich Bieber sieht in der unschein-

baren, im Spannungsfeld zwischen linker und rechter Bildhälfte genau auf der Grenze zusammengekauerten grüblerischen Gestalt des Midas das innere Zentrum des Bildes, im Blick auf den Künstler „auch eine Art Selbstbild“;[382] den großen hellhäutigen Mann halbrechts mit den technischen Attributen neuzeitlicher Zeit- und Raummessung in den erhobenen Händen deutet er im Verhältnis zu den abgründigen Erscheinungsformen des Marsyas links, die dem traditionellen Mythos entsprechen, als Kontrastfigur: „Er verkörpert den aus dem Mythischen herausgetretenen ‘Marsyas der Gegenwart’, der – fell-los und hellhäutig – evolutionär einer jüngeren Menschheitsstufe angehört als sein mythisches Urbild ... Entsprechend diesen Attributen, die symbolisch die Kategorien von Raum und Zeit veranschaulichen, in denen sich unser Leben abspielt, aber auch darüber hinaus verweisen, ist der Blick des wiedererstandenen Marsyas nach oben gerichtet, nicht erdzugewandt.“[383]

In diesem Sinn wird der Marsyasstoff für Fussmanns weitergehende Imagination zum Aufhänger für ein Kontrastbild zwischen Mythos und Gegenwart, Natur und Kunst auf der dunklen Seite, Zivilisation und Fortschritt auf der hellen Seite (allerdings mit den warnenden Details des toten Vogels und des abgestorbenen Baums). Dem nachdenklichen Midas, der mittendrin auf der Grenze zwischen den beiden Welten sitzt, fällt im Bewusstsein seiner Einbindung in die linke Bildhälfte die Entscheidung schwerer als dem einfältigen Satyr darüber, der, seine Wurzeln verleugnend, einfach nach rechts geht, angezogen nicht nur durch den ‘neuen Marsyas’, sondern auch durch den clownartig bunten Paradiesvogel am rechten Bildrand, den modernen Nachfolger des im Mythos strafenden, in der Religion ehrfurchtgebietenden Gottes Apollo, der hier eine vierte Stufe in der Menschheitsentwicklung verkörpern könnte, die in Huxleys *Brave New World* (1932) erstmals beschworene, in den Unterhaltungsmedien der Gegenwart reale Spass- und Vergnügensgesellschaft: Apollo als Symbolfigur der *fun-generation.*

Von den späteren Entwürfen (1984)[384] übernimmt die erheblich grober und flächiger hingehauene Aquatinta *Marsyas* (1984)[385] im Wesentlichen das differenzierte Geflecht des großen Gemäldes; der gehäutete Marsyas hängt am linken Bildrand nun in einer kühnen Bogenform nach unten; der zusammengekauerte Midas und der ins andere Lager überwechselnde Satyr sind im dunklen Bildzentrum nur noch schemenhaft zu erkennen; gegenüber dem nun übergroßen ‘neuen Marsyas’ hat Apollo als nur noch angedeutete Randfigur seine gleichgewichtige Rolle verloren. Die Lithographie gleichen Titels[386] übernimmt die Bogenform bei Marsyas links; Apollo erscheint rechts als singender Gitarrenbarde mit weit geöffnetem Mund, und im Hintergrund stürzt mit hellem Schweif ein Flugobjekt in das Dunkel der ländlichen Idylle – eindeutiger Hinweis auf die Risiken der Technik (vgl. die Belege 5/8 ff. zu Ikarus).

Anmerkungen

348 Aktaion im Hirschfell erscheint noch bei Stesichoros fr. 236 Davies sowie auf griechischen Vasenbildern des frühen 5. Jh.s; dazu Udo Reinhardt, Zur magisch-rituellen Vorstufe griechischer Mythen (Vortrag beim Symposion für Klassische Philologie der mittelrheinischen Universitäten Heidelberg Januar 2000; unpubliziert).

349 Gottfried Sello, Wie sich der Jäger zum Hirsch verwandelte. ART 7/90, 56–64; Claudia Cieri Via, Diana e Atteone. Continuità e variazione di un mito nell' interpretazione di Tiziano. In: Walter/ Horn 1996, 150–160. Zum Literarischen: Albrecht, wie Anm. 5, 67–78.

350 Br (49 in/ 48 in) Washington, National Museum of American Art: Harry Rand, Paul Manship. AK National Museum of American Art Washington (u. a.) 1989, 75–77*. 78–80*, Flaum, wie Anm. 169, 14* (Actaeon).

351 Gem (179×189) London, National Gallery: Wethey, wie Anm. 126, FTf. 7*. Tf. 151–143; Walther, wie Anm. 126, Tf. 70*; Fasolo, wie Anm. 126, 75*; Pedrocco, wie Anm. 126, 60*; Marion Kaminski, Tiziano Vecellio, genannt Tizian. Köln 1998, 122/3*; Bellingham, wie Anm. 157, 110*.

352 z. B. als Zitat im Mittelgrund des Gemäldes *Venus and Adonis* (1981) von Stephen McKenna (150×200, London, Tate Gallery): Sally Bonn, L' art en Angleterre 1945–1995. Paris 1996, 181*; Reinhardt 2000b, 212).

353 Gem (53×56) Dépot du Fonds Masson: Dia* (Exposition Strasbourg 1991). – Vorentwurf: *Actéon* (1943; TiZ Paris, Pb): Masson. L' insurgé du XXème siècle. AK Roma, Villa Medici 1989, 305. – Parallelentwürfe: (a) *Actéon* (1944; Zeichn 34×25, Pb Künstler): André Masson. Peintures-Pastels-Gravures 1924–1980. AK Pfalzgalerie Kaiserslautern 1986, 22. (b) Past 1945 (77×53; Mannheim, Kunsthalle: Clébert, wie Anm. 101, no. 160. (c) *Elan dévoré par les chiens* (1945; Gem Milano, Coll Abate: AK 1989, 133*).

354 (a) BlZ 1953–55 (176×78; Paris Pb): Pierre Klossowski. AK Marseille, Musée Cantini 1990/91, 61.205. (b) BlZ 1954 (210×150; Bern, Coll Gachnang): AK 1990/91, 203. (c) BlZ 1957 (123×76; Paris, Coll Nahon): Jacques Henric, Pierre Klossowski . Paris 1989, 28.141; AK 1990/91, 208; Bataille, wie Anm. 65, 233. (d) FaZ 1981 (214×147; Morges, Coll Jungo: Henric 29*. 156; AK 1990/91, 30.235.

355 Zeichn (152×108) Torino, Coll Panero: Henric, wie Anm. 354, 133. 139; AK 1990/91, wie Anm. 354, 107*.

356 z. B. in der Variante, dass Aktaion seine Tante Semele (die Geliebte von Zeus/Jupiter) oder gar Artemis/Diana selbst heiraten wollte; Zusammenstellung des Materials: Metamorphosen-Kommentar von Franz Bömer, wie Anm. 8, Bd. 1 (1969), 487 zu 3, 138–252.

357 Paris, Galérie Beaubourg : FAZ 11.7.1992 (Kunstforum).

358 HSch (24×39) Bremen, Marcks-Stiftung u. a.: WV 1990, wie Anm. 78, 274 H 351.

359 AK 1994, wie Anm. 307, 65*. Den Hinweis auf dieses Objekt (und den Entwurf *Orpheus und Eurydike*: Anm. 307) verdanke ich Peter Grau (München/Eichstätt).

360 Gem (32×50) New York, Schoelkopf Gallery: Jencks, wie Anm. 328, 159*. Dieselbe Trivialisierung findet sich in dem Gemälde *Apoll and Daphne* (1982, 50×72; New York, Schoelkopf Gallery: Jencks 160*.

361 Der Abschnitt basiert auf eine Facharbeit meiner Söhne, die zu einer *Metamorphosen*-Lektüre in der 10. Klasse eines Mainzer Gymnasiums entstand.

362 Dazu Elsbeth Wiemann, Der Mythos von Niobe und ihren Kindern. Studien zur Darstellung und Rezeption. Worms 1986 (Manuskripte zur Kunstwissenschaft 8).

363 M (196) Toledo/Ohio, Museum of Art: Yvon Taillandier, Rodin. Naefels 1978, 41. – Eine monumentale Liegefigur gleichen Titels (1909, M 140×196×82; Paris, Musée Rodin: Laurent, wie Anm. 293, 154) blieb unvollendet.

364 Birnbaum (240) Philadelphia, Museum of Art: Christa Lichtenstern, Ossip Zadkine (1890–1967). Der Bildhauer und seine Ikonographie. Berlin 1980, Abb. 27.

365 Temp (36×28) Pb: L' opera completa di De Chirico 1908–1924. Milano 1984 (Classici dell' Arte 110), Tf. 42*; De Chirico. Gli anni venti. AK Milano, Palazzo Reale 1987, 67*. – Parallelentwurf:

Temp (65×42) Pb: AK 1987, 221*; De Chirico nel centenario della nascita. AK Venezia 1988, Tf. 29*.

[366] Firenze, Uffici: Haskell/Penny, wie 96, 275; Christine M. Havelock, Hellenistische Kunst. Wien/ München 1981, Abb. 137; Ov. Met. (C.C. Buchner) 1987, wie Anm. 212, 68.

[367] Lyon, Musée de Beaux-Arts: José Pierre, Lexikon des Surrealismus. Köln [2]1976, 111*.

[368] Gouache (49×62) 1949. Pb: Jörg Krichbaum (Hrsg.), Edgar Ende. Der Maler geistiger Welten. Eine Monographie. Stuttgart/Wien 1987, 124*.

[369] Ruppert-Tribian, wie Anm. 181, 123*; Ov. Met. (C.C. Buchner) 1987, wie Anm. 212, 73.

[370] Apoll schindet Marsyas. Über das Schreckliche in der Kunst. Adam Lenckhardts Elfenbeingruppe. AK Bayerisches Nationalmuseum München 1995.

[371] Dem neuen Interesse entspricht das breite Spektrum der jüngsten kunstwissenschaftlichen Publikationen zum Thema: W. Hofmann (1973), P.B. Rawson (1987), AK München (1995), Edith Wyss (1996), Katia Marano (1998). – Moderne Erzählung: Franz Fühmann, Marsyas. Mythos und Traum. Leipzig 1993 (Reclam-Bibliothek Bd. 1449), 8–21.

[372] Kalkstein (253) zerstört: Buderath, wie Anm. 283, 52–53; Lewin, wie Anm. 283, 46–49 no. 19. – Bronzevariante (1955/62; Pb): AK 1997, wie Anm. 283, 52.

[373] Römische Kopien: Paris, Louvre/ Firenze, Uffici (Haskell/Penny, wie Anm. 93, 262), München, Glyptothek/ Istanbul, ArchMus/ Madrid, ArchMus u. a.

[374] M (233) Stuttgart, Staatsgalerie: Buderath, wie Anm.283, 33.108; Lewin, wie Anm. 283, 120 no. 65/I; 121 no. 65/II.

[375] Br (233) Wien, Pb Künstler: Lewin, wie Anm. 283, 123 no. 65/IIa; Alfred Hrdlicka. Anatomien des Leids. Skulpturen, Plastiken, Gemälde, Graphik und Bühnenbilder. AK Jahrhunderthalle Hoechst 1984, no. 4.

[376] M (227) Stuttgart, Galerie Valentien: Buderath, wie Anm. 283, 57.81; Lewin, wie Anm. 279, 128–131 no. 67; AK 1984, wie Anm. 375, no. 5.

[377] Gem (213×208) Kromeriz/Mähren, Bischöfliches Museum: Wethey, wie Anm. 126, Tf. 170–172; Walther, wie Anm. 126, Tf. 87; Fasolo, wie Anm. 126, 85*; Pedrocco, wie Anm. 126, 74*; Kaminski, wie Anm. 351, 123*; Hans Ost, Tizian-Studien. Köln/Weimar/ Wien 1992, Abb. 82; Walther 1993, 122*; Jacobs, 1979, 26*; Pantheon 45, 1987, 73*. – Speziell: Jürgen Rapp, Tizians Marsyas in Kremsier. Pantheon 45, 1987, 70–89; Hans Ost, Die ‘Schindung des Marsyas’ – Modello, Abbozzo, Spätwerk? In: Ost, Tizian-Studien 111–178.

[378] Gem (38 × 33) Paris, Coll Masson: Ades, wie Anm.338, no.115*. – Eine krude Variation desselben Vorbilds bietet neuerdings auch Alfred Hrdlicka in dem überwiegend in Blutrot gehaltenen Gemälde *Bestrafung des Marsyas* (1990; 100 × 70, Pb Künstler): Alfred Hrdlicka. Skulpturen, Zeichnungen, Druckgraphik 1945–1997. AK Frankfurter Kunstverein (u.a.) 1997, no. 48*.

[379] Gou Pb: Klaus Fussmann. Gemälde, Gouachen, Aquarelle, Zeichnungen, Druckgraphik 1966–1987. Bearb. von Christian Rathke. AK Schleswig-Holsteinisches Landesmuseum Schloß Gottorf (u. a.) 1987, 48.

[380] Gem (200×250) Pb Künstler: AK 1987, wie Anm. 379, 81*; Ost, wie Anm. 377, Abb. 96; PAN 6/86, 82/3*.

[381] Dietrich Bieber (AK 1987, wie Anm. 379, 50) deutet das Gebilde als Feuer (?); nach Tizians Vorbild und der Gouache von 1980 könnte auch der kleine, die Blutlache aufschlabbernde Hund gemeint sein.

[382] Die Schindung des Marsyas – ein alter Mythos neu gedeutet. In: AK 1987, wie Anm. 379, 45–52, hier 49.

[383] AK 1987, wie Anm. 379, 50.

[384] (a) Aquatinta (15×21) 1984. Schleswig, Landesmuseum: AK 1987, wie Anm. 379, 49. 170. (b) Aquatinta (15×21): AK 1987, 171; AK 1992, wie Anm. 260, 41.

[385] Aquatinta (72×95) Schleswig, Landesmuseum: AK 1987, wie Anm. 379, 42. 172 no. 198.

[386] Lith (70×92) Schleswig, Landesmuseum: AK 1987, wie Anm. 379, 48. 173.

Anhänge

I. KATEGORIEN DER BILDBETRACHTUNG BEI MYTHISCHEN THEMEN

A. *Mythologische und literarische Voraussetzungen*

1. mythischer Stoff (**Mythos**): Grundform (Kern), Provenienz, Entwicklungsphasen (magisch-rituell/religiös-theologisch/ säkularisiert/ trivialisiert); Haupt-, Sondervarianten
2. literarische Anregung (**Text** als Medium): Textvorlagen (*locus classicus*), Textgattungen, Textbeziehung, Textnähe (Illustration, Details)

B. *Ikonographische, künstlerische und geistesgeschichtliche Voraussetzungen*

3. Bildthema (**Ikonographie**) und Bildtradition: Grundtypen und Hauptwerke der Bildtradition; Varianten und Details; Sonderversionen
4. Bildmaterial und Bildcharakter (**Stil**): Gestaltungsstoff, Form und Farbe, Komposition (geometrische Grundstruktur), Vordergrund-Hintergrund, Licht-Dunkel, Zeichnung-Konturierung; kollektive Kunstkriterien einer bestimmten Phase (z.B. Simultanbilder, Historienmalerei), Periode/Region/Schule; Aufnahme von Elementen der früheren Bildtradition; persönliche Stilelemente
5. persönliche Momente (**künstlerisches Individuum**): spezielle Voraussetzungen des Künstlers, z.B. Wesen, Lebenserfahrungen, Anschauungen; Familie, Freundeskreis, Umfeld, Auftraggeber
6. geistesgeschichtliche Perspektive (**Zeitgeist**): kulturelle, philosophische, ästhetische, moralische, politische, soziale Kollektivvoraussetzungen

C. *Ikonologische und rezeptionsästhetische Voraussetzungen*

7. Bildsinn (**Ikonologie**): spezifische Bedeutung des einzelnen Kunstobjekts aufgrund des speziellen Zusammenhangs zwischen mythischem Stoff, literarischer Anregung, ikonographischer Tradition, stilistischer Prägung sowie geistesgeschichtlichen und persönlichen Voraussetzungen
8. rezeptionsästhetische Aspekte (**Wirkungshorizont**): spezielle Voraussetzungen des Bildbetrachters (Individuum, Kenntnis der Tradition, Zeitgeist)

II. DIDAKTISCHE ZIELVORSTELLUNGEN

A. *Primäre Aspekte*

Abrundung der während der Textarbeit gewonnenen Vorstellungen durch *Visualisierung*; Ergänzung und Vertiefung des Textverständnisses an unterschiedlichen Details eines breiteren Spektrums von Bildbelegen; Vertiefung des menschlichen Verständnisses für den existentiellen Kern des Mythos in Text und Bild; Strukturierung des mythischen Stoffes durch Systematisierung der verschiedenen Bildtypen; Konzentration auf die Aktualität des mythischen Themas in der Kunst der Moderne; Herausarbeiten der relativen Eigenständigkeit des Künstlers gegenüber dem mythischen Stoff

B. *Sekundäre Aspekte*

Einblick in Möglichkeiten und Grenzen bildlicher Darstellung; in unterschiedliche Gattungen bildlicher Darstellung; in verschiedene Stilphasen der neueren Kunstgeschichte; Wecken von Interesse für eigene künstlerische Betätigung (Zeichnungen, Fotos u. Ä.); für künftige Museumsbesuche; für visuelle Parallelmedien (z. B. Oper, Schauspiel, Film); Berücksichtigung der Kontinuität und Variabilität in der Rezeption des mythischen Themas im Verlauf der früheren Bildtradition

III. PRAKTISCHE HINWEISE

A. *Beschaffung des Bildmaterials*

1. Ausrisse aus Zeitungen, Zeitschriften, Werbung u. Ä.
2. Kauf von (oft teuren) Kunstpostkarten aus Museen o. Ä.
3. Kauf von (oft sehr teuren) Einzeldias oder Dia-Serien aus Museen o. Ä.
4. Fotografieren der Objekte (ggfs. Einholen einer Museumserlaubnis)
   Farb-Diafilm 100 bis 400 (je höher die Empfindlichkeit, desto geringer die Qualitätsdauer); Spiegelreflexkamera (Identität von Bildausschnitt und Sucherformat), am besten mit Bajonettverschluss (z. B. Minolta); ältere Modelle bevorzugt (stabiler; geringe Batteriekosten); optimales Objektiv 1:1,4/50 mm; zusätzlich zwei Vorsatzlinsen unterschiedlicher Vergrößerung zum Aufnehmen von Kleinobjekten; Blitz bzw. Stativ nicht unbedingt erforderlich
5. Beschaffung von Bildvorlagen (Bücher o. Ä.; Papierbilder, Dias etc.) entsprechend dem zum Einzelthema bzw. Einzelobjekt gegebenen Repertorium

a) Kopieren von Büchern u. Ä. am Kopiergerät
   SW-Kopie mit Qualitätsverlust gegenüber der Vorlage, Farb-Kopie relativ teuer

b) Kopieren von Papierbildern/Farbdias über den Fotohandel
   Dia-Kopie von Farbdias sehr teuer, bei Papierbildern Qualitätsverlust gegenüber Vorlage

c) Fotografieren aus Büchern o. ä. zu privaten Zwecken

Farb-Diafilm 100 (auch bei SW-Vorlagen; SW-Diafilme unverhältnismäßig teuer); zur Kamera s. o.; optimales Makro-Objektiv 1:2,5/90mm; beste Verhältnisse bei Tageslicht am Morgen und Abend (normales Kunstlicht gelbstichig); Stativ meist entbehrlich

B. *Archivierung des Bildmaterials*

1. Verwahrung von Zeitungsausrissen/Kunstpostkarten/Kopien in Sammelmappen
2. Verwahrung von gekauften oder fotografierten oder kopierten Dias

   Rahmung mit handelsüblichen Plastikrähmchen, entweder glaslos (billiger; Gefahr des Verkratzens) oder verglast (teurer; Rahmung unter Glas erst nach mehreren Tagen Ablagerung der entwickelten Filme!); flache Diakästen (6×36): Metall (teuer) oder Plastik (billiger)
3. Anlegen ergänzender Karteikarten (DIN A5) mit Hauptangaben zum Objekt

   Künstler (Name/Vorname/Lebenszeit), Beschreibung des Objekt (Gattung, Größe, Datierung; Museumsort, Museum, ggfs. Inventarnummer; Bildtitel); ggfs. Strukturschema mit Details, Zusatzangaben, Publikationsnachweise

C. *Präsentation des Bildmaterials*

1. Vorlage (speziell bei Büchern) durch Herumgeben bzw. durch Epidiaskop
2. Vorführung im Rahmen eines Diavortrags

   Begrenzung des Materials wichtig (Motto: 'weniger ist mehr!'); gerade Kurzmagazine mit 36 bzw. Langmagazine mit 50 Dias (Rundmagazine kompliziert); Projektor: LEITZ Pradovit (sehr zuverlässig, teuer); BRAUN Paximat Multimag u. Ä. (erprobt, preiswert); Projektion mit zwei Projektoren nur sinnvoll bei Notwendigkeit regelmäßiger Bildvergleiche
3. ergänzende Vorführung von Filmen, Videos u. Ä.

Literatur

Peter Arlt, Zwischen Schwelgen und Schindung. Griechische Mythen als Paradigmen in der europäischen Bilderwelt. Kunst und griechischer Mythos. Kunst+Unterricht 209/Januar 1997, 18–21.22–34

Stephan Brenner, Ariadne in Vergangenheit und Gegenwart. Beiträge zur Rezeption eines antiken Mythos und dessen Umsetzung im altsprachlichen Unterricht. Diss. Berlin 2000

(Cappelletti/Huber-Rebenich 1997) Francesca Cappelletti/Gerlinde Huber-Rebenich (Hrsg.): Der antike Mythos und Europa. Texte und Bilder von der Antike bis ins 20. Jahrhundert. Berlin 1997 (Ikonographische Repertorien zur Rezeption des antiken Mythos in Europa. Beiheft 2)

(Freitag 1994) Christiane Freitag, Altsprachlicher Unterricht und Moderne Kunst. Lektüreprojekte. Bamberg 1994 (Auxilia 35)

Elisabeth Frenzel, Stoffe der Weltliteratur. Stuttgart ^{8}1992 (Kröners Taschenausgabe 300)

(Hunger 1988) Herbert Hunger, Lexikon der griechischen und römischen Mythologie mit Hinweisen auf das Fortwirken antiker Stoffe und Motive in der bildenden Kunst, Literatur und Musik des Abendlandes bis zur Gegenwart. Wien ^{8}1988

(Jacobs 1979) Michael Jacobs, Mythological Painting. London 1979

Heinrich Krauss/ Eva Uthemann: Was Bilder erzählen. Die klassischen Geschichten aus Antike und Christentum in der abendländischen Malerei. München ^{4}1998

(Lichtenstern 1992) Christa Lichtenstern, Metamorphose in der Kunst des 19. und 20. Jahrhunderts. Bd.2: Metamorphose. Vom Mythos zum Prozeßdenken. Ovid-Rezeption, surrealistische Ästhetik, Verwandlungsthematik der Nachkriegskunst. Weinheim 1992

(Maier 1998) Friedrich Maier, Europa-Ikarus-Orpheus. Abendländische Symbolfiguren in Ovids Metamorphosen. Fächerverbindende Projekte. Bearb. von F.M. Bamberg 1998 (Antike und Gegenwart)

(Martindale 1988) Charles Martindale (Hrsg.): Ovid Renewed. Ovidian Influences on Literature and Art from the Middle Ages to the Twentieth Century. Cambridge 1988

Eric M. Moormann/ Wilfried Uitterhoeve: Lexikon der antiken Gestalten. Mit ihrem Fortleben in Kunst, Dichtung und Musik. Stuttgart 1995 (Kröners Taschenausgabe Bd. 468)

(Oxford Guide 1993) The Oxford Guide to Classical Mythology in the Arts, 1300–1990s. (By) Jane Davidson Reid with the assistence of Chris Rohmann. New York/Oxford 1993

(AK Ombra degli Dei 1998) L' Ombra degli Dei. Mito greco e arte contemporanea. A cura di Eva di Stefano. AK Civica Galleria 'Renato Guttoso', Villa Cattolica 1998

(Reinhardt 1997) Udo Reinhardt, Griechische Mythen in der Bildenden Kunst des 20. Jahrhunderts (Materialien-Typologie-Dokumentation). In: Cappelletti/Huber-Rebenich 1997, 190–228

(Reinhardt 2000a) Udo Reinhardt, Griechische Mythen in der Bildenden Kunst des 20. Jahrhunderts. Highlights zu Homers Odyssee und Ovids Metamorphosen. Gymnasium 107, 2000, 25–71

(Reinhardt 2000b) Udo Reinhardt, Das Neueste von Venus. Bilder der Liebesgöttin als

Spiegel der Zeit in der Kunst des 20. Jahrhunderts. In: Faszination Venus. Bilder einer Göttin von Cranach bis Cabanel. Malerei, Zeichnung, Druckgraphik, Plastik. AK Wallraf-Richartz-Museum Köln 2000/01, 206–221

(Walter/Horn 1996) Hermann Walter/ Hans Jürgen Horn (Hrsg.): Die Rezeption der Metamorphosen des Ovid in der Neuzeit. Der antike Mythos in Text und Bild. Internationales Symposion der Werner Reimers-Stiftung Bad Homburg v.d.H. (22.–25. April 1991. Berlin 1996 (Ikonographische Repertorien zur Rezeption des antiken Mythos in Europa. Beiheft 1)

(Walther 1993) Angelo Walther, Von Göttern, Nymphen und Heroen. Mythen der Antike in der Bildenden Kunst. Leipzig 1993

Register

1. Mythische Gestalten/Ereignisse
(berücksichtigt sind nur die noch in der Kunst der Moderne behandelten Themen)

2. Moderne Künstler/innen

(berücksichtigt sind nur die Namen zu den im Text besprochenen Objekten)

Bildtafeln